变与常

李政君 著

顾颉刚古史观念
演进之研究
（1923—1949）

中国社会科学出版社

图书在版编目（CIP）数据

变与常：顾颉刚古史观念演进之研究：1923—1949 / 李政君著 . —北京：中国社会科学出版社，2020.3

ISBN 978 – 7 – 5203 – 6195 – 8

Ⅰ.①变… Ⅱ.①李… Ⅲ.①史学史—研究—中国—古代 Ⅳ.①K092.2

中国版本图书馆 CIP 数据核字（2020）第 056246 号

出 版 人	赵剑英
责任编辑	吴丽平
责任校对	沈丁晨
责任印制	李寡寡

出	版	中国社会科学出版社
社	址	北京鼓楼西大街甲 158 号
邮	编	100720
网	址	http://www.csspw.cn
发 行 部		010 – 84083685
门 市 部		010 – 84029450
经	销	新华书店及其他书店
印	刷	北京君升印刷有限公司
装	订	廊坊市广阳区广增装订厂
版	次	2020 年 3 月第 1 版
印	次	2020 年 3 月第 1 次印刷
开	本	710×1000 1/16
印	张	20.25
插	页	2
字	数	321 千字
定	价	98.00 元

凡购买中国社会科学出版社图书，如有质量问题请与本社营销中心联系调换
电话：010 – 84083683
版权所有　侵权必究

序 一

在当今史学界，能够令我看到之后心神鼓舞的好事情，一是有新的学术才俊显露头角、茁壮成长；二是一些学术难题被攻克，或者流行的旧说被否定。如果否定旧说和攻克难题的人员恰是新成长起来的青年学者，那就是好事之中的大好事。李政君博士研究顾颉刚学术理念的著作即将出版，请我撰序，读其佳作，欣然命笔。深信此书的出版，应当就属于学界呈现出的大好事之一。

政君于2010年进入南开大学历史学院攻读硕士学位，研习史学史专业，我忝为指导教师，很快就对他勤奋的治学精神、稳重的处世作风产生深刻印象。这一年，我以发表《王国维"二重证据法"蕴义与影响的再审视》（《南开学报》2010年第4期）一文为标志，表现出不再专做中国古代史学史研讨，而强力涉入中国近现代史学史的趋向。政君入学正当其时，所以很希望他选择探讨相关的问题。转年之后不久，政君就在我的提议和相互协商、讨论后，决定以研究顾颉刚及"古史辨"作为硕士毕业论文的选题范围。2013年硕士论文《顾颉刚之汉世上古史说研究》撰成，这是很为成功之作，许多新知创见，都萌生于此，遂顺利毕业并且取得硕士学位。此时，按南开大学的规定，我已经到了不可继续招收博士研究生的年龄，政君则考上孙卫国教授名下博士生，仍在南开大学史学史专业继续深造，并且仍然进行顾颉刚学术思想的研究。同一课题的延续，有利于深化学术认识，取得更好的学术业绩。博士学位论文《顾颉刚学术思想演进之研究》，比硕士学位论文的视角显著扩展，精细地梳理了顾颉刚学术思想的变化与进展，得出其基本理念始终坚持的结论。目前这部即将面世的著述，就是在博士学位论文基础上修订而成，书名的更改，更直接点明论述的要点与核心，即顾颉刚在对中国上古史的基本理念始终坚持的前提下，学术关注与论说表述上确有着与时势相通的变化和演进，学术界谈论顾颉刚史学活动的许多误解和判断，都是不能成立的。

在20世纪诸多的大史学家之中，要问谁获得的评议最多而且褒贬参半？恐怕非顾颉刚先生莫属了。赞扬其发动一次史学革命者有之，认为他"疑古太过"造成冤假错案者有之，指责其对上古史只是破坏而不建设者有之。也有存心恶意诋毁者，说他败坏世道人心，说他贬低中国上古文明、腰斩中国历史而且做了日本侵略者所欲求之事，说他违背中国人的"文化自信"等，不一而足，都是"与时俱进"地制定个很肮脏的帽子扣了过去。还有人努力寻求顾颉刚学术宗旨的变化，比如在民族危机时刻，说他从"为学问而学问"转变为以学术活动救国的爱国主义，说他后期的治学已经逐渐从疑古转化为考信。这或许包含着一片好心，替他挡一挡攻击；也或许是借此宣布顾颉刚本人也已经"改邪归正"，大家可以普天同庆地一起做信古、复古的美梦了。如此看来，顾颉刚在史学界不仅是说不完、道不尽，而且还有说不清、道不明之虞。顾颉刚的几十年治学历程，学术宗旨与学术风格到底有无改变？怎样改变和怎样不变？政君的这部著述，就要将之讲清楚、道明白，讲清道明之后，顾颉刚的学术成就、学术精神也就一清二白地得以展现。

在这部卷帙不大的书中，突破性的创新见解随处可见，试举数例如下：

在顾颉刚学术生涯的早期，曾经进行民歌民谣的搜集、整理，卓有业绩。政君此书指出：顾颉刚在早期的民歌民谣研究中，发现各地、各时代民歌多有演变，其中具有很多踵事增华的成分。顾颉刚后来提出著名的"层累地造成的中国古史"理念，而先前对民歌民谣的研究是"层累"说的思想来源之一。作者的这个揭示相当重要，顾颉刚对于上古史的基本理念既然存在自己治学的先期来源，就不能够再指责为因袭了日本学者的疑古学说，也不能完全归因于得自胡适等人影响。

本书考察了顾颉刚对于中国上古地理沿革和地理观念的研究，正确地认识到"顾颉刚研究地理沿革，本就是'古史辨'的题中应有之意"，顾颉刚的上古地理学研究，"是要考察传统地域观念是如何'层累'而成，符合'古史辨'的理念"；还指出"辨伪是史学由传统走向现代的开路先锋，辨伪的自觉是现代史学的首要特征，中西皆然。而这也正是顾颉刚对20世纪中国历史学所做出的无可替代的贡献。因此，我们不必因一些尚未明朗的争论，去过多强调'建设'而刻意回避'辨伪'和'破坏'"。请看，这是多么精到的论述！

非但如此，作者还实事求是地论证了顾颉刚于1934年创办《禹贡半月刊》，最初动机仍"是为了研究沿革地理，研究沿革地理则是为了解决'古史辨'所讨论的问题"，只是后来才注入对民族危机的关注，随着日本帝国主义加紧侵略中国的步伐，民族危机日益深重，《禹贡半月刊》的旨趣作了调整，特别关注边疆地理和民族问题。尽管顾颉刚开始理解学术经世致用的观点，办刊组稿中"因现实需要而着重突出了某些内容，但他并未歪曲史实以迎合现实"，守住了求真务实的学术底线。

1939年，顾颉刚发表《中华民族是一个》的文章，宣称"我们对内没有什么民族之分，对外只有一个中华民族"。这从字面上来看，似乎与其考辨古史之"打破民族出于一元"的理念存在冲突。费孝通就曾起而论辩，认为古人构建的"民族出于一元"之说，象征着古代各族的"联宗"。顾颉刚"打破民族出于一元"，则将之拆成一堆垃圾，而现在又提出"中华民族是一个"，力求消弭民族差别，这在价值取向上存在矛盾。费孝通不同意顾颉刚急于消弭民族差别的激进愿望，是正确的，但对于顾颉刚整体的思路却颇有误解。本书作者指出：在顾颉刚的心目中，"打破民族出于一元"是揭示了古史的真相，而"中华民族是一个"乃为历史发展中逐渐实现的事实，也是中国一致对外的意愿，应当予以大力推动。维系中华民族团结的精神资源，不能依托于古史的伪说，而应当建立在民族多元起始和走向民族融合之历史真知的基础上。这在广义理念上，实际指出了即使为了经世致用，也不得臆造和曲解历史，求真和求是的历史观念，才是力量的源泉。

顾颉刚很早就接触了社会主义和历史唯物主义思想，而他自走上古史考辨的学术道路，仅宣布自己并不反对唯物史观，申明古史考辨就是为宏观理论性的历史研究准备条件，但不愿自命为按照唯物史观的观点和方法研究古史，声言"我们虽不谈唯物史观，何尝阻碍了他们的进行，我们正为他们准备着初步工作的坚实基础呢！"这种姿态一直延续到20世纪50年代之后一段时期。于是受到一些人的批评，指为对马克思主义采取消极态度或有所抵制。本书作者对于这个问题的看法可以归结为以下几个要点：

第一，顾颉刚坚信古史考辨正是为宏观社会史研究提供牢固的基础，自己不必同时承担这种宏观性的研究。学术上应当有所分工，是他一贯的见解，这是很合理的认识，苛责顾颉刚没有兼作上古史的"建设"或兼作宏观的社会史研究，都是不公正的。第二，20世纪30年代的社会史论战，呈现出议论空疏和公式主义的现象，顾颉刚对此有明确的考察，因此还是认为作扎实的史料清理与鉴别更为急迫。第三，顾颉刚在治学中，有过运用唯物史观研讨历史问题的实例，从来未曾反对和抵制唯物史观。

在本书中，作者的核心论述是指出顾颉刚在学术生涯中，具体观点、表述方式等都有过调整，但是，以"层累地造成的中国古史"之说为核心的基本观念，则保持未变。全书雄辩而又据实地论证了无论时局变动还是现代考古学兴起、唯物史观传播的冲击，都不能令其放弃疑古考辨的根本理念，将学术界曾经冒出的对顾颉刚种种误解，诸如说他治学上回复为康有为今文学派的立场，改疑古为考信等，一一予以辩正，合理且正确地展示出顾颉刚诚挚、坚定，毫不游移地求真、求是的学术精神。因此，在研究顾颉刚与"古史辨"问题的极其众多的论著中，这是一部解决多项难题、纠正许多误解和谬说的好书，值得肯定和赞扬。

本书的学术观点，当然也有值得再作思考或应当商榷之处，尤其是孰为唯物史观的问题，标准似有不妥帖的降低。在本书的主题下，当然属于枝节问题，但在学术原则上则不应忽视。近若干年来，涉及20世纪30年代前后的社会史论战问题，对马克思主义唯物史观的理解出现偏差，将参与论战的各方的思想和见解都一股脑儿归入唯物史观范围之内，这既曲解了唯物史观，又混淆了思想斗争的不同阵线。

历史唯物主义有其完整的不可分割的体系，其理论基点和底线，是指出社会发展内在的基本矛盾，即社会生产力与生产关系、经济基础与上层建筑的矛盾。这种基本矛盾在存在一部分人剥削另一部分人的社会中，必定体现出阶级斗争，而阶级斗争是社会革命的直接动因。社会的发展，必将走向社会主义和共产主义。否认上述几个要点的任何一项，都不能算作唯物史观。有些学者把某些使用唯物史观的词语、概念、个别方法的论作及其作者，皆轻许一张唯物史观的标签，甚至对于凡是强调经济因素在社会中具有重要作用的说法，也定为唯物史观。这是十分糊涂、十分孟浪的。

例如陶希圣其人，截取唯物史观的某些概念、词语和分析方法，掺杂多种来源的非唯物史观理念，在重视社会经济的牌匾下自命为唯物史观，而明知唯物史观具有阶级斗争学说，却坚决反对，试图将唯物史观的内容自取所需地从马克思主义理论体系中分割出来，这是阉割和肢解马克思主义、阉割和肢解唯物史观。但将陶希圣的著述与治学活动归入唯物史观框架之下的论说，时有所见。政君对此未加深思和研究，不知不觉地接受这种错误观点的影响，在本书中有所表现。

政君在本书中，对于许多不当的说法进行了辩驳，但行文、用语都十分温和，体现了平缓、典雅的风格，符合当今学界提倡的格调，这自然是一大优点。但愚以为从长远的学术发展前景思量，完全温文尔雅的论辩文风却有利有弊，未可一概而论。面对重大问题上的谬说及诡辩，或者回应对方本就充满恶意的诬蔑，论辩之文岂可不敢义正词严、理直气壮？在某种假货走红、歪理横流的场合，如果只会软言细语哼几句不同意见，那是没有多大正面效果的。所以尖锐、泼辣，热烈地主张着所是、热烈地攻击着所非的文风不可偏废。这里不是批评政君此书的文风，作者各自有其性情、风格，又各自处于不同的环境，本不能强求一致。我之所言，仅借题发挥，针砭一下提倡无原则一团和气的时风。如果有人对此摇头，从而更加欣赏政君此书，那我也是乐观其成的。

研究顾颉刚的学术业绩和学术思想，牵涉面十分广大，其中尚需发掘的史实、尚需考察的社会背景、尚需斟酌的历史评价等还有很多，相信政君今后还会继续探讨，深入研究。但这部著述的面世，总之可以作为他治学生涯的一个里程碑了。题诗一首如下，作为本文结尾，也作为一个留念。

七律：题李政君研究顾颉刚著作出版

李君新作现辉光，评议达人顾颉刚。

考辨缓言非与是,根基详解变犹常。
陈言误判均清扫,学术精微再发扬。
治史全凭恒定力,登高放眼路途长!

乔治忠
2020年元月5日于南开园上思斋

序　二

顾颉刚（1893—1980）是20世纪中国著名的史学家，他开创了"古史辨"运动，也是中国现代历史地理学、民俗学等领域的奠基者。他的著述涉及诸多领域，成就卓著，影响深远。与此同时，自从顾颉刚创立"古史辨"相关学说以来，伴随着的争论与批评，从未停止过，一直持续到今天，焦点就是如何评价他的古史观念。这既是一个难题，也是一个关键。

李政君在博士学位论文的基础上修订而成的这部专著，正是以顾颉刚的古史观念为研究对象，放在一个相对长的时段（1923—1949年）中进行考察，将顾颉刚多方面的学术成就，跟他古史观念的探讨结合起来，多维度地考察顾颉刚古史观念的建构与演变，立体呈现了顾颉刚的学术体系，有相当重要的学术意义。

政君硕士期间，在乔治忠教授的指导下，攻读中国近现代史学史。三年间，他学习非常勤奋，不仅认真研读课堂上老师布置的书籍，更系统阅读了中国近现代史学史方面的著作，其中就包括《梁启超全集》《胡适全集》《顾颉刚全集》等现代著名史家的文集，打下了扎实基础。乔老师退休后，他跟随我读博士，很快就决定博士论文选题，在硕士论文的基础上，推进对顾颉刚史学的研究。他用三年时间完成了博士论文，受到答辩委员们的一致好评；随之，他跟随中国社会科学院近代史所左玉河教授做博士后。经过两年的训练，对书稿作了充分的修改，而今即将出版，可喜可贺！

本书紧扣顾颉刚古史观念的"变"与"常"（不变），揭示他在20世纪20—40年代，是如何提出、建构、丰富、完善其"古史辨"学术体系的。全书除绪论、结论外，主体七章。首章讨论顾颉刚的成长经历，次章揭示顾颉刚考辨古史的基本观念与特点，然后按照时间先后，分别讨论20世纪20年代顾颉刚的民俗探索；30年代考古学与唯物史观社会史对顾颉刚古史研究的影响；他的沿革地理学研究与古史研究的关系，以及在抗战民族危亡时期他治学理念的变化；最后讨论40年代顾颉刚古史观念的演变特点。总体而言，在作者看来，顾颉刚古史考辨的特点，20年代为"大胆假设，提出问题"；30年代为小心求证，夯实基础，拓展领域，调整方向；40年代有意识地清理整合先前的古史成果，"从考索之功进入独断之学"。这样将顾颉刚前半生的学术，给予动态而整体的梳理，清晰地呈现了顾颉刚古史观念的演变与发展历程。

综合而论，鉴于学术界对顾颉刚及"古史辨"的研究甚多，但又纷繁复杂的状况，本书作者采取回到顾颉刚的原著中去，按照时间顺序，一方面梳理顾颉刚的学术意向与学术轨迹，另一方面也关注时代变化对顾颉刚学术的影响，两相结合，尽可能作出客观而平实的评断。具体而言，有以下几个特点。

第一，潜心研读顾颉刚原著，将顾颉刚的学术体系作为一个整体进行讨论，从学术发展的内在逻辑，清晰地呈现顾颉刚古史学说的独创性、阶段性和整体性，进而指出顾颉刚在研究领域上的拓展，并未改变他的古史认识，而是丰富和完善他的古史认识体系。

如何理解顾颉刚的古史学说，学术界分歧很大，也是评说的关键，本书第二章重点讨论这个问题。作者看来，顾颉刚的古史学说应该包含三个方面内容：1923年《与钱玄同先生论古史书》中所提出的"层累"说；《答刘胡两先生书》中提出的四个"打破"的观念；借助"历史演进方法"，考辨旧有古史观念、学说如何流变，解释旧有古史系统如何构成。三者构成顾颉刚完整的"古史辨"学说体系，缺一不可。作者特别强调关注的是顾颉刚古史观念的变迁。这是对顾颉刚古史观念的基本认识以及研究古史的基本方法进行探讨，奠定全书的论述基调，也体现他研究的独到之处。

自从"层累"说提出以后，随着时间的推移，学术界有人认为顾颉刚古史观念也在"变"。本书从第三章开始，逐一讨论顾颉刚的研究领域与他古史学说的关系，因为顾颉刚之中国古史"层累"说影响太大，受到多方质疑,所以他"在考辨古史的同时,也在不断地进行自辨,反复向学界阐述自己所要探究的问题是什么、不是什么",促使他要不断地丰富和完善其古史学说。即如作者认为,顾颉刚研究孟姜女故事主要是为了辅助其古史考辨,而非其"层累"说的思想来源。纠正学术界的一些错误而模糊的认识,与此相关的某些民俗学研究,也是为辅助其古史研究的。进而指出,"1930年前后的顾颉刚,正在对其'层累'说展开系统求证,正以实际研究逐步支撑起中国古史'层累'造成的假设……他的古史观念是不会改变的。"当时顾颉刚刊出了一系列论著,如《论易系辞传中观象制器的故事》《五德终始说下的政治和历史》《从吕氏春秋推测老子之成书年代》《三皇考》《汉代学术史略》等,都是其古史体系建设的体现。他的沿革地理学的研究、《禹贡》半月刊的创办等,都是他建设古史学说的努力。这样,从顾颉刚学术发展的内在理路上,清晰地呈现他在研究领域上的"变",正是为了完善他的古史体系,这就是他一直坚持的"常"。

第二,学术研究总要回应时代的需求,这也是学术界强调顾颉刚古史观念"变"者的理由,但本书作者认为,顾颉刚面对着时代的变化,尤其是在"七·七事变"之后,举国抗日运动中,他的治学理念虽有调整,但是他建设完善古史体系的努力没变,而他对古史认识的基本观点也没变。

20世纪30年代,随着唯物史观社会史大论战的展开,给中国古史的建设提供了新的理论指导,尽管对于材料的解读,跟顾颉刚的古史辨研究会得出完全不同的结论,但是顾颉刚只是提出"收缩阵线"的说法。作者解释道:"'收缩'不是'退缩',而是顾颉刚对自己所探研的古史问题有了更为明确的定位。"但他所关注的领域和研究的旨趣都没有变。

抗日战争爆发后,顾颉刚的治学理念虽有所调整,但他的古史观念并没有改变。促使顾颉刚改变"为学问而学问"治学理念,更重要的活动应是1931年4—5月的辛未访古,使他产生经世济民的思想;抗日战争则进一步促使他将这种思想付诸实践。1939年他刊出《中华民族是一个》,是他经世济民思想在学术上的体现,但并不违背他一直在建构的古史观念。

而许多学者对于顾颉刚古史认识,总是基于一些概念,如"信古"

"疑古""释古""破坏""建设"等,这些概念本身就有其特定的内涵,作为讨论顾颉刚古史体系,并不能完全适用。即如对于"建设"现象的理解,作者指出:顾颉刚"有些考辨固然表现出某种所谓'建设'现象,但其本身并非目的,而主要是顾颉刚'辨伪'的手段,是为'辨伪'提供更为客观、可靠的证据。这种所谓'建设'现象,和傅斯年等人借重考古材料重建上古信史,和社会史研究者借助唯物史观从旧材料中解读出新信息,有着根本的不同"。因为"'疑古'并不意味着不能'建设'新古史,而'建设'新古史,也不意味着不能坚持'层累'观念。"这样的论断,显示作者独到的眼光。

因此,在考察顾颉刚古史学说的"变"与"常"的问题时,充分考虑他所在的时代,将他个人经历、心路历程与时代变迁充分结合起来,充分回应各种学说,进而提出他独到的看法,显示作者独立思考、努力提出新说的优良的科研作风。

最后,全书视野宏阔,考证细密,新见迭出。

因为顾颉刚重要的学术地位,本书中心论题是顾颉刚古史观念的演变,但涉及 20 世纪前半期几乎所有重要的史家。书中涉及梁启超、王国维、胡适、傅斯年、郭沫若等诸多史家的学说。同时,因为研究顾颉刚及"古史辨"的成果甚多,论述中也相当重视回应前人的学术观点。这样两方面的关照,显示出作者过硬的科研能力和宽阔的学术视野。

尽管顾颉刚的研究成果甚多,本书中还是从源头开始进行研究,通过对顾颉刚学术发展历程,透过对他著作的研究,提出很多新的说法。即如针对有人说顾颉刚开始阅读《旧约》是 1923 年 5 月受胡适的影响,作者指出大约在十年前顾颉刚在北大预科读书时,选定八种书按日圈点,其中就有《旧约》,进而指出顾颉刚早在接受胡适教育之前,就已经有意识地学习西学了。又如指出顾颉刚对唯物史观的关注、《老子》一书年代的"早出"与"晚出"问题的论证、辛未访古对他治学理念的影响等,都可圈可点。

总之,这是一部通过细致研读史料,将顾颉刚个人学术心路历程与时代背景考察有机结合,视野开阔,新见迭出的优秀学术著作。

一直以来,政君治学刻苦用功,工作兢兢业业;待人接物,踏踏实实，有口皆碑。本人并不是研究顾颉刚史学的专家，政君恳请，故不揣浅陋，略述政君大著要旨如上，以向学林推介，并借此祝贺政君所取得的学术成就。

孙卫国
草于庚子正月初四

目　　录

绪论 ··· (1)

第一章　顾颉刚的早年 ·· (13)
　　第一节　"祖母手自塑铸的一具艺术品" ···························· (14)
　　第二节　成才路上的喜与愁 ··· (16)
　　第三节　在学术与政治之间徘徊 ······································ (21)
　　第四节　北大求索 ··· (26)

第二章　顾颉刚考辨古史的基本观念及其特点 ··················· (43)
　　第一节　"层累"说与四个"打破" ································· (43)
　　第二节　顾颉刚考辨古史的基本特点 ······························· (49)

第三章　20世纪20年代顾颉刚民俗探索的史学底色 ········· (67)
　　第一节　"层累"说的思想来源还是古史考辨的辅助？ ········ (68)
　　第二节　"层累"观念在民俗探索中的淋漓发挥 ················ (76)
　　第三节　另一种"社会史" ·· (84)

第四章　现代考古学、唯物史观社会史的兴起与1930年前后顾颉刚的古史观念 ··· (91)
　　第一节　《五德终始说下的政治和历史》与"层累"说的关系 ··· (93)

第二节　现代考古学对顾颉刚古史研究的影响 …………………（97）

第三节　唯物史观与顾颉刚的古史研究 ……………………（106）

第四节　1930年前后顾颉刚治学阶段的改变与古史

观念的不变 ……………………………………………（121）

第五章　20世纪30年代顾颉刚沿革地理研究与"古史辨"的关联 ……………………………………………………（137）

第一节　顾颉刚沿革地理研究的缘起及实践 ………………（138）

第二节　20世纪30年代顾颉刚沿革地理研究的旨趣 ………（145）

第三节　《禹贡半月刊》的创刊动机 …………………………（154）

第四节　顾颉刚古史考辨方法与视角的调整 ………………（158）

第六章　民族危机影响下顾颉刚的治学理念与古史观念 …………（167）

第一节　顾颉刚"为学问而学问"理念的坚持 ………………（168）

第二节　辛未访古与顾颉刚"为学问而学问"理念的调整 …（170）

第三节　百灵庙之行与《禹贡半月刊》办刊旨趣的调整 ……（177）

第四节　"中华民族是一个"的历史论证与"古史辨"

的学术关联 ……………………………………………（185）

第七章　20世纪40年代顾颉刚治学阶段的演进与其古史观念 ……………………………………………………………（198）

第一节　《浪口村随笔》的原初形态及其修订发表的

思想背景 ………………………………………………（198）

第二节　顾颉刚古史观念的不变 ……………………………（206）

第三节　顾颉刚对中国古史"层累"造成叙述体系的调整 …（211）

第四节　1940年前后顾颉刚治学阶段的转变 ………………（216）

结论 ……………………………………………………………………（223）

附录一　唯物史观与1949年后顾颉刚的古史研究 ………………（228）

附录二　顾颉刚著述编年 ………………………………………（245）

参考文献 ……………………………………………………………（294）

绪　　论

一　问题的提出

顾颉刚（1893—1980）是20世纪海内外知名史家。他一生在中国古史、民俗、沿革地理、边疆与民族等领域辗转探索，为中国学术现代转型做出了不可替代的贡献。他提出的"层累地造成的中国古史"说，是20世纪中国史学史上最具本土原创性的史学理论，极大地推动了中国史学的观念革新，由此引发的"古史辨"至今余波仍在。他为求得解释中国古史"层累"造成现象的眼光和方法而展开民俗探索，不仅建立了民间故事研究的经典范式，而且直接推动了中国现代民俗学学科的建立。他为补足考辨古史所需的古代地理知识而研究中国地理沿革史，又为推动沿革地理研究而开课授业、创办刊物、成立学会，培养了大批历史地理学专门人才，被誉为中国历史地理学的"开山祖"。他于民族危亡之秋，走上书生报国之路，以深厚的学术功底对中华民族一体性展开的历史论证，不仅直接反驳了"满蒙非中国"的侵略理论，也构成了20世纪"中华民族"理论建构过程中的重要一环。概言之，就学术创造力而言，顾颉刚是20世纪中国屈指可数的史家之一，他的史学成就也是20世纪中国史学史上绕不开的话题。

顾颉刚取得的成就主要受益于其古史研究，即便是对"中华民族是一个"的历史论证，也与其古史观念一脉相承。然而，自1923年顾颉刚提出"层累"说的近百年来，学界批评最多的也是其古史研究，而且，学界批评的视角是随着中国史学的发展而转变。比如，20世纪20年代，无论批评他疑古过激，还是批评他方法不当，乃至批评他有损"世道人心""动摇国本"，大致都是围绕打破旧古史展开。但随着现代考古学在中国的推进，学界批评他只能"破坏"而不能"建设"的声音，则随之越发明朗；而随着史学社会科学化的进程，特别是唯物史观社会史研究的兴起，学界批评他不能用人类学、社会学解读传说材料以建构社会发展史的声音，又随之增多。诚然，我们可以说这些"不能"是事实，但这些"不能"是不是"层累"说本来的诉求，是不是"层累"说所应担负的时代使命，也是值得我们思考的问题，否则，若中国上古史研究每进展一步，我们都回过头去批评顾颉刚的"不能"，那这种批评的价值何在是值得怀疑的。再如，近百年来，学界对顾颉刚批评最多的，是他抹杀"古史"，怀疑"历史本身"；而随着后现代史学在中国的潮起潮落，又有观点认为顾颉刚并没有否定历史本身，而是将传统古史的层层伪作及其构造过程，全都当作垃圾废物甩掉不要。那么，这二者之间到底孰是孰非？如果顾颉刚全都怀疑、抹杀、甩掉不要，那他穷尽一生在考辨什么？如果顾颉刚把传统古史的层层伪作及其构造过程都甩掉不要，那他的"惟穷流变"又在"穷"什么的"流"和"变"？这里，我们并不是说上述观点全无道理，更不是说顾颉刚的古史观念不可批评，而是想说我们在批评之前，首先应当明了顾颉刚的古史观念是什么。

与之相关的，是顾颉刚古史观念的演进问题，或者说是其古史观念变与不变的问题。顾颉刚提出"层累"说以后的20世纪20—30年代，正是中国古史研究取得重大进展的时期。史语所主持的安阳殷墟发掘，提振了人们重建上古历史的信心；唯物史观社会史的勃兴，也为古史重建提供了新的方法视角，特别是面对同样的古史传说材料，唯物史观者可以得出与顾颉刚截然不同的结论。这些都对顾颉刚的古史观念形成一定冲击。那么，面对这些新材料、新视角、新方法，顾颉刚的古史观念是否发生变化以及发生了何种变化？此后，在抗日战争的时代背景下，论证中华民族一体性以求团结御侮成为时势所需，至少从表面看来，这与常被视为有损"世道人心"乃至"动摇国本"的疑古辨伪，是相冲突的。那么，顾颉刚对"中华民族是一个"的历史论证与其古史观念是否冲突？概言之，自1923年提出"层累"说以后，顾颉刚的基本古史观念是否因学术发展或时势需要的影响而发生过改变？

学界对此已有一些探讨。例如，杨向奎认为1930年《五德终始说下的政治和历史》一文，标志着顾颉刚"恢复到今文学派康有为的立场"①，我们若不考虑经学问题，这一观点也可以说是认为顾颉刚坚持着疑古辨伪立场。彭明辉提出20世纪30年代顾颉刚研究沿革地理，是因为意识到"一味地辨伪有走入虚无主义的危险"，所以由"疑古"走向了"审慎释古"，这就涉及顾颉刚古史观念、立场的转变问题。②费孝通认为抗战时期顾颉刚提出的"中华民族是一个"，与其"古史辨"在思路上存在"没有解开的矛盾"，这实际也涉及顾颉刚古史观念、立场的转变问题。③此外，德里克认为，受1930年前后的中国社会史论战影响，顾颉刚在治学方法上出现了向马克思主义史学转变的迹象。④还有学者认为受考古学影响，1930年前后顾颉刚古史研究的关注点从"史实"转向了"观念"，等等。若仅从各自立论视角看，这些观点有一定的合理性。不过，若将之拢归顾颉刚身上，在如此短的时期内（除费孝通观点，其他都在1930年前后）他是否会出现如此多的调整或转变，特别是在古史观念、立场方面，似乎又是值得思考的问题。

顾颉刚一生都在研讨中国古史问题，若说他对所有问题的认识都不曾调整或改变，那是罔顾事实；但他的调整是否意味着基本古史观念的改变，则是另外一个问题。比如顾颉刚对禹的来源的认识：1923年，在《与钱玄同先生论古史书》中，他认为禹是动物，出于九鼎；同年，在《讨论古史答刘胡二先生》中，他就改称"禹是南方民族神话中的人物"；到20世纪30年代的《州与岳的演变》和《九州之戎与戎禹》等文中，他又认为禹是西方戎族的宗神。但无论具体观点如何改变，顾颉刚都没有改变禹的神格，没有给禹以人王的身份，亦即没有改变其"打破古史人化的观念"，没有越出其推翻非信史的四个"打破"。"层累"说是对旧有中国古史系统、古史学说形成过程的一种动态描述，随着中国古史研究的推进，顾颉刚对某些具体问题的认识可能会发生改变，这些改变

---

① 杨向奎：《论"古史辨派"》，载顾潮编《顾颉刚学记》，生活·读书·新知三联书店2002年版，第77页。
② 彭明辉：《历史地理学与现代中国史学》，东大图书股份有限公司1995年版，第148页。
③ 费孝通：《顾颉刚先生百年祭》，载王煦华编《顾颉刚先生学行录》，中华书局2006年版，第245—249页。
④ [美]德里克：《革命与历史：中国马克思主义历史学的起源，1919—1937》，翁贺凯译，江苏古籍出版社2004年版，第8—9页。

甚至会导致中国古史"层累"造成的叙述体系的调整,但调整并不一定意味着对"层累"造成这一基本判断的否定,也不一定意味着顾颉刚古史观念的根本改变。

再从相对宏观层面,就顾颉刚的研究领域来看。20世纪20年代,他提出"层累"说引发了古史讨论,但几乎是同一时期,他也在进行着民俗探索;1930年前后,他旨在求证"层累"说的系统论著大量问世,但几乎又是同一时期,他也展开了沿革地理研究;1940年前后,他为求得各民族团结抗日而论证中华民族的一体性,同样又是在同一时期,他也在筹划续编《古史辨》,并发表了强调古代巴蜀文化独立性,旨在拆解古代巴蜀与中原自开天辟地以来就有不可分割关系之旧说的《古代巴蜀与中原关系说及其批判》。这样,从一方面看,顾颉刚的古史研究会呈现出一番景象,从另一方面看,顾颉刚的古史研究可能又会呈现出另一番景象。这或许也是学界对于顾颉刚的古史观念提出诸多"转变"说法的原因。因此,我们讨论顾颉刚古史观念的变与不变,应有一个基本的判断标准,即他以"层累"说、四个"打破"为核心的基本古史观念是否发生改变。

总之,无论对顾颉刚的古史考辨褒贬毁誉,我们若要作出客观合理的评价,首先都应明了顾颉刚的古史观念是什么,以及他本人后来是否有所调整。因此,本书拟在厘清顾颉刚的基本古史观念的基础上,考察20世纪20—40年代他在民俗、沿革地理、边疆与民族等领域的辗转探索与其古史观念存在何种关联;在这一探索过程中,其古史研究存在哪些变与不变,其基本古史观念是否发生改变。

二 学术史回顾

学界关于顾颉刚的研究涉及多个方面,已有不少成果,在此仅就与本书论题关系密切者,略作论述,疏漏之处,敬请方家谅解。

(一) 关于顾颉刚古史考辨的整体性研究

施耐德《顾颉刚与中国新史学——民族主义与取代中国传统方案的探索》一书[①],以中国社会变迁为背景,解释顾颉刚学术思想的演进,不乏深刻见解;但其中有些分析,将顾颉刚学术思想过度嵌套于中国社会

---

① 该书1974年由美国加州大学出版,1984年由梅寅生译成中文,台北华世出版社出版。

历史变迁脉络，对顾颉刚的个性及其学术的整体性有所损害。

许冠三在《新史学九十年》中，以顾颉刚古史研究为中心，将其民俗、历史地理等探索融于一体，提出顾颉刚"1928年前重疑，三十年代尚辨，四十年代由辨伪向考信过渡，六十年代后则以考信为主"说法，是对顾颉刚相关研究的一次重要推进。① 同年，刘起釪《顾颉刚先生学述》一书，较为全面地梳理了顾颉刚一生的学术面貌，深入浅出地介绍了顾颉刚的重要观念和著述。该书虽有一些特定时代的痕迹，但仍不失为了解顾颉刚古史观念的重要著述。②

陈志明《顾颉刚的疑古史学》一书，以《古史辨》的出版为主要依据，将1949年前顾颉刚学术思想演进分为三期。该书优点是对顾颉刚相关著述研读细致，在具体问题上不乏独到见解；不足之处在于，《古史辨》收录各篇文章的撰写发表时间，与各册《古史辨》出版时间并不一致，有些甚至差异较大，所以，以《古史辨》出版为主要依据的历时性研究，并不符合顾颉刚"疑古史学"演进的实际。③

张越《五四时期中国史坛的学术论辩》专设两章回顾"古史辨"相关讨论，史料充实、分析详尽，厘清了不少重要问题，是研究顾颉刚的古史观念和"古史辨"相关问题的重要论著，也为本书探讨相关问题提供了较大便利。④

余英时《未尽的才情——从〈日记〉看顾颉刚的内心世界》一书，提出以1939年为界，顾颉刚治学分为前后两期的说法。作者以《浪口村随笔》为依据虽欠妥帖，但1939年确实是顾颉刚治学阶段出现调整的重要节点。⑤

此外，顾潮和顾洪《顾颉刚评传》、顾潮《历劫终教志不灰——我的父亲顾颉刚》、刘俐娜《顾颉刚学术思想评传》等，对顾颉刚的古史观

---

① 该书1986年由香港中文大学出版社出版，2003年岳麓书社出版。
② 刘起釪：《顾颉刚先生学述》，中华书局1986年版。
③ 陈志明：《顾颉刚的疑古史学及其在中国现代思想史上的意义》，商鼎文化出版社1993年版。
④ 张越：《五四时期中国史坛的学术论辩》，百花洲文艺出版社2004年版。
⑤ 余英时：《未尽的才情——从〈日记〉看顾颉刚的内心世界》，联经出版事业股份有限公司2007年版。

念、学术思想，也有较为平实、客观的论述。①吴少珉、赵金昭主编《二十世纪疑古思潮》、张京华《古史辨派与中国现代学术走向》、黄海烈《顾颉刚"层累说"与20世纪中国古史学》等，对顾颉刚古史研究作了专题探讨。②

（二）关于顾颉刚古史观念的来源与特点的研究

顾洪《论古史辨学派产生的学术思想背景》和王煦华《试论顾颉刚的疑古辨伪思想》两文，对顾颉刚古史观念的来源和特点有较为全面、平实的论述。③王汎森《古史辨运动的兴起———一个思想史的分析》中，较为深入分析了晚清今文经学与顾颉刚古史观念的关系。④彭明辉《疑古思想与现代中国史学的发展》在王汎森一书的基础上，有所延伸。⑤

从理论层面剖析顾颉刚的古史观念者，以余英时《顾颉刚、洪业与中国现代史学》一文较早，该文肯定"层累"说在历史文献学上建立了"新典范"，是文献学上一个综合性的新创造。⑥近年来，相关学者着重从认识论或知识论层面分析"层累"说及相关命题，如汪乾明《顾颉刚疑古史学思想探微》指出：顾颉刚"层累地造成的中国古史等观点，实际上是触及了史学思想中更为根本的问题，即史实是如何形成的，以及我们是如何构造我们的历史的"⑦。王学典和李扬眉《"层累地造成的中国古史"———一个带有普遍意义的知识论命题》、李扬眉《"疑古"学说"破坏"意义的再估量———"东周以上无史"论平议》等文，也采用了

---

① 顾潮、顾洪：《顾颉刚评传》，百花洲文艺出版社1995年版；顾潮：《历劫终教志不灰——我的父亲顾颉刚》，华东师范大学出版社1997年版；刘俐娜：《顾颉刚学术思想评传》，北京图书馆出版社1999年版。

② 吴少珉、赵金昭主编：《二十世纪疑古思潮》，学苑出版社2003年版；张京华：《古史辨派与中国现代学术走向》，厦门大学出版社2009年版；黄海烈：《顾颉刚"层累说"与20世纪中国古史学》，中华书局2016年版。

③ 顾洪：《论古史辨学派产生的学术思想背景》，《中国文化研究》1995年夏之卷；王煦华：《试论顾颉刚的疑古辨伪思想》，《中国哲学》第17辑，1996年。

④ 王汎森：《古史辨运动的兴起———一个思想史的分析》，允晨文化实业有限公司1987年版。

⑤ 彭明辉：《疑古思想与现代中国史学的发展》，商务印书馆股份有限公司1991年版。

⑥ 余英时：《顾颉刚、洪业与中国现代史学》，《明报月刊》第185期，1981年。

⑦ 汪乾明：《顾颉刚疑古史学思想探微》，《学海》2003年第1期。

大致相同的视角。① 另外,李幼蒸《顾颉刚史学与历史符号学——兼论中国古史学的理论发展问题》一文,认为顾颉刚"文本分析的目的不在于通过直接观察来证事之真伪,而在于通过文本分析来间接证明文本指涉关系之或真或伪","与今日体现在历史符号学领域内的诸多要求颇多契合"。② 从认识论或知识论层面的研究,有助于加深我们对顾颉刚古史观念的认知。

关于顾颉刚古史观念的来源和特点争议较大的:一是顾颉刚古史观念与日本疑古史学是否存在关联的问题;参与讨论的学者如刘起釪、李学勤、钱婉约、吴锐、李孝迁、虞云国、廖名春、陈学然、李长银等。二是由张荫麟提出的顾颉刚古史考辨方法违反"默证"适用限度问题。2007 年,彭国良《一个流行了八十余年的伪命题——对张荫麟"默证"说的重新审视》提出:所谓"默证适用之限度"有其特定的认识论背景,实际是一个"永远不能达到的"伪命题。③ 2010 年,宁镇疆《"层累"说之"默证"问题再讨论》对彭文提出批评,认为"层累"说"搁置"与"移置"历史本体,均存在问题。④ 2013 年,乔治忠《张荫麟诘难顾颉刚"默证"问题之研判》又对"默证"适用限度问题提出的历史背景、张荫麟之"诘难"存在的逻辑和史实错误及其消极影响,进行了详细剖析。⑤ 长期以来,学界因为没有发现相关材料,多认为顾颉刚默认了张荫麟的批评,事实上,顾颉刚对"默证"问题有所回应,只是没有提张荫麟的名字。

(三)关于"破坏"与"建设","信古"、"疑古"与"释古"的关系问题

自"层累"说被提出以来,学界对顾颉刚"破坏"上古史的批评就

---

① 王学典、李扬眉:《"层累地造成的中国古史"——一个带有普遍意义的知识论命题》,《史学月刊》2003 年第 11 期;李扬眉:《"疑古"学说"破坏"意义的再估量——"东周以上无史"论平议》,《文史哲》2006 年第 5 期。

② 李幼蒸:《顾颉刚史学与历史符号学兼论中国古史学的理论发展问题》,《文史哲》2007 年第 3 期。

③ 彭国良:《一个流行了八十余年的伪命题——对张荫麟"默证"说的重新审视》,《文史哲》2007 年第 1 期。

④ 宁镇疆:《"层累"说之"默证"问题再讨论》,《学术月刊》2010 年第 7 期。

⑤ 乔治忠:《张荫麟诘难顾颉刚"默证"问题之研判》,《史学月刊》2013 年第 8 期。

未曾中断。不过，也有学者指出：顾颉刚"疑古"的目的是"建设"真古史，他的"破坏"是为"建设"扫清尘障，二者是继承而非对立关系。① 讨论"破坏"与"建设"的关系问题，大多会涉及傅斯年及其领导的古史重建，余英时《学术思想史的创建与流变——从胡适与傅斯年说起》一文，比较客观地指出了二者在推动中国上古史学发展上的继进关系。② 李扬眉《学术社群中的两种角色类型——顾颉刚与傅斯年关系发覆》对此也有客观的分析。③ 但是，也有学者为了抬高傅斯年及史语所的地位而刻意贬低顾颉刚，甚至试图将诸如"疑古""层累"等观念，都尽量挂靠在傅斯年名下，这种做法有失公允。④

关于"信古"、"疑古"与"释古"的关系，张越《对信古、疑古、释古说的重新认识》、《〈古史辨〉与古史辨派析》等文有专门辨析。⑤ 张京华《"信古""疑古""释古"论评》也指出这些概念的时代性。⑥ 大致而言，冯友兰提出"信古"、"疑古"、"释古"等概念，主要是就当时古史研究的大致趋向而言，并不具有严格统一的标准。"信古"的"古"是"伪古"，"释古"的"古"是"真古"，而"疑古"的"古"虽是"伪古"，但它本来就是为了求"真古"，所以，"信古"和"疑古"对象相同，"疑古"和"释古"目标相同。

我们认为，考察顾颉刚古史观念的演进问题，若运用"破坏"与"建设"，"信古"、"疑古"与"释古"等概念，以下几点值得注意：第一，除"信古"外，"疑古"和"释古"、"破坏"和"建设"在学术价值方面，没有高下分别。正如冯友兰所说："无论疑古释古，都是中国史

---

① 参见沈长云《古史辨派的史学遗产与中国上古史体系的建设》，《史学集刊》2006年第4期；江林昌《顾颉刚先生与考古学》，《文史哲》2007年第4期；何晓明《"疑古"派的学术理路浅析》，《天津社会科学》2010年第2期。

② 余英时：《学术思想史的创建与流变——从胡适与傅斯年说起》，《文史传统与文化重建》，生活·读书·新知三联书店2004年版。

③ 李扬眉：《学术社群中的两种角色类型——顾颉刚与傅斯年关系发覆》，《清华大学学报》2007年第5期。

④ 杜正胜：《从疑古到重建——傅斯年的史学革命及其与胡适、顾颉刚的关系》，《中国文化》1995年第2期。

⑤ 张越：《对信古、疑古、释古说的重新认识》，《辽宁师范大学学报》2001年第5期；《〈古史辨〉与古史辨派析》，《学术研究》2008年第2期。

⑥ 张京华：《"信古""疑古""释古"论评》，《学术界》2007年第3期。

学所需要的，这期间无所谓孰轻孰重。"①但在有些学者的著述中，贬低"疑古"、"破坏"，抬高"释古"、"建设"的意图，事实上是很明显的。或许正是因为有了这种预设价值，才会出现试图通过证明顾颉刚古史研究中本就存在"建设"的一面或顾颉刚转向"释古"、"建设"，来肯定或否定其古史研究的做法。第二，就当时的史学界而言，这些概念有其对应的研究取径。大致而言，"疑古"、"破坏"对应以顾颉刚为代表的古史研究，"建设"、"释古"则对应借重考古材料、利用社会科学方法的古史研究。顾颉刚为了证明中国旧有古史系统乃"层累"造成，会从正面去做一些考实性工作，而且这些考实工作有时颇具系统性；同时，他在相关考辨中也会进行"解释"，包括利用社会科学的理论方法。但是，我们不能因此就说顾颉刚转向了"建设"或"释古"，因为这些工作背后的宗旨，可能仍是为了辨伪、为了证明"层累"说，和当时学界的"建设"、"释古"不是一回事。所以，如果我们在相关讨论中必须使用这些概念，也应注意其时代内涵，避免望文生义的附会。第三，我们讨论顾颉刚古史观念的变与不变，可以适度采用"破坏"和"建设"等二元的框架，但不宜将之绝对对立起来，否则，容易忽略二者针对对象的不同，甚至给人以"破坏"就是反对"建设"的印象。事实上，顾颉刚"破坏"旧古史并不反对"建设"新古史，而在"古史辨"之后，恐怕也少有学者会坚持旧有古史系统不应"破坏"，只是对于"破坏"程度的认知或有不同。所以，若将"破坏"和"建设"绝对对立起来，也会影响我们对民国时期中国古史研究演进路径的客观认知。

（四）关于顾颉刚民俗探索的研究

顾颉刚在中国民俗学科建立过程中的贡献，如发起学术运动、组织学术机构、创办学术刊物等，施爱东《倡立一门新学科：中国现代民俗学的鼓吹、经营与中落》一书有详尽论述。②

故事学方面。从钟敬文等老一辈民俗学家，到陈泳超、户晓辉、施

---

① 冯友兰：《冯序》，载罗根泽编著《古史辨》第6册，上海古籍出版社1982年影印本，第1页。
② 施爱东：《倡立一门新学科：中国现代民俗学的鼓吹、经营与中落》，中国社会科学出版社2011年版。

爱东等学者，基本都认同顾颉刚对孟姜女故事的研究，为故事研究乃至民间文学研究建立了现代"典范"。①

神话学方面。张铭远较全面地概括了顾颉刚"学术思想来源和构成""演变观的形成""神话研究的基本原理"等。② 赵沛霖论述了顾颉刚在神话研究方面的拓荒价值，如对中国古代神话体系的构建、对中国古代神话系统的独特把握等。③ 刘宗迪、吕微、施爱东等学者则着重发掘了顾颉刚神话研究的理论价值。如刘宗迪分析了顾颉刚等人所代表的中国现代神话学研究中的基本范式，以及这一研究范式的西方学术资源④；吕微则比较了顾颉刚的神话研究与西方现象学、后现代主义的相似性⑤；施爱东则以西王母为例，探讨了"层累造史说"的方法问题。⑥

故事、神话研究与古史研究关联方面，以王东杰的探讨较为专深。他以"故事眼光"与"古史研究"为线索，讨论了"疑古"与"释古"的相通之处。⑦ 另外，韦勇强、赖国栋等也讨论了顾颉刚古史研究得益于民俗探索之处。⑧

关于顾颉刚民俗探索的相关研究，有助于加深我们对顾颉刚古史观念的认知。不过，关于顾颉刚民俗探索与其古史研究关联的探讨，则相对有待深入。二者相通之处，学者一般都已注意到，但是，故事研究与神话研究在顾颉刚学术体系中的地位是存在差异的，而且，民俗探索对顾颉刚古史研究的重要影响，也绝不仅仅体现在"层累"说的思想来源方面。

---

① 陈泳超：《顾颉刚关于孟姜女故事研究的方法论解析》，《民族艺术》2000 年第 1 期；户晓辉：《论顾颉刚研究孟姜女故事的科学方法》，《民族艺术》2003 年第 4 期；施爱东：《顾颉刚故事学范式回顾与检讨——以"孟姜女故事研究"为中心》，《清华大学学报》2008 年第 2 期。
② 张铭远：《顾颉刚古史辨神话观试探》，《民间文学论坛》1986 年第 1 期。
③ 赵沛霖：《顾颉刚先生对中国神话学的巨大贡献》，《贵州社会科学》2002 年第 1 期。
④ 刘宗迪：《中国现代神话学：在思想与学术之间》，《民间文化论坛》2005 年第 2 期。
⑤ 吕微：《顾颉刚：作为现象学者的神话学家》，《民间文化论坛》2005 年第 2 期。
⑥ 施爱东：《"弃胜加冠"西王母——兼论顾颉刚"层累造史说"的加法与减法》，《民俗研究》2011 年第 3 期。
⑦ 王东杰：《"故事"与"古史"：贯通 20 世纪二三十年代"疑古"和"释古"的一条道路》，《近代史研究》2009 年第 2 期。
⑧ 韦勇强：《顾颉刚以民俗辅助故事考证的方法及成就》，《广西社会科学》2004 年第 10 期；赖国栋：《再论"层累说"的来源——兼谈历史与故事的距离》，《史学理论研究》2013 年第 2 期。

(五) 关于顾颉刚沿革地理研究的相关问题

当年参与禹贡学会、《禹贡半月刊》相关活动的老一辈学者,如杨向奎、王树民、侯仁之、朱士嘉、史念海等,撰写的回忆性文章,基本已收入王煦华编《顾颉刚先生学行录》。① 另外,学界对禹贡学会、《禹贡半月刊》内容、特点,也有一些介绍性文字,如《史学史研究》资料室《顾颉刚先生与禹贡学会》、马大正《略论禹贡学会的学术组织工作》、顾潮《顾颉刚先生与〈禹贡〉半月刊》、朱守芬《顾颉刚与〈禹贡半月刊〉》等。② 这些文章,为我们研究顾颉刚沿革地理研究相关问题,提供了较多方便。

与本书论题关系密切者,是顾颉刚研究沿革地理、创办《禹贡半月刊》的初衷与《禹贡半月刊》的后期转向问题。值得重视的成果,一是彭明辉《历史地理学与现代中国史学》一书。该书通过大量数据统计,为我们揭示了《禹贡半月刊》的内在特点。不过,该书认为顾颉刚研究沿革地理表明其古史观念从"疑古"转向"释古",并不符合实际。③ 一是王江的博士学位论文《〈禹贡〉半月刊研究》。作者对《禹贡半月刊》的创刊缘起、后期转向及其与顾颉刚古史研究的关系等问题,进行了较为全面的探讨,其中对过去学界将《禹贡半月刊》创刊置于民族主义语境下的做法提出的质疑,尤值得重视。④

(六) 关于"中华民族是一个"的相关研究

周文玖、张锦鹏《关于"中华民族是一个"学术论辩的考察》、马戎《如何认识"民族"和"中华民族"——回顾1939年关于"中华民族是一个"的讨论》等,主要从民族理论发展角度分析了相关论辩。⑤ 罗新慧

---

① 王煦华编:《顾颉刚先生学行录》,中华书局2006年版。
② 《史学史研究》资料室:《顾颉刚先生与禹贡学会》,《史学史研究》1981年第1期;马大正:《略论禹贡学会的学术组织工作》,《中国边疆史地研究》1992年第1期;顾潮:《顾颉刚先生与〈禹贡〉半月刊》,《中国历史地理论丛》1997年第3期;朱守芬:《顾颉刚与〈禹贡半月刊〉》,《史林》2000年第1期。
③ 彭明辉:《历史地理学与现代中国史学》,东大图书股份有限公司1995年版。
④ 王江:《〈禹贡〉半月刊研究》,博士学位论文,中国人民大学,2007年。
⑤ 周文玖、张锦鹏:《关于"中华民族是一个"学术论辩的考察》,《民族研究》2007年第3期;马戎:《如何认识"民族"和"中华民族"——回顾1939年关于"中华民族是一个"的讨论》,《中南民族大学学报》2012年第5期。

《顾颉刚先生对古代民族融合的考察》是为数不多着眼于顾颉刚的古史研究，发掘"中华民族是一个"观点学术思想资源的文章，值得重视。[①] 李帆《求真与致用的两全和两难——以顾颉刚、傅斯年等民国史家的选择为例》一文，考察了"中华民族是一个"如何在求真与致用的价值取向上寻求平衡，认为其"内在深刻的矛盾纠结仍始终存在"。[②] 另外，刘俐娜等学者还梳理了抗战时期顾颉刚的学术活动与思想。[③]

三 关于本书的说明

本书力求在全面梳理顾颉刚相关材料的基础上，首先厘清20世纪20年代顾颉刚提出"层累"说、引发"古史辨"时期，其基本古史观念是什么。然后依循顾颉刚学术发展历程，分别考察他在民俗、沿革地理、边疆与民族等领域辗转探索的动机和宗旨，以及这些探索与其古史考辨的关联。在此基础上，考明1923—1949年，顾颉刚古史考辨的特点存在哪些改变与不变，其古史观念是否发生根本性改变。鉴于顾颉刚治学范围较广，学界相关争议较大，因此，对本书略作说明如下。

第一，本书主要讨论顾颉刚的基本古史观念是什么及其变与不变，不讨论其具体观点的对与错。因为即便我们讨论对与错，首先也应明了"是什么"。

第二，本书讨论顾颉刚古史观念的变与不变，主要以其相关研究的旨趣为判断标准，而不以其文字特点、行文风格以及对某些具体问题的观点等为判断标准。当然，如果某些具体问题对于考察顾颉刚古史观念意义重大，则另当别论。

第三，本书以1949年为讨论下限，主要考虑到此后顾颉刚古史考辨的进路，受外力干扰较大，笔者学力有限，对其中某些问题无法作出恰当判断。所以，仅取已发表论文《唯物史观与1949年后顾颉刚的古史研究》作为附录，以见1949年后顾颉刚古史观念之大概。

---

① 罗新慧：《顾颉刚先生对古代民族融合的考察》，《史学史研究》2011年第2期。
② 李帆：《求真与致用的两全和两难——以顾颉刚、傅斯年等民国史家的选择为例》，《近代史研究》2018年第3期。
③ 刘俐娜：《抗日战争时期顾颉刚的史学思想》，《史学史研究》2005年第3期；《从〈上游集〉看抗战时期顾颉刚的学术活动及思想》，《抗日战争研究》2006年第3期。

第 一 章

顾颉刚的早年

顾颉刚名诵坤，字铭坚，号颉刚，小名双庆，以号行，1893年出生于素有"人文渊薮"之誉的江苏省苏州市。顾家定居苏州，始于明万历年间。清顺治四年，顾颉刚的先祖顾予咸进士及第，翻开了其家族史上"最为显耀隆盛的一页"。顾颉刚说，这一时期他的家族充溢着"文风豪气"。顾予咸和他的子辈顾嗣皋、顾嗣立、顾嗣协等皆有诗名，被誉为"吴中文化巨族"。[①] 顾予咸和顾嗣立接续完成的《温飞卿诗集笺注》考据详核、注释简明，至今仍是研究温庭筠诗作的重要资料[②]；顾嗣立是"江左十五子"之一，他纂辑的《元诗选》被"四库全书"称为"网罗浩博，一一采自本书，具见崖略，非他家选本饾饤缀合者可比。有元一代之诗，要以此本为巨观矣"。[③] 此外，建造私人花园是当时苏州风行的雅事，而顾予咸父子就曾建造7座，亦可见其家势之隆盛。再后来，顾家更因文风之盛，被康熙皇帝誉为"江南第一读书人家"。顾予咸之后，顾家累代仕宦，直至乾隆年间，顾芝因卷入布政使王亶望监赈案被充军抄家而家道中落。顾芝五传至顾元昌、顾之义，又遭逢太平天国运动避居乡间，再回苏州，已是家徒四壁。顾元昌无子，过继顾之义的长子顾柏年，顾柏年的独子就是顾颉刚。1891年，顾柏年成婚，当年，顾元昌就不幸病逝，家境一度萧条，靠卖田维持。1893年，顾颉刚就出生在这

[①] 马大勇：《清初庙堂诗歌集群研究》，吉林人民出版社2007年版，第211页。
[②] 王国安：《温飞卿诗集笺注·前言》，上海古籍出版社1998年版，第6页。
[③] 顾嗣立与《元诗选》相关情况，参见顾廷龙《顾嗣立与元诗选》，《顾廷龙文集》，上海科学技术文献出版社2002年版；蒋寅《顾嗣立的元诗研究》，《中国文化研究》2008年夏之卷。

样一个世代读书人家。①

因为顾柏年的过继,所以顾颉刚回忆中常有本生祖父(母)、嗣祖父(母)说法,又因为顾颉刚出生时其嗣祖父已经过世,所以他在回忆中直接提到"祖父"时,多是其本生祖父顾之义,"祖母"则是嗣祖母张氏。

第一节 "祖母手自塑铸的一具艺术品"

据顾颉刚自己的判断,对他一生影响最大的家人,不是他的父母,而是他的嗣祖母张氏。他说:"我的一生,发生关系最密切的是我的祖母。简直可以说,我之所以为我,是我的祖母手自塑铸的一具艺术品","她高高的擎起了照亮我生命的第一盏明灯"。②

顾颉刚对其母亲印象十分淡薄且偏于消极,只记得"她是一个身材高高而精神非常严峻的年青奶奶"。他说:"她对我管教很严,我有什么不好,她打我,我一讨饶,她就打得越凶。"顾颉刚3岁的时候,因为尿床被母亲从床上扔下,从此被祖母抱走一起生活,直到18岁结婚,而在他9岁的时候,母亲便因病去世。后来顾颉刚推测说,母亲的严厉,可能和身体不好,加之"两姑之间难为妇"的处境造成"心境老是不好"有关。③

在顾颉刚的童年回忆中,涉及他的父亲,多与学业有关,生活方面同样是少又少。这可能和顾柏年先因学业、后迫于生计而长期在外有关。④ 此外,在顾颉刚母亲去世后的第二年,顾柏年便续弦再娶,从后来相关资料看,顾颉刚和他继母的关系并不融洽。总之,在顾颉刚关于童年生活的回忆中,他父母的存在感都不是很强。

顾颉刚对其嗣祖母(以下称"祖母")的印象,则大不相同。他坚信,他的祖母秉持着"假子真孙"的传统观念,投入了全部精神来培养

---

① 顾颉刚:《玉渊潭忆往》,《宝树园文存》第6卷,中华书局2011年版,第291—298页。顾潮:《顾颉刚年谱》(增订本),中华书局2011年版,第1—5页。
② 顾颉刚:《玉渊潭忆往》,《宝树园文存》第6卷,第301、308页。
③ 同上书,第305页。
④ 参见顾颉刚《家严事略》、《顾子虬先生讣告》等,分别见《宝树园文存》第6卷,第254—256、274—275页。

他，即便对他的严厉，也是"从慈爱的本心上出发"。所以，在他的回忆中但凡涉及祖母，总是充溢着无限的感情。祖母的严厉，主要在培养顾颉刚接人待物的传统礼节、品行方面，如不许随便接受别人赠送的物品、不许先于长辈用餐、远离庖厨、远离女红，等等。顾颉刚说："凡一举一动，都加以约束。每晚临睡时，她总要检讨我一天的行为。若果作了错事，便叫我写在纸条上贴到帐顶上，第二天早晨睁开眼睛，第一件事便是叫我把那张写上过失的条子诵读几遍，表示悔过。"① 后来，顾颉刚在性格上所展现出的，是非对错立场的鲜明，或者说不善变通，可能和此时祖母的严格训练有关。

祖母的严厉管教只是一方面，更多的则是"无一处不仔细周密，体贴入微"的照顾。比如，顾颉刚认为，自己2岁出天花、3岁呕血、8岁患喉痧、23岁患伤寒，险些丧命，都是靠祖母的细心照料才得以脱险。他说："我脆弱的生命，总算倚靠着她的无限慈爱和庇护长育了起来。"有祖母悉心的照管，对于幼年丧母的顾颉刚而言，自然是幸事，不过今天看来，有些则已近于溺爱。如顾颉刚自己所说，"凡是有壳的，像瓜子，有子的，像西瓜，她都要去了壳和子才送到我口里。有骨的，像鱼，她要去了骨给我吃。难吃的，像蟹，她要出了肉给我吃"。②

在顾颉刚童年留下较深痕迹的，还有他的本生祖父（以下称"祖父"）。在顾颉刚的回忆中，伴随他祖父出现的多是一些悠游闲适的场景，如带他上街、扫墓，以及讲说掌故旧闻的妙趣横生。这让他觉得祖父就是"智慧的化身"，是"无所不知无所不晓的聪明人"。他说："到今还记得他教我读《五柳先生传》和《归去来兮辞》的神味，好象他就成了陶渊明，那是何等的闲适呀！"③ 在顾颉刚的笔下，这些场景总是流露着无限的温馨。

祖父母的行为，反映的是中国家庭中普遍存在的隔代宠爱。顾颉刚的长孙身份，以及嗣祖母坚持儿子嗣来的时候已经长成，不能管，但孙

---

① 顾颉刚：《玉渊潭忆往》，《宝树园文存》第6卷，第306页。
② 顾颉刚：《玉渊潭忆往》，《宝树园文存》第6卷，第306—307页；《我在北大》，《宝树园文存》第6卷，第338页。
③ 顾颉刚：《玉渊潭忆往》，《宝树园文存》第6卷，第312页。

子出生在身边，可以从小管起的观念，更增加了这种宠爱的浓挚。而被这种浓挚的隔代宠爱所包围，正是顾颉刚童年生活的主色调。家人对他的要求，主要就是用功读书，其他一应需求，早已安排妥帖，让他无忧无虑。

不过，这种无忧无虑也把顾颉刚包裹在自己的小世界中，让他和外面的世界产生了"隔膜"。如后来他曾反思说，自己是一个"生于深宫之中，长于妇人之手"的人①，生活在沉闷和呆滞的空气中，对于社会的情形隔膜得很，面目板方得没有人的气味。② 日后，他在处理人际关系时的左支右绌，或多或少都受此影响。

更为重要的是，悠游闲适的成长环境，更让他对底层社会的冷峻现实，缺乏必要的认知。这对他日后学术思想的演变，产生过重要影响。1913年，已经21岁的顾颉刚考入北大后选学农科，还是基于一种浪漫的想象——他觉得乡村生活，是一种可以自给自足，不用浸入这恶浊世界的生活；是一种可以啸傲云山，招邀风月，与造物者为友的生活。③ 20世纪20年代，他仍把"近于天真"的下层民众及其文化，想象成挽救汉民族衰老的"强壮血液"。直到30年代，经过多次实地考察，他才意识到这种认识"太理想化"，是脱离实际的想象，是一种错觉，是中了旧诗和旧画的毒。④ 浪漫想象和冷峻现实之间的巨大反差所带来的刺激，是顾颉刚在20世纪30年代逐渐调整"为学问而学问"的治学理念，走上书生救国道路的重要契机。

第二节　成才路上的喜与愁

世代读书的家风和苏州的人文环境，为顾颉刚的学术成长提供了优

---

① 顾颉刚：《致胡适》（1934年7月6日），《顾颉刚书信集》第1卷，中华书局2011年版，第480页。
② 顾颉刚：《古史辨第一册自序》，《顾颉刚古史论文集》第1卷，中华书局2011年版，第5、17页。另参见顾颉刚《对于旧家庭的感想》及《续》《再续》等，《宝树园文存》第6卷，第35—88页。
③ 顾颉刚：《我在北大》，《宝树园文存》第6卷，第325页。
④ 顾颉刚：《农村卫生问题不可不严重注意——这是中华民族生死关头的大问题》，《宝树园文存》第6卷，第276页。

质环境。世代读书的家风，使其家人"酷望"他能从读书上求上进，所以，尚在提抱中，祖父便已教会他不少字；虚岁3岁（1895年），母亲教《三字经》《千字文》；4岁，叔父教《诗品》、祖父教对对子；5岁，叔父教《天文歌诀》《地球韵言》《读史略论》等；到六七岁时，已经能够读些唱本小说和简明的古书。6岁（1898年）的时候，顾颉刚进入私塾，开始习读儒家经典；8岁读毕四书，同年，开始读五经。和很多同龄人一样，五经尚未读完，清政府废除科举，顾颉刚就转入了苏州长元吴公立小学校，这是苏州第一所高等小学。这时他只读了《诗经》《左传》和半部《礼记》，直到1909年顾颉刚中学二年级的时候，祖父才又亲自教他读余下的《尚书》《周易》等。①

求取功名是家人安排顾颉刚接受传统教育的重要目的之一，如祖母就经常对他说："阿双（顾颉刚的小名），你读书要好好用功啊！我们家里从来没有一个白衣的人，你总不要坍了祖宗的台才好啊！"科举废除后，父亲仍到北京给10余岁的顾颉刚"捐了一个监生，加捐了一个五品衔"，而当时的顾颉刚也为可以继承祖父的功名感到光荣。② 不过，后来祖父继续教顾颉刚读《尚书》《周易》等，是如有论者所说以备科举恢复③，还是当时人对学问的传统认知的惯性使然，则值得思考。因为这时已是科举废除4年后的1909年，而顾颉刚回忆中留下的也只有祖父说"五经是总该读全的"。④

苏州的人文环境，则让这种对功名的追求，多少有别于寒窗苦读只为一朝走上官宦之途的功利追逐，它更像是希望在文化气息浓郁的社会环境中，获得一种身份的认同与荣耀，至少在顾颉刚的眼中是这样的。如他在描述"苏州旧日情调"时所说：苏州士绅的追求是"尽量风雅""尽量享受"，"他们要求的只是一辈子能够消受雅兴清福，名利的念头轻微得很，所以他们绝不贪千里迢迢为官作宦……只是一味眷恋着温柔清

---

① 参见顾潮《顾颉刚年谱》（增订本），第7—23页。
② 参见顾颉刚《玉渊潭忆往》、《我在北大》，《宝树园文存》第6卷，第307、313、320—321页。
③ 参见王汎森《傅斯年：中国近代历史与政治中的个体生命》，生活·读书·新知三联书店2012年版，第18页。
④ 顾颉刚：《古史辨第一册自序》，《顾颉刚古史论文集》第1卷，第12页。

幽的家园",为了博得科第的荣耀,才上京赶考。①

事实上,顾颉刚的家人也确实未因科考而约束其阅读兴趣或钳制其思想。最为明显的例子,如戊戌维新时期,顾颉刚的父亲顾柏年是苏学会成员,戊戌变法失败后苏学会解散,顾柏年分得会中《万国史记》《泰西新史揽要》《万国演义》等书籍,顾颉刚便可随手翻览;后来,顾柏年案头的《新民丛报》,顾颉刚也可以"自己选读"。此外,在科举废除前,顾颉刚还曾读过诸如《老残游记》《文明小史》《活地狱》《庚子国变弹词》等绣像小说。②

从私塾到新式学堂,最让顾颉刚回味无穷的,也是随意翻阅长辈书籍和到玄妙观的小书铺、书摊上任情购买书籍。他的祖父研究《说文》和金石,室内多古文字学书;父亲为了应书院的月试,室内多文学书;叔父喜欢近代史,架上有《东华录》和《皇朝掌故丛编》等。这些书顾颉刚在读私塾时期都有机会阅读。③ 1904 年后的一段时期,顾颉刚的私塾课业很松,他也可以任情选读自己喜欢的书报,后来他回忆说:"这两年中的进境真像飞一般的快,我过去三十年中吸收知识从没有这样顺利的:我看无论哪种书都可以懂得一点了,天地之大我也识的一个约略了。"④

从 1906 年进入苏州长元吴公立小学校,到 1912 年在苏州第一公立中学毕业,这 6 年的新式教育,顾颉刚学业上的重要收获,大多在课堂之外的闲暇。入学不久,他便因患病休学两月,病中以《二十二子》《汉魏丛书》等自遣,"对于古书得到一个浮浅的印象";同时,又接触到《国粹学报》,这成了他日后的经常读物,一度影响了他学术道路的选择。另外,这场病还令他返校后,"英文、算学遂不及人,故益致力国学"。⑤

进入中学后,他泛览古书的兴趣,得到进一步发展。他说:"每天一下课,立刻向书肆里跑……我虽是一个学生,只能向祖母和父亲乞得几个钱,但也有力量常日和他们往来。我去了,不是翻看他们架上的书,

---

① 顾颉刚:《玉渊潭忆往》,《宝树园文存》第 6 卷,第 301 页。
② 顾颉刚:《我在辛亥革命时期的观感》,《宝树园文存》第 6 卷,第 480—489 页。
③ 参见顾颉刚《我是怎样编写古史辨的?》,《顾颉刚古史论文集》第 1 卷,第 149 页;《致李石岑》(1924 年 1 月 9 日),《顾颉刚书信集》第 2 卷,第 89 页。
④ 顾颉刚:《古史辨第一册自序》,《顾颉刚古史论文集》第 1 卷,第 10 页。
⑤ 顾潮:《顾颉刚年谱》(增订本),第 18 页。

便是向掌柜们讨教版本的知识。所见的书既多,自然引诱我去研究目录学。《四库总目》、《汇刻书目》、《书目答问》一类书那时都翻得熟极了。到现在,虽已荒废了十余年,但随便拿起一册书来,何时何地刻的还可以估得一个约略。"① 应该说,这为他日后的学术研究,打下了博学广闻的基础。

对于顾颉刚这种恨不能读尽天下图书、恨不能把什么学问都装进脑子里的表现,他的父亲提醒他"买书不必像买菜一般的求益",祖母笑他"买书好像瞎猫拖死鸡一般的不拣择"②,但从顾颉刚的回忆中,我们并未见其家人的强力干预。刘起釪认为这是受了吴派学风的影响,他说:"吴派的追求渊博的风气,凡它影响所及的地区内的读书者也跟着追求,在它的中心地区当然更甚,这在顾先生就几乎习以成性,识字稍多就喜欢广泛涉猎。"③

良好宽松的家庭环境,培育了顾颉刚学业上的出众才能。比如,尚在提抱中就能指着街上店铺招牌认字,令店铺中人诧异道,"这怕是前世带来的";10岁因能言《左传》中典故,令塾师甚讶;14岁入小学考试,题目"征兵论",得第一;第二年,学校迁新址,校长令作《校舍落成记》,又是第一。数十年后,郭绍虞回忆说,"我和颉刚都是苏州人","我俩虽不同学,但我的心头却早已深深地打上了他的印象。当时苏州有四个小学,有时一起开会,我见到他学校里,有个学生在黑板上做作文测验,由来宾临时出题,而此人在黑板上用粉笔作文,写得很快,好象默写宿构,一些也不停顿。我奇其才,后来听人家说,这即是顾诵坤——当时颉刚的学名"。④ "这即是顾诵坤"一句,正反映出当时顾颉刚在同龄人中已小有才名。

这一时期,善于作文的顾颉刚还和叶圣陶等39人成立了"放社"⑤,

---

① 顾颉刚:《古史辨第一册自序》,《顾颉刚古史论文集》第1卷,第12、13页。
② 同上书,第14页。
③ 刘起釪:《顾颉刚先生学述》,中华书局1986年版,第16页。
④ 郭绍虞:《悼念颉刚》,载王煦华编《顾颉刚先生学行录》,中华书局2006年版,第11页。
⑤ 参见叶圣陶《顾颉刚宣言》、《放社简约》,《宝树园文存》第5卷,第62—66页。

并写有《常熟旅行记》《杭州旅行记》和不少诗歌。① 不过，后来他逐渐发现文学并非自己性之所近，他说："我起先做不好，只以为自己的工夫浅。后来永远不得进步，无论我的情感像火一般的旺烈，像浪一般的激涌，但是表现出来的作品终是软弱无力的……怀了创作的迷梦约有十年，经过了多少次的失败，方始认识了自己的才性，恍然知道我的思想是很质直的，描写力是极薄弱的，轻倩美妙的篇章和钦奇豪壮的作品本来都没有我的分儿，从此不再妄想'吃天鹅肉'了。"② 先前，顾颉刚随情近性所买之书，多属文学和史学两类③，而此后，他便逐渐远离了文学。

从小学因病休学后"英文、算学遂不及人，故益致力国学"，到此时发现文学并非自己性之所近而逐渐走向史学的历程，多是顾颉刚的回忆。其中虽不免有成名后有意突出或无意建构的成分，但从整体上看，他个人的志趣确实得到家人较大程度的尊重。

家人的培养也有让顾颉刚苦恼的一面，他觉得这种培养方式带来的只是一种遏抑性灵的畸形发展。他说："因为如此，所以我了解书意甚早……但也因为如此，弄得我游戏的事情太少，手足很不灵敏，语言非常钝拙，一切的技能我都不会。这种的状态，从前固然可以加上'弱不好弄'的美名，但在现在看来，只是遏抑性灵，逼作畸形的发展而已。"④ 这种认识确实较为常见，也有其合理一面，如傅斯年也曾表示"繁琐的古典训练严重损害了他的健康"。⑤

不过，这类"逼作畸形"的现象，在顾颉刚身上体现的确实有些多。略举数例如下：

> 读到《大雅》和《颂》时……我想不出我为什么要读它，读书的兴味实在一点也没有了……我越怕读，他（私塾先生）越要逼着我读。我念不出时，他把戒尺在桌上乱碰；背不出时，戒尺便在我的头上乱打。在这种威吓和迫击之下，长使我战栗恐怖，结果竟把

---

① 均收入《宝树园文存》第5卷。
② 顾颉刚：《古史辨第一册自序》，《顾颉刚古史论文集》第1卷，第15页。
③ 顾潮：《顾颉刚年谱》（增订本），第20页。
④ 顾颉刚：《古史辨第一册自序》，《顾颉刚古史论文集》第1卷，第5页。
⑤ 王汎森：《傅斯年：中国近代历史与政治中的个体生命》，第18页。

我逼成了口吃，害得我的一生永不能在言语中自由发表思想。

我的祖母太爱我了，凡是有壳的，像瓜子，有子的，像西瓜，她都要去了壳和子才送到我口里。有骨的，像鱼，她要去了骨给我吃。难吃的，像蟹，她要出了肉给我吃。这却减低了我吃东西的技能。当时虽没有吃鲠，但到现在，瓜子就不会咬了，蟹也不会剥了，鱼是怕鲠而很少吃了。

我受了这样严格的管制，当然一切劳动我就一点儿不会做了。后来，到了北方，喜欢雇骡马，行长途，天天要打开铺盖，又要捆起铺盖时，我就不会紧紧地打成一团了，因此每被同行的朋友们所笑，我自己也有时笑了起来。

她（顾颉刚的嗣祖母）常常抱我到忉之公（嗣祖父）的遗像前，叫我"拜拜阿爹"，我当时还听不懂大人的话，错认了，以为这个神像的名字是"拜拜阿爹"，常问道"拜拜阿爹的性情怎么样？""拜拜阿爹的时候家里是怎样的？"到了年长的时候，也就改不过来了。①

如果说顾颉刚成才路上出现的某些苦恼，是家庭教育方式所造成，尚可理解，但有些基本的生活技能，直到成年以后都无法纠正，对于一位大师级人物而言，反差确实有些大，是值得注意的现象。另外，还有折磨了顾颉刚一生的失眠问题，据其女公子顾潮所述，他去世后将遗体捐赠中国医学科学院，也是尊其壮年欲对此问题一探究竟的心愿。②

第三节　在学术与政治之间徘徊

19世纪末20世纪初的中国，正值多事之秋，各种社会革命、改良思

---

① 顾颉刚：《古史辨第一册自序》，《顾颉刚古史论文集》第1卷，第6—7页；《玉渊潭忆往》，《宝树园文存》第6卷，第304、306、310页。

② 顾潮：《我的父亲顾颉刚》，人民文学出版社2009年版，第321页。

潮蜂拥而起，跌宕起伏，冲击着风雨飘摇的晚清政权。甲午战败，康有为主导的维新运动应声而起，旋即失败。顾颉刚早年最先接触的，就是这股维新思潮。戊戌变法失败后，顾颉刚的家中悬挂起"戊戌六君子"的半身相，他说："我常常看着，对这一班失败的英雄致敬，因此也就痛恨西太后，每在报纸上看到她的谕旨……就惹起一阵恶心。"① 在私塾、小学中，他也作为立宪保皇的支持者，与革命派的支持者争辩。他说自己"很佩服立宪派人谋国的公忠"，认为攻击清政府的人"是过分了"。②

顾颉刚视"戊戌六君子"为英雄，甚至把立宪保皇看成时代赋予自己的"使命"，并不是因为他对这一政治主张之于当时中国的重要性有多深的认识，而更可能是因为他对此接触较早，了解较多。戊戌变法时期，顾颉刚的父亲顾柏年是苏学会成员，这为顾颉刚了解维新派思想，提供了重要途径。他说："我的父亲就有一部石印的《壬寅新民丛报汇编》，计十六册，字虽小而清楚。我当十一二岁的时候，知识已开，常常取来诵读，最爱他气势发皇，其中有几篇（如'少年中国说'、'呵旁观者文'）都给我读的烂熟。因此，我要勇敢地肩起救国的时代使命。"③ 所以，顾颉刚是借由他父亲的便利，又受《新民丛报》特别是梁启超文风的吸引，才略带偶然性地受到了维新思想的影响。

随着视野的扩大，顾颉刚接触到一些宣传革命的报刊，其"时代使命"也随之出现了改变。如他说："邓实、黄节们在上海办的《国粹学报》，假借了'国粹'一名宣传革命，由陈去病等写的《五色石》，略略谈到清朝皇帝和满洲亲贵如何地压迫汉族人民……成为我的经常读物。这个刊物从乙巳（一九〇五）到辛亥，我整整地看了七年。它洗涤了《新民丛报》给我的保皇思想，把我带上了革命的道路；但也引我走上了研钻本国的学术文化道路。"④

不过，这段话写于 1961 年，偏重介绍《国粹学报》对其政治思想的影响，如果对比 1949 年前顾颉刚的说法，我们可以发现，《国粹学报》

---

① 顾颉刚：《我在辛亥革命时期的观感》，《宝树园文存》第 6 卷，第 481 页。
② 顾颉刚：《十四年前的印象》，《宝树园文存》第 6 卷，第 233 页。
③ 顾颉刚：《我在北大》，《宝树园文存》第 6 卷，第 332 页。
④ 顾颉刚：《我在辛亥革命时期的观感》，《宝树园文存》第 6 卷，第 483 页。

对他走上"研钻本国的学术文化道路",可能要比把他带上"革命的道路"的吸引力更大。如 1926 年顾颉刚的说法是:"翻读之下,颇惊骇刘申叔、章太炎诸先生的博洽,但是他们的专门色彩太浓重了,有许多地方是看不懂的。在这个报里,除了种族革命的意义以外,他给予我一个清楚的提示,就是:过去的中国学问界里是有许多分歧的派别的。"① 1945 年的说法是:在政治运动极热烈的当儿,独有一种杂志是讲中国学问的,名为《国粹学报》,请父亲买回了两册,爱玩不忍释手;后来进了中学托人到上海买了前三年的一个全份,在校阅读,竟忘记了考试;邓先生(邓实)已组织了"国学保存会",我就组织一个"国学研究会";武昌起义,全国响应,人心动荡极了,连《国粹学报》也停刊了。喜欢钻在故纸堆里的我,受不住这强烈的刺激,回复了读《新民丛报》时代的精神,想献身于革命;我确是随着革命的潮流,把五六年来向往国学的念头推翻了。②

从这两段文字看,《国粹学报》固然给了顾颉刚"种族革命"观念,但学术方面的影响可能更大,特别是最后所说,《国粹学报》停刊,让"喜欢钻在故纸堆里的我,受不住这强烈的刺激,回复了读《新民丛报》时代的精神","把五六年来向往国学的念头推翻了"。事实上,顾颉刚对《国粹学报》爱不释手的中学时期,也正是《国粹学报》放弃"用国粹激动种姓",转而"力避浮华而趋于朴学"的时期。③

辛亥革命确实把顾颉刚彻底引向了社会活动。他说:"辛亥革命后,意气更高张,以为天下无难事,最美善的境界只要有人去提倡就立刻会得实现。种族的革命算得了什么!要达到无政府、无家庭、无金钱的境界时方才尽了我们革命的任务呢。因为我醉心于这种最高的理想,所以那时有人发起社会党,我就加入了。"④

中国社会党由江亢虎在上海发起成立。20 世纪初年,江亢虎受无政府主义影响,最初鼓吹无宗教、无国家、无家庭的"三无主义",但响应

---

① 顾颉刚:《古史辨第一册自序》,《顾颉刚古史论文集》第 1 卷,第 12 页。
② 顾颉刚:《我在北大》,《宝树园文存》第 6 卷,第 332—333 页。
③ 参见谢保成《增订中国史学史》第 4 册,商务印书馆 2016 年版,第 1645—1647 页。
④ 顾颉刚:《古史辨第一册自序》,《顾颉刚古史论文集》第 1 卷,第 15 页。

者寡。1910年4月—1911年春，江亢虎游历日、英、法、德、俄等国后，逐渐转变为一个"社会主义者"。回国后，于1911年7月10日，在上海组织了国内第一个"社会主义研究会"，并创办了国内第一份宣传社会主义的杂志《社会星》。辛亥革命后，1911年11月5日，江亢虎改组"社会主义研究会"，成立了中国第一个以社会主义为纲领的政党——中国社会党，并提出8条党纲。① 至1913年8月被袁世凯通令解散，在全国拥有支部400多个，党员约52万名，影响甚大，毛泽东即曾表示受过他的鼓舞。在国际上江亢虎和中国社会党也受到相当重视，江本人是列宁接见过的为数不多的中国人之一。不过，江亢虎宣传的社会主义，主要是第二国际的民主社会主义思想，并杂糅传统儒家大同思想等。②

受中国社会党宣扬的高远社会理想所吸引，顾颉刚加入了中国社会党，也进入了他一生中对社会政治活动最为积极热心的阶段。后来，他因对社会党的组织生活失望等原因而逐渐脱党，也成了他从热心社会政治活动，到远离政治醉心学术的重要转折点。

加入中国社会党后，顾颉刚曾"剧烈的宣传社会主义"，鼓吹"社会革命"，撰有《社会主义与国家观念》《（华林）新世潮序》等文，而且，常为办理公务到深夜不眠。③ 后来，又与陈翼龙一起到天津、北京组织社会党支部，颇受信用。④ 这一时期，顾颉刚信仰真诚，全心投入社会党的活动中，要通过社会革命，"实现一个没有国家、没有家庭、没有金钱"，"各尽所能，各取所需"的"纯粹社会主义"社会。⑤ 为此，向所喜好的国学故籍，对他都失去了吸引力，其心境如诗中所言：

---

① 八条党纲分别为：赞同共和；融化种界；改良法律，尊重个人；破除世袭遗产制度；组织公共机关，普及平等教育；振兴直接生利之事业，奖励劳动家；专征地税，罢免一切税；限制军备，并力军备以外之竞争。见《中国社会党宣告》，载王佩伟编《中国近代思想家文库·江亢虎卷》，中国人民大学出版社2015年版，第115—116页。

② 关于江亢虎及中国社会党相关情况，参见王佩伟《中国近代思想家文库·江亢虎卷·导言》；曾业英《民元前后的江亢虎和中国社会党》，《历史研究》1980年第6期；沈骏《江亢虎的社会主义与中国社会党》，《华中师范大学学报》1989年第2期；蒋锐、鲁法芹《社会主义思潮与中国文化的相遇》，山东人民出版社2016年版，第117—124页等。

③ 文见顾颉刚《宝树园文存》第6卷，第20—22、23—25页。

④ 参见顾潮《顾颉刚年谱》（增订本），第27—28页。

⑤ 参见顾颉刚等《中国社会党和陈翼龙的死》，《宝树园文存》第6卷，第490—501页。

> 嗟尔经与史，存之有空椟。
> 宁乖俗士心，勿污灵精目。①

但是，随着与中国社会党的同志们接触日多，顾颉刚渐渐发现：这些人"没有主义"，只是开会演说时喊喊口号，散会后便将信仰、主义"丢入无何有之乡"；空闲时只会闲谈消遣，而不会对事业进行计划、研究，更不可能把主义当生命般看待。如顾颉刚在诗中批评说：

> 到处不如意，低回辄自惊。
> 浅交纨绔子，漫向说平生。
> 此志谁青眼？几人友血诚？
> 近来悟一境：儿女是真情。②

面对种种不如意，加之到北京后，他的父亲因担心独子安危而出面阻止，要求他投考北京大学，以及后来社会党被取缔等，顾颉刚便逐渐脱离了中国社会党，并且从此开始主动远离政治活动。如他说："我先前真是把他们看得太高了！我自己知道，我既不愿做别人的喽啰小卒，也不会用了别人做我的喽啰小卒，那么我永在党中混日子也没有什么益处，所以我就脱党了。可喜这一年半中乱掷的光阴，竟换得了对于人世和自己才性的认识。从此以后，我再不敢轻易加入哪个党会。这并不是我对于政治和社会的改造的希望歇绝了，我知道这种改造的职责是应当由政治家、教育家和社会运动家去担负的，我是一个没有这方面的发动的才力的人。"③ 体验过一番现实对理想的刺激，顾颉刚重又回到故籍之中。

综上所述，这一时期，顾颉刚实际是在学术与政治之间不断往复徘徊。《新民丛报》传递给他立宪保皇思想，让他一度将之视为自己所要肩负的"时代使命"。《国粹学报》洗涤了他的保皇思想，代之以种族革命，而更重要的，可能是给他学术上的启迪与指引。辛亥革命

---

① 顾颉刚：《十四年前的印象》，《宝树园文存》第6卷，第236页。
② 顾颉刚等：《中国社会党和陈翼龙的死》，《宝树园文存》第6卷，第495页。
③ 顾颉刚：《古史辨第一册自序》，《顾颉刚古史论文集》第1卷，第16页。

再度唤起了他对社会政治活动的热心与激情,甚至一度取代了国学故籍在他心中的地位,但与政党生活的龃龉难入,又让他认清了自己性之所近,开始有意远离政治活动。这些大体都属于顾颉刚早年性情未定的表现。随后,章太炎的出现,彻底把他带回了学术领域。这时,他已经考入北京大学。

第四节　北大求索

顾颉刚投考北京大学,有些子承父志的味道。1904 年,顾颉刚的父亲顾柏年曾由江苏省考送京师大学堂,后因无力养家,中途退学。因而,由儿子去完成这份志业,成了他的心愿。他常对顾颉刚说:"大学堂的书,我是读不成了,我只望你好好用功,将来考进这学堂,由你去读完它罢!"① 在顾柏年的影响下,北大成了顾颉刚心中一座神圣的学术殿堂:这里是造就高级人才的地方;这里满是博学工文的老师宿儒;天下的学问,没有比这里再多、再高的了;在这里毕业,可以取得和进士同等资格,若能到"通儒院"进一步做"极深研究的工作",毕业后就可以取得和翰林同等的资格,"在科举废止以后还能取得科举的资格,这是该如何踌躇满志的"。②

一　北大预科

1912 年,顾颉刚中学毕业。1913 年 3 月,他参加并通过了北大入学考试。4 月,到校报到,进入预科二部(理、工、农诸科)。5 月,学校开课。但 5 月 25 日,便因刚上任不久的校长何燏时宣布预科生必须通过考试才能升入大学,不再享有免试升学的优待,而引发了一场学生抗议风潮,等到风潮平息,学校复课,已经到了 10 月。③ 其间,顾颉刚则在

---

① 顾颉刚:《我在北大》,《宝树园文存》第 6 卷,第 321 页;《家严事略》,《宝树园文存》第 6 卷,第 255—256 页;顾颉刚等:《中国社会党和陈翼龙的死》,《宝树园文存》第 6 卷,第 497 页。
② 顾颉刚:《我在北大》,《宝树园文存》第 6 卷,第 320—321 页。
③ [美] 魏定熹:《权力源自地位:北京大学、知识分子与中国政治文化:1898—1929》,张蒙译,江苏人民出版社 2015 年版,第 94—98 页。

北京坠入了"戏剧渊海"。

1. 认识"故事演变的格局"

看戏本是当时人生活中的一种消遣方式，与学术并无直接关联，如来北京前，顾颉刚就经常和叶圣陶一起去上海看戏，"回来后便要作上几个月的咬嚼"。① 二者在顾颉刚这里产生关联，据他自己说，是受"好博"的性格和"历史"的兴味影响："好博"让他看戏"无论哪一种腔调，哪一个班子，都要去听上几次"；"历史"的兴味则让他着意于戏曲故事时间和空间的演变。他甚至因此想模仿《史通》，写一部"戏通"，把古今戏剧的演进历史，地方性戏剧的特殊风格等，一一考出写出。② 长期的浸淫，让他"忽然认识了故事的格局，知道故事是会变迁的"，即"一件故事的本来面目如何，或者当时有没有这件事实，我们已不能知道了；我们只能知道在后人的想象中的这件故事是如此的纷歧的"。③

这段 1926 年的自述，常被看成顾颉刚看戏的主要收获，是其"层累地造成的中国古史"说的重要思想来源。顾颉刚通过看戏而注意到故事迁流演变的格局，是没有问题的。不过，我们也应注意，从他留下的《论剧记》看，所谓"故事的格局"并不是他当时的关注重点。④ 而且，1913 年的顾颉刚，读书仍处于"泛览"阶段，尚未形成一定中心。所以，即便他对故事演变格局特别注意，也不会引出"层累"说。或者说，注意到故事演变格局，并不是提出"层累"说的充分条件。顾颉刚在 1926 年的回顾中所强调的看戏收获，特别是所说"一件故事的本来面目如何，或者当时有没有这件事实，我们已不能知道了；我们只能知道在后人的想象中的这件故事是如此的纷歧的"这种清晰的认知，很可能是在他认识到中国古史"层累"造成特点后，在追溯其"层累"观念形成历程时，被无意放大的结果。

---

① 顾颉刚：《古史辨第一册自序》，《顾颉刚古史论文集》第 1 卷，第 16—17 页。
② 顾颉刚：《古史辨第一册自序》，《顾颉刚古史论文集》第 1 卷，第 17 页；《我在北大》，《宝树园文存》第 6 卷，第 329 页。
③ 顾颉刚：《古史辨第一册自序》，《顾颉刚古史论文集》第 1 卷，第 19 页。
④ "论剧记"尚存两册，即《顾颉刚日记》（中华书局 2011 年版）第 1 卷中的《檀痕日载》。

2. 毛子水与章太炎

预科期间，顾颉刚的学术成长，首先与毛子水的出现有关。① 毛子水被顾颉刚视为北大时期"最敬爱"的同学之一，为顾颉刚读书从"博览"转向"专精"，提供了一个契机。如顾颉刚所说："他是一个严正的学者，处处依了秩序而读书；又服膺太炎先生的学说，受了他的指导而读书。我每次到他斋舍里去，他的书桌上总只放着一种书……我是向来只知道翻书的，桌子上什么书都乱放。'汗漫掇拾，茫无所归'，这八个字是我的最确当的评语。那时看见了这种严正的态度，心中不住地说着惭愧。我很想学他；适在读《庄子》，就用红圈的戳子打着断句，想勉力把这部书圈完……这是我做有始有终的工作的第一次，实在是子水在无形中给我的恩惠。"② 这是顾颉刚读书方式的转变。

对顾颉刚学术成长更具重要性的，是毛子水邀请顾颉刚一同去听章太炎讲学。这不仅拓展了顾颉刚的学术视野，而且让顾颉刚实现了从"读书"到"治学"的转变。

1913年12月，章太炎在化石桥共和党本部国学会讲学。③ 顾颉刚早已知晓章太炎，所以，一经毛子水邀请，他便欣然前往。结果，顾颉刚完全被章太炎慑住心神，因而"自愿实心实地做他的学徒，从他的言论中认识学问的伟大"。④ 章太炎能够如此吸引顾颉刚，一因其学问渊博，二因其"有系统""有宗旨"，这正中顾颉刚读书"汗漫掇拾，茫无所归"的不足。章太炎不足1月的讲学，对顾颉刚产生的深远影响，据顾颉刚自述，包括以下三个方面。

第一，顾颉刚由此开始从之前"被动"读书，逐渐走上"主动"治学的道路。他说："从此以后，我在学问上已经认清了几条大路，知道我

---

① 毛子水（1893—1988），名准，字子水。与顾颉刚同年考入北京大学预科，又同年升入本科，学数学。"五四"时期，参与创办《新潮》杂志、整理国故等活动。1920年毕业后留校任教。1922年，与姚从吾一起赴德留学，1930年回国。后任教于北京大学、西南联合大学、台湾大学等高校。

② 顾颉刚：《古史辨第一册自序》，《顾颉刚古史论文集》第1卷，第20页。

③ 1913年二次革命发生后，章太炎于8月到北京。12月9—27日，"主讲国学会"，内容包括文学、诸子学、小学、玄学等。详见汤志钧编《章太炎年谱长编》（增订本），中华书局2013年版，第742—753页。

④ 顾颉刚：《古史辨第一册自序》，《顾颉刚古史论文集》第1卷，第20—21页。

要走哪一条路时是应当怎样走去了。我以前对于读书固极爱好,但这种兴味只是被动的,我只懂得陶醉在里边,想不到书籍里的东西可以由我的意志驱遣着,把我的意志做它们的主宰。现在忽然有了这样一个觉悟,知道只要我认清了路头,自有我自己的建设,书籍是可备参考而不必作准绳的,我顿觉得旧时陶醉的东西都变成了我的腕下的材料。"① 这种转变,在多数学者的求学历程中一般都会出现,只是时间上或早或晚,表现上或明或暗,但其重要性则不言而喻。

第二,以章太炎的启发为契机,顾颉刚出现了反思"学问"本身的自觉,并逐渐确立了"学问只当问真不真,不当问用不用",或者说"为学问而学问"的治学理念。如上所述,既然他已经觉得自此"在学问上已经认清了几条大路",书籍可化作腕下材料,那么,这许多材料该如何去处置,处置之后作什么用,处置这些材料的目的是什么,便成了问题,亦即"这些问题时时盲目地侵袭我的心,我一时作不出解答来,很感着烦闷。不知是哪一天,这些模糊的观念忽然变成了几个清楚的题目:'(1)何者为学?(2)何以当有学?(3)何以有今日之学?(4)今日之学当如何?'"思索的结果,就是逐渐产生了"为学问而学问"的治学理念。他说:

> 大约民国三年至六年,这四载中的闲工夫都耗费在这上面了。当我初下"学"的界说的时候,以为它是指导人生的。"学了没有用,那么费了气力去学为的是什么!"……但经过了长期的考虑,始感到学的范围原比人生的范围大得多,如果我们要求真知,我们便不能不离开了人生的约束而前进。所以在应用上虽是该作有用与无用的区别,但在学问上则只当问真不真,不当问用不用。学问固然可以应用,但应用只是学问的自然的结果,而不是着手做学问时的目的。从此以后,我敢于大胆作无用的研究,不为一班人的势利观念所笼罩了。这一个觉悟,真是我的生命中最可纪念的;我将来能在学问上有所建树,这一个觉悟决是成功的根源。追寻最有力的启

---

① 顾颉刚:《古史辨第一册自序》,《顾颉刚古史论文集》第1卷,第22页。

发,就在太炎先生攻击今文家的"通经致用"上。[1]

可见,顾颉刚抛开了学问的外在价值,更注重对学问之真的追求。不过,这并不是反对学以致用,而是强调致用应是学术研究过程之外的事,它不是学者的任务与责任,更不能作为学术研究的动机,用与不用与学者的学术研究无关。这就是顾颉刚近乎坚持一生的"为学问而学问"的治学理念。

"为学问而学问"也是"五四"时期"新派"学人较为普遍的治学理念,在新文化环境中成长起来的顾颉刚,自然也受到影响。但追根溯源,他这一理念是肇端于章太炎攻击今文经学的"通经致用"。[2] 后来,胡适倡导的"科学"史学的立场、观点、方法,能够较快得到顾颉刚的认同与回应,在顾颉刚学术蜕变过程中产生"临门一脚"的效果,和顾颉刚受章太炎启发后的长期思索是分不开的。所谓"科学"的治学精神,在很大程度上其实就是"只问真不真,不问用不用"。[3]

第三,对今古文经学之争,有了更为直观的感受。章太炎讲学的宗旨,是针对当时袁世凯倡导的尊孔读经。起初,顾颉刚不明白章太炎既讲国学,为何会批评孔教会。当他听了章太炎所讲宗教和学问的冲突[4]、提倡孔教的别有用心、今文经学家通经致用的荒诞不经后,觉得他们全是妄人,因而发愿做一个古文经学家。[5] 如1914年,顾颉刚撰写《丧文论》,主张六经为诸子共有,孔子为九流之一家,激烈批判今文经学,即与此有关。[6]

顾颉刚从章太炎这里看到今文经学家的荒诞和古文经学家的客观,

---

[1] 顾颉刚:《古史辨第一册自序》,《顾颉刚古史论文集》第1卷,第22页。

[2] 顾颉刚"为学问而学问"理念,受章太炎影响大致可信,不过,这一理念是否完全来自章太炎此次讲学,则值得考虑。因为章太炎在《国粹学报》1910年第1号《与王鹤鸣书》中,曾明确说过"学者将以实事求是,有用与否,故不暇计求";"学在辨名实,知情伪,虽致用不足尚,虽无用不足卑"等。而当时顾颉刚正深受《国粹学报》吸引。

[3] 胡适:《论国故学——答毛子水》《新思潮的意义》,毛子水《国故和科学的精神》等。

[4] 即"宗教的立场在信仰,学问的立场在研究;如果用了宗教的态度来治学问,学问决没有进步的希望;如果用了学问的态度来治宗教,那宗教也就解体了"。

[5] 顾颉刚:《我在北大》,《宝树园文存》第6卷,第335页;《古史辨第一册自序》,《顾颉刚古史论文集》第1卷,第21—22页。

[6] 顾颉刚:《丧文论》,《宝树园文存》第1卷,第113—122页。

因而发愿做一个古文经学家。不过,当他后来发现《新学伪经考》"论辨的基础完全建立于历史的证据上,要是古文的来历确有可疑之点,那么,康长素先生把这些疑点列举出来也是应有之事";发现《孔子改制考》"第一篇论上古事茫昧无稽,说孔子时夏、殷的文献已苦于不足,何况三皇、五帝的事实,此说即极惬心餍理"等,又对康有为"敏锐的观察力,不禁表示十分的敬意",意识到"古文家的诋毁今文家大都不过为了党见,这种事情原是经师做的而不是学者做的"。因而,他决定:在"没有能力去判断他们的是非之前,最好对于任何一方面也不要帮助",于是"把今古文的问题暂时搁起了"。① 这一被"搁置"的问题,直到后来钱玄同出现,才得以解决。

3. 探索学问的"系统"

1913年冬天,顾颉刚听章太炎讲学,次年,便由预科二部转入一部(文、法、商诸科)。顾颉刚说,这一年是他"有生以来正式用功的第一年"。他不仅自选了8种书按日圈点,分别为《史记》《文心雕龙》《史通》《文史通义》《国故论衡》《中国历史教科书》《大乘起信论》《新旧约圣经》②;而且,还从"恨不能读尽天下书"转而开始出现了"著书"的志愿。如他对叶圣陶说:"著书一念,自去年秋间,略略读书,便勃起不可自遏。手册所纪,垂近百种,毕撰当在五千卷外。计三十岁可卒业者,一为'周秦篇籍考',一为'清代著述考',一为'书目答问解题',都八十卷。"③ 从目前材料看,这是顾颉刚一生不断撰写而又未能完成的宏大治学计划的第一份。

这份计划中,顾颉刚草就的是《清代著述考》。《清代著述考》又是他打算编纂的《国学志》的一部分。《国学志》还包括仿《太平御览》的《学览》,仿《经世文编》的《学术文钞》,仿《宋元学案》的《学人传》,仿《群书治要》的《群书学录》,仿《北溪字义》的《学术名词解诂》,以及集合各史的纪传、年表和各种学者年谱的《学术年表》,等

---

① 顾颉刚:《古史辨第一册自序》,《顾颉刚古史论文集》第1卷,第23页。
② 顾颉刚:《我在北大》,《宝树园文存》第6卷,第335页。
③ 顾颉刚:《致王伯祥》(1915年5月),《顾颉刚书信集》第1卷,第19页。

等。① 顾颉刚之所以要编纂《国学志》，是因为对古人治学的门户之见不满，感到"没有学术史的痛苦"，而欲在烦乱中求得学术源流。如他说编辑《学览》"意在止无谓之争，舍主奴之见，屏家学之习，使前人之所谓学皆成为学史，自今以后不复以学史之问题为及身之问题，而一归于科学"。②

按这一时期《顾颉刚读书笔记》所记，他编纂《国学志》还有另外原因。其中记道：

> 外国学问最辨分类，故易知易读，易有统系，易有进步。吾国则不然，一术极精而大体徒瞽。使古今人生中国，而不知中国之学究竟如何，此亦可耻者也。吾有志吸列邦学术之精者，以为吾用，补向来之所不足……③

可见，顾颉刚希望"使前人之所谓学皆成为学史"，是想用西方学术分类，来条贯中国传统学术。但从《国学志》的编纂计划与思路看，他的做法似乎不容易达到这种目的。不过，这种探索也为他后来较快领会胡适新学术范式的优长准备了基础。

总之，北大预科期间，对顾颉刚影响最大的应该是章太炎。如其自述："入京以后，幸得闻章先生之绪论，以立其基。"④ 在章太炎影响下，顾颉刚开始由被动读书转向主动治学，并开始思考何者为学、如何治学等问题，这些思考又为他后来接受胡适、钱玄同等人的学术主张，起了奠基作用。

4. 获得现代学术常识

在既往一些研究中，常将顾颉刚学术思想中的现代性，归因于胡适的影响。胡适对顾颉刚影响确实很大，但我们却不必但凡在顾颉刚这里遇到西方知识，便向胡适处寻找源头。因为在遇到胡适之前，顾颉刚已对西方学术观念有所接触。比如，有学者认为顾颉刚读《旧约》是因为

---

① 顾颉刚：《古史辨第一册自序》，《顾颉刚古史论文集》第1卷，第26页。
② 顾颉刚：《致叶圣陶》（1919年5月），《顾颉刚书信集》第1卷，第19—21页；《古史辨第一册自序》，《顾颉刚古史论文集》第1卷，第28页。
③ 顾颉刚：《顾颉刚读书笔记》第15卷，中华书局2011年版，第71—72页。
④ 顾颉刚：《顾颉刚读书笔记》第15卷，第35页。

胡适的提示。胡适在1923年5月30日的信中，确实曾提醒顾颉刚读《旧约》，但此时顾颉刚已经提出了"层累"说。实际上，在顾颉刚自谓"有生以来正式用功的第一年"所自选8种按日圈点书籍中，就包括了《新旧约圣经》，而他之所以读《圣经》，则是因为在圈点夏曾佑《中国历史教科书》时，发现他"讲中国古代史时常常用《旧约》作比较"。① 这与胡适并无关联。

不仅如此，顾颉刚对近代西学的一些常识性认识，同样不必悉数视为胡适的影响。试举三例如下。

第一，顾颉刚阅读夏曾佑《中国历史教科书》，便在读书笔记中写有"处处以科学眼光观察……"② 他对所谓"科学眼光"的了解程度，我们可以讨论，但由此可以看出，流行于近代中国学术界的"科学"观念，此时已经进入了他的头脑中。

第二，《顾颉刚读书笔记》中，留有一份当时北大分科考试的文科试题，包括心理学、论理学即逻辑学。其中逻辑学试题如下：

（一）英儒培根，法儒笛卡儿，皆近代哲学巨子，最有功于近世学术之发明。然考二氏研究学术之方，一阐扬归纳法，一归重演绎法。其异同长短若何，试详论之。

（二）昔公孙龙子有白马非马之说。按论理学言之，其理何如。

（三）论理学中有思想之形式及思想之实质之分。故言思想之谬误，亦有关于论理及关于事实之别，试说明之……③

这也说明，顾颉刚对近代西方的逻辑学方法已有所认知。

第三，1916年顾颉刚投考北大本科，因为要考心理学、论理学，所以"把严又陵先生的《名学浅说》，和他翻译的《穆勒名学》细细地看，因而再读他著译参半的《天演论》，越读越有兴趣"。④

---

① 顾颉刚：《我在北大》，《宝树园文存》第6卷，第335—336页。
② 顾颉刚：《顾颉刚读书笔记》第15卷，第9页。
③ 同上书，第13页。
④ 顾颉刚：《我在北大》，《宝树园文存》第6卷，第339页。

在此，我们并不是要否认胡适对顾颉刚学术成长的重要影响，而是要说我们不必将顾颉刚所了解的近代西方学术的理论方法，尽皆归于胡适名下。顾颉刚在《古史辨》第1册《自序》中曾说："进了大学，读名学教科书，知道惟有用归纳的方法可以增进新知；又知道科学的基础完全建设于假设上，只要从假设去寻求证据，更从证据去修改假设，日益演进，自可日益近真。后来听了适之先生的课，知道研究历史的方法在于寻求一件事情的前后左右的关系，不把它看作突然出现的。老实说，我的脑筋中印象最深的科学方法不过如此而已。"① 对此，刘起釪在《顾颉刚先生学述》中曾指出："（顾）先生本人在五四新文化运动时期所学到的西方科学方法主要是三项：（1）归纳法，（2）假设的方法，（3）历史演进的方法。前二项是从大学逻辑（名学）课程中学到的，后一项是从胡适那里学到的。"② 刘起釪《顾颉刚先生学述》一书，确实存在受时代影响而回护其师之处，但这里的说法，却并非没有道理。

二　北大本科

1915年，顾颉刚已可投考北大本科，但因病作罢，转而于1916年7月参加考试，9月进入北大文科中国哲学门。这时的北大，仍延续着京师大学堂的风气，学生大多只是把这里当作进身仕途的阶梯。用顾颉刚的话说，"很多是天天逛窑子、打牌、听戏"，"大部分人只是混，混到毕业，有的依草附木，借门路而得到一官，走上升官发财的行道；得不到官的，靠着全国唯一的国立大学的金字招牌，谋一个中学教员，大致是可以达到愿望，那就饿不死了"。③ 这种观察是贴近实际的，如论者分析指出："从1917年底北京大学在校本科、预科生人数……选读法科者，为选读文理科数目之总和，更是选读工科之十余倍，说明学生求学之目的在'入仕为官'。故学生对大学专任教员不甚欢迎，而对于官吏在学堂兼任者反而特别欢迎。"④ 前述1913年的预科生风潮，也与此风气有关。

---

① 顾颉刚：《古史辨第一册自序》，《顾颉刚古史论文集》第1卷，第83页。
② 刘起釪：《顾颉刚先生学述》，第62页。
③ 顾颉刚：《我所知道的蔡元培先生》，《宝树园文存》第3卷，第389页。
④ 左玉河：《中国近代学术体制之创建》，四川人民出版社2008年版，第226页。

不过，随后便是众所周知的蔡元培改革北大。1917年年初，蔡元培出任北大校长后，"仿世界各大学通例，循'思想自由'原则，取兼容并包主义"[1]，推行教授治校，使得新文化的气息渐渐弥漫开来。特别是他延聘一批新教员，为"暮气沉沉"的北大，注入了一股活力。[2] 这其中就包括了胡适。

蔡元培倡导的"思想自由，兼容并包"精神，对顾颉刚学术思想的解放，产生了不小的推动作用。如顾颉刚所自述："以前我虽敢作批评，但不胜传统思想的压迫，心想前人的话或者没有我所见的简单，或者我的观察也确有误谬……到这时，大家提倡思想革新，我始有打破旧思想的明了的意识，知道清代学者正因束缚于信古尊闻的旧思想之下，所以他们的学问虽比郑玄好了千百倍，但终究不敢打破他的偶像，以致为他的偶像所牵绊而妨碍了自己的求真的工作。于是我更敢作大胆的批评了。"[3] 数十年后，顾颉刚仍对蔡元培《北大月刊·发刊词》所引《中庸》"万物并育而不相害，道并行而不相悖"[4] 的精神，记忆犹新。

1. 胡适与"整理国故"

就顾颉刚学术成长而言，更为重要的则是胡适的出现。1917年，胡适在北京大学哲学门讲授"中国哲学史"，具有建立中国现代新学术典范的意义，顾颉刚在课堂上的感受，常被学者用以诠释这种新典范最初的冲击效果。[5] 对此，无须赘言，下面仅从顾颉刚的角度，对这一问题略作

---

[1] 蔡元培：《答林琴南的诘难》，载中国蔡元培研究会编《蔡元培全集》第3卷，浙江教育出版社1997年版，第576页。

[2] 如论者分析指出，"他们绝大多数，都年在三十岁左右。其中，胡适、刘文典、刘半农、杨丙辰年仅二十七岁，宋春舫年仅二十六岁，朱家骅年仅二十五岁，最小的是年仅二十四岁的徐宝璜"，"就是以这批学贯中西、品德高洁、朝气蓬勃的英年才俊为骨干，依靠他们带动全校，共同努力把腐朽的'官僚养成所'朝向昌明学术的最高学府推进"。见高平叔《北京大学的蔡元培时代》，《北京大学学报》1998年第2期。

[3] 顾颉刚：《古史辨第一册自序》，《顾颉刚古史论文集》第1卷，第31页。

[4] 顾颉刚：《我所知道的蔡元培先生》，《宝树园文存》第3卷，第390页。

[5] 参见余英时《〈中国哲学史大纲〉与史学革命》，《重寻胡适历程：胡适生平与思想再研究》，上海三联书店2012年版，第221—232页；王法周《胡适〈中国哲学史大纲〉与中国现代学术》，载耿云志、闻黎明编《现代学术史上的胡适》，生活·读书·新知三联书店1997年版，第28—43页；章清《重建"范式"：胡适与现代中国学术转型》，《复旦学报》1993年第1期；罗志田《大纲与史：民国学术观念的典范转移》，《历史研究》2000年第1期。

补充。

　　首先需要说明的是，顾颉刚最早在哲学门上的，是胡适的"中国哲学"课，而不是"中国哲学史"课，这是两门不同的课程。《胡适之先生年谱长编初稿》中说："九月二十日，北大开学了。先生担任主要的课程是'中国古代哲学史'，开始自编讲义了。"① 随后便提到顾颉刚课上的反应。《顾颉刚年谱》中说"十月一日校中开课，听……胡适中国哲学（后改为中国哲学史）"，并将此事置于 10 月 10 日之前。② 还有不少学者认为胡适任教北大之始，便开设了"中国哲学史"课程。这多少混淆了"中国哲学"和"中国哲学史"两课。

　　1917 年下半年，胡适在北大哲学门最初担任的"中国哲学"课，由多位教授合开，分家派讲授，如胡适讲墨子、马叙伦讲庄子等。③ 但这种安排引起了顾颉刚的不满。10 月 23 日，他致信校长蔡元培和文科学长陈独秀，说道：

> 　　中国哲学者何也？中国古今圣贤达人之言语思想，居今日而以哲学学理条贯之评判之，成为哲学之一部也。中国哲学课者何也？使学生略识中国哲学之普遍条理，握要以察物，范围之内，莫不可求其征应。又与西洋、印度哲学比较会通，审中国哲学在哲学上之位置也。④

　　冯友兰曾指出，当时学界对"哲学"和"哲学史"的区分并不明了⑤，顾颉刚也不免有此问题。但这里，他对心中这门课程的主张则十分明了：以西洋哲学学理条贯、评判中国哲学；使学生略识中国哲学之纲领条目，

---

① 胡颂平编著：《胡适之先生年谱长编初稿》第 1 册，联经出版事业公司 1984 年版，第 294—296 页。
② 顾潮：《顾颉刚年谱》（增订本），第 41—42 页。
③ 参见顾颉刚《致叶圣陶》（1917 年 10 月 21 日）、《致蔡元培、陈独秀》（1917 年 10 月 23 日），均见《顾颉刚书信集》第 1 卷，第 22—26、151—153 页。
④ 顾颉刚：《致蔡元培、陈独秀》（1917 年 10 月 23 日），《顾颉刚书信集》第 1 卷，第 151 页。
⑤ 冯友兰：《三松堂自序》，《三松堂全集》第 1 卷，河南人民出版社 2001 年版，第 171 页。

具备学科常识；比较会通西洋、印度哲学，以见中国哲学之位置。"中国哲学"的课程设置显然与顾颉刚的设想存在一定距离，不能满足他的需求。

因此，他建议"中国哲学一课，应另制教授方法，务必从逻辑以施研究；所有胡（适）先生教授墨子课，马（叙伦）先生教授庄子课……改为特别演讲"。① 此事发生之后三天，胡适才开始讲授"中国哲学史"，这时已是1917年10月末。顾颉刚说："中国哲学史课，本延谢无量，嗣谢不果来，胡先生即改墨子课为中国哲学史，事在呈上后三日，未申此呈与有力否。"②

胡适讲授课目的改变是否受此影响暂且不论。顾颉刚对"中国哲学"课不能提供条理、系统的不满，和他计划编纂《国学志》的目的是一致的。前文已述，1915年，他表示："外国学问最辨分类，故易知易读，易有系统，易有进步。吾国则不然，一术极精而大体徒耆。使古今人生于中国，而不知中国之学究竟如何，此亦可耻者也。"因而"有志吸列邦学术之精者，以为吾用"。③ 他计划编纂《国学志》，也因感到"没有学术史的痛苦"，对"古来学事"不满，而欲在烦乱中求得学术的条理、系统。④ 不过，他当时的工作计划，并不容易实现其以西方学术方法条贯中国学术史的目的。

顾颉刚的不满，同时反映了自晚清学制改革、西方分科制度引入后，中国传统知识结构调适、转型过程中面临的困境之一，即过去"博洽"的治学方式不能满足学校分科教学的需要，而此时真正意义上的学术专业化尚未成型。陈汉章讲"中国哲学史"，用一年的时间才从伏羲讲到商朝⑤，即反映了这种不适。

不仅如此，当时学人大都希望厘清传统学术的条理、系统。如冯友

---

① 顾颉刚：《致蔡元培、陈独秀》（1917年10月23日），《顾颉刚书信集》第1卷，第152—153页。

② 顾颉刚：《顾颉刚读书笔记》第15卷，第360—361页。

③ 同上书，第71—72页。

④ 参见顾颉刚《致叶圣陶》（1919年5月），《顾颉刚书信集》第1卷，第19—21页；顾潮《顾颉刚年谱》（增订本），第38—39页。

⑤ 顾颉刚：《古史辨第一册自序》，《顾颉刚古史论文集》第1卷，第31页。

兰就希望能有一部可以看出系统、线索的中国哲学史①，傅斯年在"研究国故"方面也主张要"研究出些有系统的事物来"②，毛子水也有类似看法③。此后的很多国学研究院所也都提出了相似的主张。究其原因，是"民初学人认为传统学术之缺乏条理、欠缺'系统'，是其无法与现代学术顺利衔接的主要原因"。④ 顾颉刚对"中国哲学"课应提供"普遍条理"的要求，即在此潮流中提出。实际上，他想要的是一种"中国哲学史"。

胡适"中国哲学史"的目的，正"在于把各家的哲学融会贯通，要使他们各成有头绪调理的学说。我所用的比较参证的材料，便是西洋的哲学……我们若想贯通整理中国哲学史的史料，不可不借用别系的哲学，作一种解释演述的工具"。⑤ 显然，这与顾颉刚的要求极相契合，也是让顾颉刚觉得他"有眼光，有胆量，有断制，确是一个有能力的历史家"，对他的能力由最初怀疑转向信服的重要原因。⑥ 所以，胡、顾的结缘与当时中国学制转型的背景密切相关。

因此，顾颉刚在胡适"中国哲学史"课堂上的感受，虽有余英时所说的意料之外的震动⑦，也有时代学术背景下，在既有学术准备基础上的契合。若非如此，他未必就能在多数同学都瞧不起胡适的时候，较快地意识到胡适新典范的优长。当然，这并不是否认胡适新学术典范的意义。只是顾颉刚真正由此悟得新的古史眼光是后来的事，这与他在课堂上所受震动的性质多少有些差异。如他说："如何可以推翻靠不住的上古史，

---

① 冯友兰：《三松堂自序》，《三松堂全集》第1卷，第183页。
② 傅斯年：《毛子水〈国故和科学的精神〉识语》，《傅斯年全集》第1卷，湖南教育出版社2000年版，第262页。
③ 毛子水：《国故和科学的精神》，载陈崧编《五四前后东西文化问题论战文选》，中国社会科学出版社1985年版，第118页。
④ 刘龙心：《学术与制度：学科体制与现代中国史学的建立》，新星出版社2007年版，第141页。
⑤ 胡适：《中国哲学史大纲·导言》，北京师范大学出版社2013年版，第23—24页。
⑥ 顾颉刚：《古史辨第一册自序》，《顾颉刚古史论文集》第1卷，第31—32页。
⑦ 余英时称：在中国近现代思想史上，只有梁启超1890年在万木草堂初谒康有为时的内心震动可以与之相提并论。见余英时《中国近现代思想史上的胡适》，《重寻胡适历程》，第188页。

这个问题在当时绝对没有想到。"①

在新文化的氛围中，1919年胡适在其《新思潮的意义》中，提出了"研究问题，输入学理，整理国故，再造文明"的口号，主张以"评判的态度"，"重新估定一切价值"。这对本就有系统整理旧学打算的顾颉刚极具吸引力，而且胡适对"整理国故"的说明，和顾颉刚早前的态度也颇为相近。如文中说："我们对于旧有的学术思想，积极的只有一个主张，——就是"整理国故"……第一步是条理系统的整理……第二步是要寻出每种学术思想怎样发生，发生之后有什么影响效果……第三步是要用科学的方法，作精确的考证，把古人的意义弄得明白清楚……第四步是综合前三步的研究，各家都还他一个本来真面目，各家都还他一个真价值。"②

这段文字中，对于为什么要"整理国故"，即"国故"存在的问题，顾颉刚早有认知。但对于如何"整理"，即"条理系统"、以历史进化的眼光寻出每种学术思想的前因后果、以科学的方法考明真意义、各还他一个本来面目与真价值，除了第一步"条理系统"顾颉刚曾尝试做过之外，后三步却不曾有过。所以，胡适此文于顾颉刚而言，可以说是对症下药。因此，顾颉刚积极参与了胡适倡导的整理国故。正是在整理国故运动中，顾颉刚对姚际恒、崔述等人学术思想的价值，在先前认知的基础上，有了进一步了解，他的疑古辨伪观念，也在这一过程中逐渐形成。③

"整理国故"对顾颉刚另一重要影响，就是进一步坚定了他"为学问而学问"的治学理念。如论者指出，在当时关于"整理国故"的争论中，新派与守旧派都主张"科学"的精神与方法，他们的差异在于对"科学"理解的不同。④ 顾颉刚所信守的自然是新派的"科学"精神，这一精神用

---

① 顾颉刚：《古史辨第一册自序》，《顾颉刚古史论文集》第1卷，第32页。
② 胡适：《新思潮的意义》，《胡适文集》第2册，北京大学出版社2013年版，第503页。
③ 这里需要说明两点：第一，《古史辨》第1册《自序》，属于后来追述，为了说明其疑古辨伪思想的形成，顾颉刚势必会有一番轻重的别择。因而，其中有刻意突出的地方。对此，上文已有涉及。第二，他对中国传统学术缺乏系统的不满，希望以西方学术方法施以条贯等，则在他认识胡适之前的读书笔记中，明白可见，是可信的。
④ 张越：《五四时期中国史坛的学术论辩》，百花洲文艺出版社2004年版，第18—19页。

胡适的话说就是：我们做学问不当先存狭义的功利观念，不当先存一个"有用无用"的成见，而当存一个"为真理而真理"的态度，研究学术史的人更当用"为真理而真理"的标准去批评各家的学术。①"为真理而真理"和顾颉刚所说"为学问而学问"大同小异，而相比之前，此时的"为学问而学问"，更具现代学术特征，在价值取向上也更为超脱。

2. 钱玄同的经学观念

在"整理国故"过程中，顾颉刚又通过胡适结识了钱玄同。单就古史观层面而言，钱玄同对顾颉刚影响之深刻并不亚于胡适。钱玄同留学日本期间，曾受教于章太炎，回国后，又受到崔适的影响，因而对今古文经学问题，有深入而独到的见解。其用今古文经学"对攻"的说法，对顾颉刚在经史观念上的突破产生了关键性启示。

1921年，钱玄同致信顾颉刚，说道：

> 咱们现在，席前人之成业，更用新眼光来辨伪，便可事半功倍。……我自问尚有一点长处，则两年来对于考古方面，是丹非素出主入奴之见幸而能免除，故异日或有一得之愚，亦未可知。……康氏之《伪经考》，本因变法而作；崔师则是一个纯粹守家法之经学老儒，笃信今文过于天帝。他们一个是利用孔子，一个是抱残守缺；（1）他们辨伪的动机和咱们是绝对不同的。但他们考证底结果，我却认为精当者居多，此意至今未变。我前几年对于今文家言是笃信的；自从一九一七以来，思想改变，打破"家法"观念，觉得"今文家言"什九都不足信，但（2）古文之为刘歆伪作，则至今仍依康崔之说，我总觉得他们关于这一点的考证是极精当的。我现在以为古文是假造的（《左传》所记事实自然不是刘歆造的，它底本身是一部与《春秋》毫无关系的历史），（3）今文是口说流行，失其真相的，两者都难凭信，不过比较起来，还是今文较可信些。咱们若欲知孔学之真相，仅可于《论语》、《孟子》、《荀子》、《史记》诸书求之而已。

后来，他又补充道：

---

① 胡适：《整理国故（答毛子水）》，《胡适文集》第2册，第296—297页。

这是四年前的见解。现在我觉得（4）求真孔学只可专据《论语》。至于《孟子》、《荀子》、《史记》中所述的孔学，乃是孟轲、荀子、司马迁之学而已，不得遽目为孔学。至于解"经"，则古文与今文皆无是处。①（按：序号为笔者添加）

前文已述，1913年冬，顾颉刚因听章太炎讲学，认为古文经学合理，因而欲作一个古文经家。后来，他读了《新学伪经考》《孔子改制考》等书，而对康有为"敏锐的观察力"表示敬意。但他当时没有能力判断二者是非，因而只得暂时将问题搁置。此时，钱玄同提出今古文经学二者都不足凭信，主张打破家法，舍弃是丹非素的成见，正有助于顾颉刚超脱非此即彼的是非观念，"以新眼光来辨伪"。如1930年，他回顾这一治学历程时所说，章太炎、康有为、崔适等人虽然让他接触到今古文经学问题，但当时以为既不想作经学家就不必理会这些。后来，正是钱玄同的主张，才让他"眼前一亮，知道倘使不用了信仰的态度去看而用了研究的态度去看，则这种迂谬的和伪造的东西，我们正可利用了它们而认识它们的时代背景"。由此，他才逐渐抓住了古史的"中心的题目""最大的症结"。②

后来，顾颉刚在古史研究中，无论面对什么样的责难，对上引文中所标记的观点，都不曾有根本的改变。比如，到1954年，他在《秦汉的方士与儒生·序》中仍说："他（钱玄同）不止一次地对我说：'……咱们今天，该用古文家的话来批评今文家，又该用今文家的话来批评古文家，把他们的假面目一齐撕破，方好显露出他们的真相……'在那时，当许多经学家在今、古文问题上长期斗争之后，我觉得这是一个极锐利、极彻底的批评，是一个击碎玉连环的解决方法，我的眼前仿佛已经打开了一座门，让我们进去对这个二千余年来学术史上的一件大公案作最后的判断了。"③ 直到晚年撰写《我是怎样编写古史辨的?》一文时，提到

---

① 钱玄同：《论今古文经学及〈辨伪丛书〉书》，载顾颉刚编著《古史辨》第1册，上海古籍出版社1982年影印本，第30—31页。

② 顾颉刚：《中国上古史研究讲义·自序二》，《顾颉刚古史论文集》第3卷，第84—90页。

③ 顾颉刚：《秦汉的方士与儒生·序》，《顾颉刚古史论文集》第2卷，第467页。

钱玄同的影响，顾颉刚仍说："汉朝的今、古文是两大类的学术思想，今文家中还各立学派，这些经学思想的分裂一直沿续到近代，这是我少年时代为之困惑而百思不解的……钱玄同一身受了章太炎和崔适两人的相反的思想的影响，于今、古文家都不满意，他常对我说这两派对于整理古籍不实事求是，都犯了从主观成见出发的错误。"①

很多学者因为顾颉刚主张刘歆造伪说，而认为顾颉刚辨伪过激，特别是对《左传》一书的怀疑。其实，无论从钱玄同的提示，还是顾颉刚后来的古史研究都可看出，他对刘歆篡改《左传》的主张，虽然十分坚定，但他从未否定《左传》在研究东周历史上的史料价值。后来，他在燕京大学的《春秋史讲义》，完全节录《左传》而成，便可证明。② 总之，钱玄同出现的重要意义在于，使顾颉刚消释了章太炎和康有为的主张所带来的困扰，进而实现了对是丹非素的经学观念的超脱。

至此，顾颉刚在求学过程中遇到的一些带有根本性的难题困惑基本解决，他早前一些各成单元的认知，也逐渐产生了联系。

---

① 顾颉刚：《我是怎样编写古史辨的?》，《顾颉刚古史论文集》第 1 卷，第 158—159 页。
② 顾颉刚：《春秋史讲义》，《顾颉刚古史论文集》第 4 卷，第 134—223 页。

第 二 章

顾颉刚考辨古史的基本观念及其特点

顾颉刚一生在中国古史学、民俗学、历史地理学等领域辗转探索，建树良多。他在不同时期关注的具体问题虽有不同，但就其初衷而言，则始终没有离开20世纪20年代前期所奠定的考辨古史的中心诉求。自1923年"层累"说提出以来，顾颉刚古史观念的是非对错，始终是学界争议较大的问题，而要讨论这些问题，顾颉刚的古史观念是什么，是我们首先应该明了的问题。

第一节 "层累"说与四个"打破"

关于"层累"说形成的学术思想背景和提出的过程，学界已有较为详尽的分析。① 大致而言，1917年胡适"截断众流"讲授中国哲学史，让他重温了从康有为那里获得的上古史靠不住的观念。后来，胡适考证《水浒传》、井田论的文章，让他意识到"故事的转变，都有它的层次"，进而对古史"骤然得到一种新的眼光"。② 在"整理国故"中，他和胡适、钱玄同等讨论《辨伪丛刊》的编纂，更为深入接触到姚际恒《古今伪书考》、崔述《崔东壁遗书》等，注意到"伪书"和"伪史"的差别，

---

① 参见王汎森《古史辨运动的兴起——一个思想史的分析》，允晨文化实业股份有限公司1987年版；顾洪《论古史辨学派产生的学术思想背景》，《中国文化研究》1995年夏之卷；王煦华《试论顾颉刚的疑古辨伪思想》，《中国哲学》第17辑，1996年；张越《五四时期中国史坛的学术论辩》，第118—128页。

② 顾颉刚：《顾颉刚日记》第1卷，1919年1月17日，第73页；《古史辨第四册序》，《顾颉刚古史论文集》第1卷，第120页；《古史辨第一册自序》，《顾颉刚古史论文集》第1卷，第35—36页。

并已着手编纂由"伪史源""伪史例""伪史对鞫"三部分构成的《伪史考》。这时,顾颉刚疑古辨伪的立场、观念,已经非常明确。如他在《诗辨妄序》中表示:必须先把习俗上的蒙蔽扫除尽了,倘使不把这个欺人的局面打开,绝不会有各种正当确切的社会史和学术史出来;"搭拉篮里尽是菜"的办法,只要"有"便"信",固然也可使他秩然有序,不过这个秩序总不是真秩序;若是已经有了"无征不信"的精神,宁可阙疑而不肯轻信,什么史、什么比较之学,都应暂且搁起,先把靠不住的东西彻底打破了再说![1] 所以,1922 年,顾颉刚在为商务印书馆编纂《中学本国史教科书》过程中,发现"古史是层累地造成的,发生的次序和排列的系统恰成一个反背"这一现象[2],并非如有些论者所说乃顾颉刚"偶然"得之。

1923 年,顾颉刚在《与钱玄同先生论古史书》中,公开提出了"层累地造成的中国古史"说,他说:

> 我很想做一篇《层累地造成的中国古史》,把传说中的古史的经历详细一说。这有三个意思。第一,可以说明"时代愈后,传说的古史期愈长"……第二,可以说明"时代愈后,传说中的中心人物愈放愈大"……第三,我们在这上,即不能知道某一件事的真确的状况,但可以知道某一件事在传说中的最早的状况。我们即不能知道东周时的东周史,也至少能知道战国时的东周史;我们即不能知道夏、商时的夏、商史,也至少能知道东周时的夏、商史。[3]

同时,他也大致勾勒了旧有古史系统"层累"造成的过程,即:西周至春秋初年,人们对于古代并没有悠久的推测,没有很远的始祖存在于他们的"意想"之中,也没有许多民族公认的始祖。有一个"禹",是上帝派下来神而不是人,与夏也没有关系。到东周末年的《论语》中,禹之前出现了更古的尧舜,但当时人"对于尧、舜的观念还是空空洞洞,只

---

[1] 顾颉刚:《诗辨妄序》,《顾颉刚古史论文集》第 11 卷,第 123—124 页。
[2] 顾颉刚:《古史辨第一册自序》,《顾颉刚古史论文集》第 1 卷,第 45 页。
[3] 顾颉刚:《与钱玄同先生论古史书》,《顾颉刚古史论文集》第 1 卷,第 181 页。

推尊他们做两个最高，功绩最大的古王"。在《论语》之后出现的《尧典》《皋陶谟》《禹贡》中，尧舜的事迹日益完备。从战国到西汉，伪史充分的创造，在尧舜之前加上了更多古皇帝：秦灵公于吴阳作上畤、祭黄帝，于是黄帝立在尧舜之前；许行一辈人抬出了神农，于是神农又立在黄帝之前；《易·系辞》抬出了庖牺氏，于是庖牺氏又立在神农之前了；李斯一辈人说"有天皇，有地皇，有泰皇，泰皇最贵"，于是天皇、地皇、泰皇更立在庖牺氏之前；《世本》出现，于是没有一个人不是黄帝的子孙；《春秋命历序》上说"天地开辟，至《春秋》获麟之岁，凡二二十六万年"，于是天皇十二人各立一万八千岁；汉代交通了苗族，把苗族的始祖传了过来，于是盘古成了开天辟地的人，更在天皇之前。由此可见，时代越后，我们知道的古史越前，文籍越无征，我们知道的古史越多。①

关于《与钱玄同先生论古史书》，以下三点值得我们注意：一是"层累"说所针对的并非一般意义上的古史，它有专门的对象，即"传说中的古史"，或者说，是旧有古史学说、古史观念，文中"对于尧、舜的观念""意想"等表述，均可证明。二是我们经常征引的"层累"说的"三个意思"，主要是对旧有中国古史说中存在的现象的描述。三是其中对古史"层累"造成过程的论述，只是概略而言，并非严整细致的论证，如他在信所言：先说一个大意，这信恐怕写的凌乱没有条理。②要之，在《与钱玄同先生论古史书》中，顾颉刚虽对旧有中国古史说中存在的"层累"现象进行了描述，但这种描述并非严整细致的学术论证。这一特点是造成随后学界出现多方面责难的重要原因之一。

在紧随其后的古史讨论中，顾颉刚又进一步提出了推翻非信史必须打破的四项传统古史观念。

第一，打破民族出于一元的观念。顾颉刚认为：旧有古史说中的民族一元论可谓建设得十分巩固，但据古书记载，商出于玄鸟，周出于姜嫄，任、宿、须句出于太皞等，原是各有各的始祖，并无出于一元的事实。而"春秋以来，大国攻灭小国多了，疆界日益大，民族日益并合，

---

① 顾颉刚：《与钱玄同先生论古史书》，《顾颉刚古史论文集》第1卷，第182—186页。
② 同上书，第182页。

种族观念渐淡而一统观念渐强,于是许多民族的始祖的传说亦渐渐归到一条线上,有了先后君臣的关系",《尧典》《五帝德》《世本》等文献也由此出现。因此,"中国民族的出于一元,俟将来的地质学及人类学上有确实的发见后,我们自可承认它;但现在所有的牵合混缠的传说我们决不能胡乱承认。我们对于古史,应当依了民族的分合为分合,寻出他们的系统的异同状况"。

第二,打破地域向来一统的观念。顾颉刚认为:旧有古史说中地域向来一统观念,源于《史记》《禹贡》《尧典》等文献,但"《禹贡》的九州,《尧典》的四罪,《史记》的黄帝四至乃是战国时七国的疆域,而《尧典》的羲、和四宅以交阯入版图更是秦、汉的疆域"。就事实而言,"中国的统一始于秦,中国人民的希望统一始于战国;若战国以前则只有种族观念,并无一统观念";"自从楚国疆域日大,始立县制,晋国继起立县,又有郡;到战国时郡县制度普及;到秦并六国而始一统。若说黄帝以来就是如此,这步骤就乱了"。"所以我们对于古史,应当以各时代的地域为地域,不能以战国的七国和秦的四十郡算做古代早就定局的地域。"

第三,打破古史人化的观念。顾颉刚认为:古人对于神和人原没有界限,所谓历史差不多完全是神话,其中人神相混、人兽相混、神兽相混者,比比皆是。"他们所说的史固决不是信史,但他们有如是的想象,有如是的祭祀,却不能不说为有信史的可能。"古史人化是"春秋末期以后,诸子奋兴,人性发达"的结果。"所以我们对于古史,应当依了那时人的想像和祭祀的史为史,考出一部那时的宗教史,而不要希望考出那时以前的政治史,因为宗教是本有的事实,是真的,政治是后出的附会,是假的。"

第四,打破古代为黄金世界的观念。顾颉刚认为:古代的神话中人物"人化"之极,于是古代成了黄金世界。事实上,古代为黄金世界的观念是春秋以前人所没有的,"不必说《风》、《雅》中怨苦流离的诗尽多,即官撰的《盘庚》《大诰》之类,所谓商、周的贤王亦不过依天托祖的压迫着人民就他们的轨范"。古代为黄金世界的观念,缘于战国时一班政治家"要依托了古王去压服今王,极力把'王功'与'圣道'合在一起,于是大家看古王的道德功业真是高到极顶,好到极处。于是异于征诛的禅让之说出来了,'其仁如天,其知如神'的人也出来了,《尧典》《皋陶谟》等极盛的人治和德化也出来了"。所以,"我们要懂得五帝、三王的黄金世界原是战国后的学者造出来给君王看样的,庶可不受他们的欺骗"。①

四个"打破"对于旧有古史观念具有根本性的颠覆意义,是顾颉刚对"层累"说的进一步完善,是他考辨中国古史"层累"造成的基本立场和理念,也奠定了他此后古史考辨的基本范畴。"层累"说和四个"打破"也是我们考察顾颉刚古史观念演进问题的起点。

"层累"说和四个"打破",在当时学界引起了较大震动,对此,诚如半个多世纪以后顾颉刚在回忆中所描述:连我自己也想不到,这半封题为《与钱玄同先生论古史书》的信一发表,竟成了轰炸中国古史的一个原子弹。因为在中国人的头脑里向来受着"自从盘古开天地,三皇、五帝到于今"的定型的教育,忽然听到没有盘古,也没有三皇、五帝,于是大家不禁哗然起来。多数人骂我,少数人赞成我。许多人照着传统的想法,说我着了魔,竟敢把一座圣庙一下子一拳打成一堆泥!② 无论毁誉如何,顾颉刚的古史观念都深刻影响了 20 世纪中国上古史学的演进路径,如李零所指出:"顾先生无疑是近代最有影响的历史学家。虽然近代以来,除他所代表的那一派(主要是做辟除的工作),以罗、王为代表的另一派(更倾向于实证的研究)也有莫大影响……但即使是这一派,它的后继者也都受风气的感染,程度不等地接受了顾颉刚对古书和古史的基本估计。"③

不过,就事实而言,自"层累"说提出以来的近百年间,学界对顾颉刚的批评之声始终未曾中断,而且在声势上曾几度越出学术的界线。甚至可以说,在 20 世纪大多数时间里,顾颉刚的疑古辨伪都处于舆论的下风向。④ 近百年来,学界对顾颉刚疑古辨伪的批评,涉及多个方面。其

---

① 顾颉刚:《答刘胡两先生书》,《顾颉刚古史论文集》第 1 卷,第 202—204 页。
② 顾颉刚:《我是怎样编写古史辨的?》,《顾颉刚古史论文集》第 1 卷,第 164 页。
③ 李零:《出土发现与古书年代的再认识》,《待兔轩文·读史卷》,广西师范大学出版社 2011 年版,第 4 页。
④ 至于徐旭生所说,"近三十年(大约自 1917 年蔡元培长北京大学时起至 1949 年全国解放时止),疑古学派几乎笼罩了全中国的历史界"一类说法,实属言过其实。相关评论参见张越《五四时期中国史坛的学术论辩》,第 275—276 页。

中,有些批评、讨论是合理必要的,但也有些属于对顾颉刚古史观念的误会,对此,他在对"层累"说和四个"打破"的论述中,实际已有说明。

例如,有学者曾提出20世纪30年代顾颉刚的沿革地理研究,表明其古史观由"破坏"转向了"建设"、由"疑古"转向了"释古"。顾颉刚的沿革地理研究,主要是通过考辨"州""岳""四罪""四至"等旧有上古疆域观念,是如何迁流演变,被逐渐放大,来证明经传典籍中的上古疆域观念实际并非上古时期的实际疆域,而是春秋至两汉间疆域的反映。① 如果我们对比上引1923年顾颉刚提出的四个"打破"便可看出,这些认识在"打破地域向来一统观念"的论述中,已经有了明确的表述。只不过,到30年代顾颉刚专门研究沿革地理时,对其中某些问题的论证会更为细化、深入,但相比1923年,其背后的宗旨是没有根本改变的。

还有学者认为抗战时期顾颉刚提出的"中华民族是一个",与其古史辨伪在"思路上"存在矛盾。不论"中华民族是一个"对当时民族现状的认识有什么问题,在历史论证上,"中华民族是一个"说的是中国疆域内多元起源的民族,在春秋以降开始出现大规模融合;到秦统一开始形成有实无名的"一个的"民族意识;此后,这个民族像滚雪球一样越滚越大。② 这和上引"打破民族出于一元的观念"中所说:"春秋以来,大国攻灭小国多了,疆界日益大,民族日益并合,种族观念渐淡而一统观念渐强,于是许多民族的始祖的传说亦渐渐归到一条线上"等表述,是不矛盾的。认为建构"一个"就必须放弃打破"一元",实际是论者自己思路上存在的矛盾,和顾颉刚无关。"中华民族是一个"观点本身的对错,与"中华民族是一个"和"古史辨"的思路是否冲突,是两个问题,不能一概而论。

在"古史辨"之初,顾颉刚的某些说法,确实存在粗疏武断之处。如他曾对王伯祥说:"伪书上的事实自是全伪……现在所谓很灿烂的古史,所谓很有荣誉的四千年的历史,自三皇以至夏商,整整齐齐的统系

---

① 参见顾颉刚《州与岳的演变》《九州之戎与戎禹》《两汉州制考》《春秋时代的县》等,《顾颉刚古史论文集》第5卷,第43—74、118—139、167—230、231—274页。
② 顾颉刚:《中华民族是一个》,《宝树园文存》第4卷,第94—106页。

和年岁，精密的考来，都是伪书的结晶。"① 不过我们也应注意，这些说法有不少是顾颉刚在一些随意性较大的书信中提出，我们讨论相关问题，不宜仅抓住顾颉刚当时的只言片语，攻其一点，不及其余，否则同样难免粗疏武断的嫌疑。若要合理认识、评价顾颉刚的古史研究，我们首先应考察其古史观念的基本特点。②

第二节　顾颉刚考辨古史的基本特点

以往学界对顾颉刚古史考辨的相关批评，有些观点是合理的，但有些批评则存在一定误会。这些误会的产生，和顾颉刚古史考辨本身的特点有一定关系。因此，我们有必要对此略作梳理。

一　大胆假设，提出问题

学界常批评顾颉刚考辨古史偏于"破坏"。所谓偏于"破坏"，一是针对顾颉刚没有直接做过考古学式的"建设"，但这属于个人学术志趣的不同，与顾颉刚古史观念本身的对错无关，是一种"求全之毁"。一是针对顾颉刚考辨古史以发抉旧有古史系统中存在的问题为主，这确实是"古史辨"早期，顾颉刚考辨古史的重要特点。不过，以大胆假设，提出旧古史中存在的问题为主，只是顾颉刚考辨古史的阶段性特征，到1930年前后，当他把论证古史"层累"造成的史料准备相对充分之后，便开

---

　① 顾颉刚：《致王伯祥：自述整理中国历史意见书》，《顾颉刚古史论文集》第1卷，第176页。

　② 王汎森曾总结出"层累"说的四个"特质"：（1）"断定汉代或战国是古史放大的时期，宛如那些古史过去没有传说过，自汉代以后制造伪史的工程似乎也停止了（以后有些学者则是因整齐百家语而造伪），仅在战国至汉这一段时间内传说出一部古史来。"（2）"把古书的真伪与书中所记载的历史之真伪视为一体，认为伪古书上必不可能有真史，他认为一旦书伪，史事便伪，不必再做任何的鉴别顾氏的观念里面实有一个'阴谋理论'作为基础，认为伪书是某些人为了特定的目的刻意伪造的，所以其中史事必属全伪，几乎完全排除假史书也可能根据部分真史事写成的可能性。"（3）"传说与伪造之间似乎并无分别，好似'传说'即是'伪造'。只要是有传说变迁的痕迹即表示这件史事是'有意作伪'的成果。"（4）"史家只能知上古史事变迁之迹，而无法知道何事为真，何事为伪？也不知这些史事最后的真相是什么。这主要是因为他把上古史事当作造史家们思想的反映。"（见《古史辨运动的兴起——一个思想史的分析》，第35—36页）这些说法虽有一定合理性，但其中有些批评稍显苛责，与顾颉刚的本意不尽相符。

始了对其"假设"的系统"求证"。这一特点,深受胡适"大胆假设,小心求证"主张的影响,同时,也和顾颉刚个人的学术积淀,以及当时中国上古史学的发展水平有关。

在《与钱玄同先生论古史书》中,顾颉刚虽然描述了旧有中国古史系统中存在的"层累"现象,并勾勒了旧古史系统"层累"造成的过程,但这种描述只是就大致梗概而论,并非严整细致的论证。如他在这封书信中所自述:信笔写下,恐怕写得凌乱没有条理,说出一点大纲,做我发表研究的起点。① 所以,1923年顾颉刚提出的"层累"说,是他关于中国旧有古史系统如何形成的一个"大胆假设",是其古史考辨的起点。

不只"层累"说,这一时期顾颉刚的古史考辨,整体上都是以提出问题为主。比如,当时他在关于"古史辨"的"启事"中说:

  中国的古史全是一篇糊涂账。二千余年来随口编造,其中不知有多少罅漏,可以看得出它是假造的。但经过了二千余年的编造,能够成立一个系统,自然随处也有它的自卫的理由。现在我尽寻它的罅漏……把我对于古史的怀疑之点详细说了,把我对于古史成立的程序的假定立起来了,然后再做别的事。②

在《答柳翼谋先生》中说:

  我对于古史的最早怀疑,是由《尧典》中的古史事实与《诗经》中的古史观念相冲突而来……不期然而然在我的意想中理出了一个古史成立的系统……但是,这仅是一种假设而已,我决不愿把它作为确实的证据。③

在《答李玄伯先生》中也说:

---

① 顾颉刚:《与钱玄同先生论古史书》,《顾颉刚古史论文集》第1卷,第182页。
② 顾颉刚:《启事三则》,《顾颉刚古史论文集》第1卷,第288—289页。
③ 顾颉刚:《答柳翼谋先生》,《顾颉刚古史论文集》第1卷,第318—319页。

> 我要在此声明一句：我作这些文字，只是想把我的假设开出一条研究的路；我固然未尝不希冀从我的假设上解决古史，但我深明白从假设到解决不知要费多少日子的研究，在研究中间不知要经过多少次的困难，我决不敢贸贸然在半年之内所作的几万字中作一个轻率的解决。①

顾颉刚的古史考辨，是要从根本上颠覆旧有古史系统。这一工作的繁难复杂，如引文所述，"经过了二千余年的编造，能够成立一个系统，自然随处也有它的自卫的理由"。应该说，对于这项工作，顾颉刚当时的学术准备是不够充分的。也因此，在"古史辨"之初，顾颉刚治史主要是发抉旧有古史系统中存在的问题，并提出自己的假设。至于假设的解决，则要经过长期的研究，是下一阶段的工作。

同时，这种着眼于提出问题的阶段特征，也和当时中国古史学的发展水平有关。由于年代久远、资料匮乏，而当时的考古学又无法提供太多有效材料，这就使得中国上古史研究中的重重疑难，不易得到切实解决。例如，当时周予同说："在现在考古学这样幼稚的时候，所得的结论究竟不容易有力量。"② 所以，秉持"科学""理性"态度的顾颉刚等人，面对旧古史中的诸多疑窦，也就只能选择存疑。由胡适较早提出，又被顾颉刚所接受的，"先把古史缩短两三千年……将来等到金石学，考古学发达上了科学轨道以后，然后用地底下掘出的史料，慢慢地拉长东周以前的古史"，以及"东周以上无史"等主张③，就是在这一学术背景下提出的④。

总之，受胡适"大胆假设，小心求证"主张的影响，加之当时顾颉刚个人的学术准备不足以及中国古史学的发展水平等因素影响，在"古史辨"初期，顾颉刚的古史考辨出现了以大胆假设，提出问题为主的特

---

① 顾颉刚：《答李玄伯先生》，《顾颉刚古史论文集》第 1 卷，第 312 页。
② 周予同：《顾著〈古史辨〉的读后感》，载顾颉刚编著《古史辨》第 2 册，第 327 页。
③ 胡适：《自述古史观书》，载顾颉刚编著《古史辨》第 1 册，第 22 页；顾颉刚：《致王伯祥：自述整理中国历史意见书》，《顾颉刚古史论文集》第 1 卷，第 176 页。
④ 相关分析，参见李扬眉《"疑古"学说"破坏"意义的再估量——"东周以上无史"论平议》，《文史哲》2006 年第 5 期。

征。这一特征，也是他给人以"破坏"有余而解决问题不足印象的重要原因。不过，大胆假设，提出问题的治史特征对顾颉刚而言只是阶段性的，如果进一步考察他到 1930 年前后陆续发表的论文，如《五德终始说下的政治和历史》《战国秦汉间人的造伪与辨伪》《三皇考》《禅让传说起于墨家考》等，我们便可发现，他对此时提出的大胆假设，至少是一些重要假设，都陆续做了小心求证。

二 惟穷古史观念、古史学说之流变

顾颉刚古史考辨的主要对象是什么？这不仅关系到我们如何看待当时人的相关批评，也关系到我们如何看待顾颉刚古史观念的演进。就整体而言，顾颉刚古史考辨的主要对象是旧有古史观念、古史学说的演变问题。当然，其中不可避免也涉及古史事、古史书、古史材料等问题。

1923 年，在《与钱玄同先生论古史书》中，顾颉刚就说：崔述要从古书上直接整理出古史迹来，不是稳妥的办法，"我们要辨明古史，看史迹的整理还轻，而看传说的经历却重。凡是一件史事，应当看它最先是怎样的，以后逐步逐步的变迁是怎样的"。[①] 同年，在《答刘胡两先生书》中，顾颉刚提出推翻非信史的四个"打破"，即"打破民族出于一元的观念""打破地域向来一统的观念""打破古史人化的观念""打破古代为黄金世界的观念"，也无一不是针对旧有古史观念；其中，顾颉刚也明确提出，自己的本意就是要"看出传说中对于古史的变迁，汇集成一篇《层累地造成的中国古史》"。[②] 可见，顾颉刚古史考辨的主要对象，就是旧有古史观念和古史学说的演变问题。

1924 年，顾颉刚因标点《崔东壁遗书》，无法如期恢复古史讨论，写下《我的研究古史的计划》。这个计划共分 6 个学程：第一学程（1925—1930 年）是读魏晋以前史书，时间最长，其中读《汉书》《后汉书》要 4 年，又占大部分时间。对于这一学程的目标，顾颉刚解释说："分析之后，汉归汉，周秦归周秦，然后古史始可有切实的整理"。关于第二学程（1931—1933 年），他说："汉人的附会拨去了，各种古书始可显出它们

[①] 顾颉刚：《与钱玄同先生论古史书》，《顾颉刚古史论文集》第 1 卷，第 180—181 页。
[②] 顾颉刚：《答刘胡两先生书》，《顾颉刚古史论文集》第 1 卷，第 200 页。

的本相，考证之事方才有所凭借。所以第二步接做这事，把古书的时代与地域统考一过。"关于第三学程（1934年），他说："依据考定的经籍的时代和地域抽出古史料，排比起来，以见一时代或一地域对于古代的观念，并说明其承前启后的关系。"①

由此可见：第一，顾颉刚前三个学程的研究对象完全是文献及其中的"古史观念"。第二，从汉到秦再到周的研究，逐步逆推，环环相扣，顾颉刚强调了考辨"汉学"真伪是古史研究的先决性条件；第三，顾颉刚的落脚点是"见一时代或一地域对于古代的观念，并说明其承前启后的关系"，亦即文献中的"古史观念"。

第四学程是研究古器物学，要"把传世的古器的时代厘正一过，使得它们与经籍相印证时可以减少许多错误"。第五学程研究民俗学，以便利用民俗学的知识，"研究古史的内部"，"解释古代的各种史话的意义"；"更把汉以后民众心中的古史钩稽出来，直到现在家家悬挂的'神轴'为止，看出他们继续发展的次序。这个研究如能得到一个结果，古史在古代的地位更可确定了"。② 可见，顾颉刚研究古器物学、民俗学更多是其古史研究的辅助手段。他要考订民众心中古史发展的次序，显然是对人们"古史观念"的考辨。

在第六学程中，顾颉刚给出了所要得到的结论，即：

> 把以前十六年中所得的古史材料重新整理，著成专书。这一部专书的组织，应将下列诸问题作为系统的说明：（1）某时代的古史观念如何？（2）这个古史观念是从何时，何地，或因何事来的？为什么要求［来］？（3）这个古史观念在当时及后来发生了什么影响？以上三条，为当时的古史观念。(1) 这时的史事可以考实的有多少？（2）这时的实物遗留至今的有多少？（3）对于这时的民族和文化的大概情形的想像是怎样？以上三条，为当时的史事。③

---

① 顾颉刚：《我的研究古史的计划》，《顾颉刚古史论文集》第1卷，第293页。
② 同上书，第294、295页。
③ 同上书，第295—296页。

"当时的古史观念"就是后世的"古史观念","当时的史事"即上古史事。可见,顾颉刚古史研究的第一步是考辨后世"古史观念"。至于他要考明"当时的史事",那是考明"当时的古史观念"之后的事。

此后,在1925年的《答李玄伯先生》中,顾颉刚同样强调说,"我对于古史的主要观点,不在它的真相而在它的变化",并提出"不立一真,惟穷流变"①的说法。同年,在《答柳翼谋先生》中,他又说,"我的辨论古史的主要观点,在于传说的经历","我对于禹在传说中的地位特别注意"。②这里的"传说",实际就是后世的"古史观念"。

在稍显匆忙地展开的"古史辨"中,顾颉刚对自己所要考辨问题的整体学术定位,或许还存在一定的模糊,但随着"古史辨"的开展,多方面的"求全之毁"接踵而至,他对自己考辨对象的认识则越发清楚明确。如到撰写《古史辨》第2册《自序》时,他就明确提出:

> 我现在诚挚地自白:我不是一个历史的全能者,因为我管不了这许多历史上的问题;我也不是一个上古史专家,因为真实的上古史自有别人担任。我的理想中的成就,只是作成一个战国、秦、汉史家;但我所自任的也不是普通的战国、秦、汉史,乃是战国、秦、汉的思想史和学术史,要在这一时期的人们的思想和学术中寻出他们的上古史观念及其所造作的历史来。我希望真能作成一个"中古期的上古史说"的专门家,破坏假的上古史,建设真的中古史。③

可见,顾颉刚最为关注的,是古人特别是东周、秦、汉间的古人,对于上古史的观念及其演变问题。

顾颉刚古史考辨重在"穷"旧有古史观念、古史学说之流变既已清楚,下面我们对与此相关的几个争议问题,略作叙述。

第一,关于史学观念、眼光的变革问题。对此,我们可以顾颉刚和柳诒徵的相关论辩为例。1924年,柳诒徵发表《论以说文证史必先知说

---

① 顾颉刚:《答李玄伯先生》,《顾颉刚古史论文集》第1卷,第313、314页。
② 顾颉刚:《答柳翼谋先生》,《顾颉刚古史论文集》第1卷,第318页。
③ 顾颉刚:《古史辨第二册自序》,《顾颉刚古史论文集》第1卷,第95页。

文之谊例》一文，批评顾颉刚"专信文字，而举古今共信之史籍一概抹杀"，"就单文只谊矜为创获，鲜不为通人所笑矣"。并提出"以《说文》证经考史，必先明《说文》之谊例。不明说文之谊例，刺取一语，辄肆论断，虽曰勇于疑古，实属疏于读书。何则？《说文》者，解字之书，非为后世作人名字典也，故于字之形谊可解者不引古人作证"。[①] 不论柳诒徵所论《说文》之"谊例"正确与否，他用以批评顾颉刚的问题，和顾颉刚所要讨论的问题，都相去甚远，根本不在一个层面上，也因此遭到顾颉刚较为严厉的反批评。

众所周知，在学术问题上，顾颉刚一般心胸相对豁达，乐于接受批评，如在"古史辨"中，他对批评者一般都持欢迎态度。但对于柳诒徵此文，顾颉刚表现出了明显的不快，不仅直接回应说柳诒徵是"断章取义""深文周纳""狭隘""缘木求鱼"，而且，还明确表示：柳诒徵的批评"和我的辨论古史是没有什么关系的"，"是最不了解我的态度"，"是精神上的不一致，是无可奈何的"，"我不敢领受"。

顾颉刚的反驳之所以如此直接干脆，主要是因为柳诒徵的批评和"古史辨"所讨论的问题，相去甚远，至少从《论以说文证史必先知说文之谊例》一文看，他根本不了解顾颉刚疑辨古史的主旨是什么。如顾颉刚在《答柳翼谋先生》中所说：

> 我引据《说文》，未能依了刘先生的例，这是无关重要的……只要我们知道它是一部东汉时的字书，我们肯用了东汉时的字书的眼光去看它……那么，它就可以表现出它的真价值来而不致迷误许多人了……我们正可看他们种种异想天开的解释字义，做他们的思想史和他们的文字学的研究……我自己守着的不变的宗旨，是用史实的眼光去看史实，用传说的眼光去看传说……我们知道古书古史中尽多传说的分子了，我们便该顺了传说的性质而去搜寻它们的演化的经历……用了这个态度来看我的文字，便可看出我的文字虽是琐杂浅陋，里边自有一贯的意思，并不成立于某一书上的单词只义。

---

① 柳翼谋：《论以说文证史必先知说文之谊例》，载顾颉刚《顾颉刚古史论文集》第1卷，第325—326页。

希望柳先生以后对我作辨驳的时候,能够了解我这个态度。①

在此,顾颉刚表现出了与柳诒徵完全不同的史学观念和眼光。即以《说文解字》为例,顾颉刚并不是把《说文》当作训诂考证的圭臬,也不是要考证《说文》记载内容的然否,而是要借助《说文》来透视东汉人的思想观念。在其他考辨中同样如此,他并不是要考证史料记载所对应的上古史事,而是要通过相关史料及其记载的差异,来透视不同历史时期人们的古史观念及其演变,以此来解释旧有中国古史系统是如何构成的。这就是顾颉刚反复强调他在古史考辨中"不立一真,惟穷流变"的根本原因。只是"不立一真"的观念,不易被历史研究者所接受。

第二,关于顾颉刚"抹杀"古史的问题。自"层累"说提出以来,学界对顾颉刚的批评涉及多个方面,但共同的也是最重要的,就是批评他疑古"过度",虽然这个"度"实际并无明确界定。而关于疑古"过度"最为严厉的批评,则是顾颉刚将中国古史一笔抹杀,不同时期不同学者曾分别提过类似说法,仅就民国时期而言,"古史辨"之初,胡堇人就有"不能一概抹煞"②说法,柳诒徵更有"举古今共信之史籍一概抹煞"③说法。如果说胡、柳等人的说法,是因"古史辨"初起,学界对顾颉刚的古史观念尚不甚明了,那到20世纪40年代,徐旭生在《中国古史的传说时代》中,仍然批评顾颉刚"把传说的东西一笔抹杀,把文化的黎明时期完全不谈,我国的历史因此就被砍去一截"④,则显得不尽合理。而且,在1949年之后的增订本中,他仍说:"他们对于参杂神话的传说和纯粹神话的界限似乎不能分辨,或者是不愿意去分辨……漫无别择,一股脑儿把它们送到神话的保险柜中封锁起来,不许历史的工作人再去染指!"⑤《中国古史的传说时代》一书的立场、观点是否存在问

---

① 顾颉刚:《答柳翼谋先生》,《顾颉刚古史论文集》第1卷,第322—324页。
② 胡堇人:《读顾颉刚先生论古史书以后》,载顾颉刚《顾颉刚古史论文集》第1卷,第214页。
③ 柳翼谋:《论以说文证史必先知说文之谊例》,载顾颉刚《顾颉刚古史论文集》第1卷,第325页。
④ 徐炳昶:《中国古史的传说时代》,中国文化服务社1946年版,第12页。
⑤ 徐旭生:《中国古史的传说时代》(增订本),科学出版社1985年版,第24—25页。

题，暂且不论，就其关于顾颉刚古史观念的评说而言，则存在一定误会。

实际上，即便在所谓"疑古"最为"猛烈"的时期，顾颉刚也从未对中国古史一笔"抹杀"，对于哪些记载可信，哪些不可信，他是有一个大致的取舍标准的。1923年，他就转引胡适的观点说：

> 我对于古史的大旨是：1. 商民族的时期，以河南为中心……关于此一时期，我们应该向"甲骨文字的系统的研究"里去寻史料。2. 周民族的时期，约分三时期：(a) 始兴期……(b) 东侵期……(c) 衰落期…… 3. 秦民族的时期，也起于西方，循周民族的故迹而渐渐东迁，至逐去犬戎而占有陕西时始成大国……至于以山西为中心之夏民族，我们此时所有的史料实在不够用，只好置之于"神话"与"传说"之间，以俟将来史料的发现。①

这一信史框架，就提出于"古史辨"双方首轮交锋的《答刘胡两先生书》中。这一"古史的大旨"背后，是顾颉刚和胡适共同主张的先"缩短"再"拉长"的理念，即"先把古史缩短二三千年……将来等到金石学，考古学发达上了科学轨道以后，然后再用地底下掘出的史料，慢慢地拉长东周以前的古史"。② 对此，我们若说以这种态度对待旧有古史记载，在一定程度上稍显严苛，在信史建设方面过于倚重考古学等，是合理的。③ 但是，我们若说顾颉刚一笔抹杀了中国古史，则与事实不符。

具有区别神话和传说的自觉，是值得肯定的，但说顾颉刚把传说、神话等都一股脑儿送到"保险柜中封锁起来，不许历史的工作人再去染指"，似乎与事实不符。例如，上述《我的研究古史的计划》中的第五学程，就是专门研究民俗学，尝试借此获得"解释古代各种史话的意义"的方法、眼光，"把汉以后民众心中的古史钩稽出来，直到现在家家悬挂的'神轴'为止"；在《答柳翼谋先生》《答李玄伯先生》中，顾颉刚也是反复强调"我的辨论古史的主要观点，在于传说的经历"等。这首先

---

① 顾颉刚：《答刘胡两先生书》，《顾颉刚古史论文集》第1卷，第201页。
② 胡适：《自述古史观书》，载顾颉刚编著《古史辨》第1册，第22页。
③ 参见李零《出土发现与古书年代的再认识》，《待兔轩文·读史卷》，第5页。

就说明，顾颉刚没有把传说"封锁起来"。就20世纪30年代顾颉刚的具体研究而言，如《九州之戎与戎禹》《鲧禹的传说》《古代巴蜀与中原的关系说及其批判》等，无不涉及古史传说和神话。① 40年代出版的《当代中国史学》中，更将"古史传说"与"古代宗教和神话"分别论述，并说"在古代宗教和神话研究中，杨宽、童书业两先生和颉刚大都着眼于古史传说的探索上，而专门对古代宗教和神话作研究的，以郭沫若、闻一多、陈梦家诸先生贡献最大"。② 这又说明，顾颉刚没有把神话"封锁起来"，更没有"不许历史的工作人再去染指"。《中国古史的传说时代》一书针对顾颉刚疑古辨伪的意图非常明显，如其初版首章就是"论信古"，所以，徐旭生对顾颉刚的相关著述理应较为熟悉，然而，直到1949年后的增订本中却仍有上述说法，似不应该。

《中国古史的传说时代》试图从古史传说中探寻上古历史真相，这无可厚非。但顾颉刚的主要学术志趣在于透过古史传说的演变探寻后世的古史观念，亦即所谓"希望真能作成一个'中古期的上古史说'的专门家，破坏假的上古史，建设真的中古史"。这是两种并行不悖的研究取向，不存在孰是孰非。如果我们因为顾颉刚重点关注古史传说所反映的古史观念，而批评他"把传说的东西一笔抹杀"，那么，站在顾颉刚的立场，一样可以批评只关注从古史传说中探寻上古历史真相者，是一种"抹杀传说"的偏见。

第三，是关于顾颉刚"转向"古书研究的问题。许冠三在《新史学九十年》中曾提出，在20世纪30年代顾颉刚的古史研究中，存在"缩小研究范围，集中精力于东周以下的若干专题"③ 的调整。这一观点主要是说顾颉刚在坚持研究路径"始终如一"的前提下，进一步明确了研究范围和对象，有其合理性。后来，王汎森征引许冠三"以书为中心的研究可能受傅斯年影响"等说法，提出过顾颉刚因受傅斯年影响而"决定调整疑古运动的方向"④ 一说。顾颉刚和傅斯年的关系较为复杂，在此无

---

① 《九州之戎与戎禹》《古代巴蜀与中原的关系说及其批判》两文见《顾颉刚古史论文集》第5卷；《鲧禹的传说》见《顾颉刚古史论文集》第1卷。
② 顾颉刚：《当代中国史学》，《顾颉刚古史论文集》第12卷，第437页。
③ 许冠三：《新史学九十年》，岳麓书社2003年版，第202页
④ 王汎森：《傅斯年：中国近代历史与政治中的个体生命》，第131页

法详论，我们略举一例，说明"以书为中心"是顾颉刚早有的想法，即1923年，他在《与钱玄同先生论古史书》中论述完"层累"说的"三个意思"后，紧接着说道：

> 但这个题目的范围太大了，像我这般没法做专门研究的人，简直做不成功。因此，我想分了三个题目做去：一是《战国以前的古史观》，二是《战国时的古史观》，三是《战国以后的古史观》。后来又觉得这些题目的范围也广，所以想一部书一部书的做去，如《〈诗经〉中的古史》，《〈周书〉中的古史》，《〈论语〉中的古史》……我想，若一个月读一部书，一个月做一篇文，几年之后自然也渐渐地做成了。①

可见，"以书为中心"是顾颉刚早有的想法，而且，无论以时代为中心，还是以书为中心，他的主要关注对象都是古史观念。

三 历史演进方法

顾颉刚考辨古史最基本、最得力的方法，是"历史演进方法"。这一方法，如胡适在《古史讨论的读后感》所概括："（1）把每一件史事的种种传说，依先后出现的次序，排列起来。（2）研究这件史事在每一个时代有什么样子的传说。（3）研究这件史事的渐渐演进：由简单变为复杂，由陋野变为雅驯，由地方的（局部的）变为全国的，由神变为人，由神话变为史事，由寓言变为事实。（4）遇可能时，解释每一次演变的原因。"② 对此，顾颉刚曾说："用此种历史演进之眼光而读古书者，二千年来不一二觏也。"③

关于顾颉刚如何获得"历史演进方法"，以及该方法的特质等问题，学界已有不少讨论。我们在此仅略述运用该方法可能会出现的问题，以便后文分析顾颉刚古史考辨方法视角的调整。首先，"历史演进方法"用

---

① 顾颉刚：《与钱玄同先生论古史书》，《顾颉刚古史论文集》第1卷，第181页。
② 胡适：《古史讨论的读后感》，载顾颉刚编著《古史辨》第1册，第193页。
③ 顾颉刚：《中国上古史讲义（中山大学）》，《顾颉刚古史论文集》第3卷，第33页。

于考察文献中的观念、学说的流变,颇有效力,但用于考证历史事实,可能会出现问题。如赵俪生曾就胡适关于井田制有无的考证提出,该方法"只能在《孟子》一书和它以后的文献史料方面起积极作用"。① 对于这种局限,后来顾颉刚自己也有所认识。当然,"历史演进方法"的局限并不宜直接视为顾颉刚古史考辨的问题,因为就主要方面而言,顾颉刚古史考辨的主要对象是古史观念、学说,正如许冠三曾指出:"胡适和顾颉刚所着重处理的,其实只是传说或故事版本的翻新变易,而非故事或传说本身所著录、附着或反映的原始事实。"②

其次,也是更为重要的,"历史演进方法"即便是用于考察古史观念、学说的流变,也可能出现问题,至少它的结论仍需加上"目前所见文献"的限定,否则一旦新发现史料中出现明显不同以往的说法,借助"历史演进方法"所建构出的"层累"系统,就可能面临重构的危险,对于相关演进原因的解释,也有可能会被证明是错误的。当然,这是就相对严格的标准而言,事实上,这种情况一旦出现,需要调整或被否定的,不会仅是顾颉刚疑古辨伪相关观点。

就文献不足的中国上古史学界而言,至少从"古史辨"初兴之时看,在新史料方面取得重大发现,属于小概率事件,所以,"历史演进方法"的局限问题表现得不是很明显。但在同样以"历史演进"为主要研究方法的顾颉刚的民俗探索中,这种局限则较早被体现出来。例如,顾颉刚在其孟姜女故事相关研究中曾说:

> 孟姜女专号,到今已是第五次了,但论文还没有续作……所以这样之故,一来是我太忙……二来是材料愈积愈多……不敢随便下笔。我的坏脾气老是这样:一个问题横在心中,便……想去寻找材料;等到材料多了,愈分愈细,既显出起初设想的错漏,又惊怖它的范围的广漠,而且一个问题没有解决,连带而起的问题又来要求

---

① 赵俪生:《胡适历史考证方法的分析》,《学术月刊》1979年第11期。后来,学界有更深入的讨论,可参见路新生《中国近三百年疑古思潮研究》,上海人民出版社2001年版,第544页;李扬眉《颠覆后如何重建——作为思想史家的顾颉刚及其困境》,《学术月刊》2008年第9期。

② 许冠三:《新史学九十年》,第170页。

解决了,终至于望洋兴叹,把未成之稿束在柜子中而后已。①

事实上,孟姜女故事研究论文没有续作,并不完全因为顾颉刚的"坏脾气",新材料不断出现,凸显出了"历史演进方法"的局限,也是重要原因。因为有北京大学《歌谣周刊》的平台,所以孟姜女故事材料征集活动,能够得到较广泛响应,各地材料不断送来。然而,只要有不同时代、不同地域、不同情节的重要材料出现,顾颉刚所构建的"孟姜女故事的演变",就可能需要调整,正如论者指出:"从学理的角度来说,历时研究所需要的材料,是永远无法穷尽的。事实上,每一次新材料的出世,都可能打乱原有的演进路线。"② 所以,才出现了他所说的"材料多了,愈分愈细,既显出起初设想的错漏,又惊怖它的范围的广漠,而且一个问题没有解决,连带而起的问题又来要求解决了,终至于望洋兴叹"。

类似例证,还有如顾颉刚就《妒花歌》的收集情况所说:我初收到这首歌时,觉得很熟。想了一回,才记起是唐寅的《妒花歌》。因检《六如居士全集》,录出其文,总以为寻得了它的根源了。哪知唐寅的《妒花歌》还是有它的来历的!《全唐诗》中有一首《菩萨蛮》,作者无名氏,亦未记出它的来源。这比唐寅更前了六百年,竟被我们找到,是如何的有趣呵!③ 这里,顾颉刚虽因为能寻出"根源"而兴奋,但这件事也显出了其方法局限,即他实际永远无法确定所收集到的材料否是为《妒花歌》最初源头。

不只历时性研究,即便共时性研究也会出现类似问题。例如,顾颉刚叙述孟姜女故事材料的收集情况时曾说:"上一年中所发现的材料,纯是纵的方面的材料,是一个从春秋到现代的孟姜女故事的历史系统。我的眼光给这些材料围住了,以为只要搜出一个完全的历史系统就足以完成这个研究。这时看到了徐水县的古迹和河南的唱本,才觉悟这件故事还有地方性的不同,还有许多横的方面的材料可以搜集。"④

---

① 顾颉刚:《顾颉刚启事》,《顾颉刚民俗论文集》第 2 卷,第 82 页。
② 施爱东:《中国现代民俗学检讨》,社会科学文献出版社 2010 年版,第 145 页。
③ 顾颉刚:《吴歌甲集》,《顾颉刚民俗论文集》第 1 卷,第 118—119 页
④ 顾颉刚:《孟姜女故事研究的第二次开头》,《顾颉刚民俗论文集》第 2 卷,第 88 页。

与"历史演进方法"的局限类似的问题,是张荫麟所提出的顾颉刚的古史考辨大部分都违反了"默证"适用限度,这也是学界争议较大的问题。1925 年,张荫麟在《评近人对于中国古史之讨论》一文中,借鉴法国学者朗格诺瓦和瑟诺博司《史学原论》一书中对"默证法"的评论,提出顾颉刚的古史考辨,违反了"默证"适用限度,存在"根本方法之谬误",他说:"凡欲证明某时代无某某历史观念,贵能指出其时代中有与此历史观念相反之证据。若因某书或今存某时代之书无某事之称述,遂断定某时代无此观念,此种方法谓之'默证'(Argument from Silence)。默证之运用及其适用之限度,西方史家早有定论。吾观顾氏之论证法几尽用默证,而什九皆违反其适用之限度。"①

张荫麟这一批评合理与否,近年学界讨论较多。② 对此,我们似应注意。

第一,张荫麟所界定的"默证"适用限度是否合理,本身是需要审视的。顾颉刚在古史考辨中使用"默证法"及其合理与否是一个问题,张荫麟所界定的"适用限度"合理与否则是另外一个问题。如果我们按照张荫麟诘难顾颉刚的标准,即"是否当时历史观念之总记录"③,那么,但凡使用"默证法"者,无论研究领域是否为上古史,恐怕都会违反其"适用限度"。就此而言,有论者称张荫麟对于"默证"适用限度的界说是一个"伪命题",并不为过。

第二,民国时期,确实有很多学者在历史研究中都使用了"默证法",但使用人数的多少,无法决定历史研究中能否适用"默证法",也无法证明张荫麟界说的正确与否。

第三,也是我们要重点说明的,有不少学者因为张荫麟文章发表之

---

① 张荫麟:《评近人对于中国古史之讨论》,《张荫麟全集》中卷,清华大学出版社 2013 年版,第 801 页。

② 参见彭国良《一个流行了八十余年的伪命题——对张荫麟"默证"说的重新审视》,《文史哲》2007 年第 1 期;宁镇疆《"层累"说之"默证"问题再讨论》,《学术月刊》2010 年第 7 期;乔治忠《张荫麟诘难顾颉刚"默证"问题之研判》,《史学月刊》2013 年第 8 期;周书灿《"默证法"与古史研究》,《史学理论研究》2014 年第 2 期;乔治忠《再评张荫麟主张的"默证之适用限度"及相关问题——兼评周书灿〈"默证法"与古史研究〉一文》,《史学月刊》2015 年第 10 期。

③ 张荫麟:《评近人对于中国古史之讨论》,《张荫麟全集》中卷,第 803 页。

后，顾颉刚没有撰写专文回应，因而断定顾颉刚默认了张荫麟的批评。但事实上，顾颉刚只是没有撰写专文，但并非没有回应，更非默认了张荫麟的批评。1929年，顾颉刚在《周易卦爻辞中的古史》一文中，仍旧运用"历史演进方法"，通过排比史料，提出《周易》作于西周，但《易传》著作年代最早不过战国，至迟则在西汉中叶。然后，他专门说道：

> 我这样说，也许读者不以为然，起来驳道："《易经》中不说伏羲、神农，不说黄帝、尧、舜，不说禹、汤、文、武，只是不说而已，并不是当时没有这些古史。《易传》中说伏羲、神农，说黄帝、尧、舜，说汤、文、武，他们知道的这些古史也许和《易经》的作者一样，只是他们说了出来而已，并不是他们把新生的传说插进去的。你看了《易经》没有讲这些，就以为《易经》的作者不知道，看《易传》讲了这些就以为《易传》的作者有意改变《易经》的面目，然则汤和文王是《易经》中所没有讲的，难道我们可以说作者不知道有这两个人吗？难道我们可以说这两个人不是真实的人吗？"

这里，顾颉刚所假设的读者的反驳，显然就是关于"默证"问题的批评。对此，他回答说：

> 我对于这个驳诘的回答，是：凡是一种事实成为一时代的共同的知识时，总有或言或不言，而其运用此事实的意识自必相同。为什么？因为他们的历史观念相同之故。现在《易经》中的历史观念和《易传》中的历史观念处于绝对相反的地位：《易经》中的断片的故事，是近时代的几件故事；而《易传》中的故事确是有系统的，从邃古说起的，和战国、秦、汉以来所承认的系统，所承认的这几个古人在历史中所占有的地位完全一致。所以我们可以知道：这些历史事实的异同是它们的著作时代有与没有的问题，而不是它们的作者说与不说的问题。如果不信，试看《易林》。《易林》是汉人作的筮辞，与《易经》的卦爻辞同其作用的；只因他的著作时代在道统的故事和三皇、五帝的故事建设完成之后，而又加上了些汉代的

神仙家的气味,所以在这一部书里便有以下这些话:……看了以上诸条,我们可以知道《易传》中的故事,《易林》中几乎完全说了,惟有神农氏没有提起。但我们可以说,《易林》与《易传》的作者的历史观念是相同的,所以他只是没有提起神农而已,并不是他不知道神农。①

由此可见,顾颉刚在古史考辨中,确实使用了"默证法",但是,他使用该方法有自己的"限定条件",并非如张荫麟所批评"完全违背默证适用之限度"。所以,顾颉刚对于张荫麟的批评,并非没有回应,更非默认批评,只不过他在回应中没有提张荫麟的名字而已。如果我们因为没有发现顾颉刚的回应,便断定他默认了张荫麟的批评,那这也不过是"以不知为不有"的另一种翻版。

事实上,被张荫麟批评过度使用"默证法"的民国学人,不只顾颉刚一人。比如,1923年,在《老子生后孔子百余年之说质疑》一文中,张荫麟对梁启超以孔子、墨子、孟子不提老子为证据的相关考证的批评中,就已经涉及了"默证"问题,只不过他当时没有使用"默证"这一概念。② 1926年,在《评胡适〈白话文学史〉上册》一文中,他讨论《孔雀东南飞》写作年代相关考证时,也曾说"如初七、下九、六合……虽不见于现存汉人记载,然不能断定三世纪中叶不能有之,因此处未具适用'默证'(argument from silence)之条件,不能应用默证"。③ 1932年,在《评郭沫若〈中国古代社会研究〉》中,他也说郭沫若关于"原始共产制存在"的考证,"立论全在默证"。④ 由此可见,批评他人过度使用"默证",是张荫麟的常用手段。

张荫麟善用"默证适用限度"批评他人,虽看似对此问题自觉性颇高,但他自己在相关研究中,却也使用了"默证"。比如,在其立意要把传统历史哲学"一一考验","抉其所'见',而祛其所'蔽'",以"构

---

① 顾颉刚:《周易卦爻辞中的故事》,《顾颉刚古史论文集》第11卷,第24—25页。
② 张荫麟:《老子生后孔子百余年之说质疑》,《张荫麟全集》中卷,第692页。
③ 张荫麟:《评胡适〈白话文学史〉上册》,《张荫麟全集》中卷,第1053页。
④ 张荫麟:《评郭沫若〈中国古代社会研究〉》,《张荫麟全集》中卷,第1215—1216页。

成一比较完满之历史观"的《传统历史哲学之总结算》一文中,他声称用"循环史观"考察人类历史,"每可得惊人之发现",并举周作人《中国新文学的源流》中所说中国文学史上"诗言志"和"文以载道"两股思潮"交互循环"现象为例,称为"信不诬",就明显使用了"默证"。① 对此,正如论者指出,"张氏所论根本站不住脚","我们以他的思维原则看他在这里的论证,则他只有陷入以子之矛攻子之盾的自我冲突之中,难道载道之时即无言志之人吗?'默证'之镜亦堪自鉴"。② 因此我们说,历史研究中过度使用"默证",的确是一个值得注意的问题。对此,张荫麟相关批评中的警觉,值得肯定。但是,这并不能说明张荫麟在对顾颉刚的批评中,提出的诸如"是否当时历史观念之总记录"等诘难不存在问题。如果按照张荫麟所界定的严苛标准,那"默证法"基本就再无法使用,包括他自己在内。

四 对近代"理性"的高度信任

最后,我们对顾颉刚勇于疑古背后的思想理念问题,略作叙述。顾颉刚虽然旗帜鲜明地怀疑旧有古史学说、古史观念,但他很少在学术功力方面对前人表现出轻视。在他看来,自己胜过前人的地方,主要是具有"理性""科学"的精神。也正是因为"理性""科学"的精神,使得他对古代的知识传承方式产生了不信任。

对此,顾颉刚在多处均曾提及。例如,1926 年,在《古史辨》第 1 册《自序》中,顾颉刚就说:

> 我的心目中没有一个偶像,由得我用了活泼的理性作公平的裁断,这是使我极高兴的。我固然有许多佩服的人,但我所以佩服他们,原为他们有许多长处,我的理性指导我去效法;并不是愿把我的灵魂送给他们,随他们去摆布。对今人如此,对古人亦然。惟其没有偶像,所以也不会用了势利的眼光去看不占势力的人物。③

---

① 张荫麟:《传统历史哲学之总结算》,《张荫麟全集》中卷,第 1256、1263—1264 页。
② 李洪岩:《论张荫麟及其"新史学"》,《近代史研究》1991 年第 3 期。
③ 顾颉刚:《古史辨第一册自序》,《顾颉刚古史论文集》第 1 卷,第 71 页。

在《诸子辨序》中,他说:

> 我们现在能有这样清楚的头脑,能够作出比古人精密的考证,满目看出古人的错误,这并不是我们比古人一概聪明,乃是我们遭值的时势比古人一概好。我们固然要不辜负自己的"一切要求解放"的时势,但也须原谅古人在他们的"不许发展自己理性"的时势之下所作的贡献。①

在《古史辨第三册序》中,他也说:

> 我们知道:我们的功力不但远逊于清代学者,亦且远逊于宋代学者。不过我们所处的时代太好,它给予我们以自由批评的勇气,许我们比宋代学者作进一步的探索……也许我们比清代学者作进一步的探索……我们不敢辜负这时代,所以起来提出这些问题,激励将来的工作……我们的打破它们(按:汉代经说),只是我们的服从真理,并不是标新立异。②

可见,顾颉刚勇于疑古的重要原因之一,就是因为对近代"理性"的高度信任,而对古人的治学理念、知识传承方式等产生了不信任。

顾颉刚这里所说的"理性"精神,和胡适在《新思潮的意义》中提出的以"评判的态度","重新估定一切价值"的理念基本一致。胡适在文中将"盲从""调和""武断迷信"等态度,置于"新思潮"的对立面③,而顾颉刚则将这种对立思维运用于古史研究中,将古人看重道统、讲求致用、重视家派等治学理念,视为"理性"精神的束缚。不过,由于顾颉刚对自己所处"理性"时代的优越感过强、对理性和非理性的分别过于绝对,造成了他在某些问题上出现了过度怀疑的不足。

---

① 顾颉刚:《诸子辨序》,《顾颉刚古史论文集》第 11 卷,第 743 页。
② 顾颉刚:《古史辨第三册自序》,《顾颉刚古史论文集》第 1 卷,第 97 页。
③ 胡适:《新思潮的意义》,《胡适文集》第 2 册,第 498—504 页。

第 三 章

20世纪20年代顾颉刚民俗探索的史学底色

冯友兰在《三松堂自序》中提到,顾颉刚曾对他说过自己通过看戏认识到故事演变的格局,进而联想到古史的演变;并说:"这是他的《古史辨》的基本思想,这个思想,是他从看戏中得来的。"① 对此,王汎森曾质疑说:"冯友兰的这一个斩钉截铁式的论断实有错误向导之嫌。因为我们如果把看戏经验说成是促成层累说的唯一因素,恐怕就会逐流而忘返了。"按照王汎森的看法,孟姜女故事研究等民俗探索,也应是顾颉刚"层累"说的思想来源。② 近来,黄海烈新著《顾颉刚"层累说"与20世纪中国古史学》一书也持大致相同观点,认为戏曲、歌谣、民间故事等民俗探索属于"层累"说的"学术思想渊源"。③

如果将戏剧、歌谣、民间故事、民间信仰等,笼统归于顾颉刚的民俗探索,那么,说民俗探索是"层累"说的思想来源,有其合理性。不过,若将之稍作区分则可发现,它们与"层累"说的关系实际是存在差异的。厘清这些差异,有助于我们更好地理解顾颉刚民俗探索与其古史考辨的关系,也有助于我们更好地理解"层累"说的特质。

---

① 冯友兰:《三松堂自序》,《三松堂全集》第1卷,第277页。
② 王汎森:《古史辨运动的兴起——一个思想史的分析》,第45—46页。
③ 黄海烈:《顾颉刚"层累说"与20世纪中国古史学》,中华书局2016年版,第38—43页。

第一节 "层累"说的思想来源
还是古史考辨的辅助？

本节所说"来源"是就民俗探索对顾颉刚提出"层累"说的促成作用而言；"辅助"则是指顾颉刚已经认识到中国古史的"层累"造成现象，或已经提出"层累"假设后，为了进一步获得解释这一现象的方法、眼光，更好地求证这一假设，才展开了相关问题的探索。看戏的经验是"层累"说的思想来源，这一点学界基本没有异议，无须赘言。除此之外，顾颉刚的民俗探索主要包括歌谣、民间故事和民间信仰研究三个方面。下面我们略述它们和"层累"说的关系。

一 歌谣研究与"层累"说的关系

顾颉刚涉足歌谣研究，受刘半农等人在北京大学主持的征集歌谣活动影响，这场征集歌谣活动一般被视为中国现代民俗学的发端。[①] 不过，顾颉刚参与其中，则略带偶然因素，如其自述：

> 民国七年，先妻病逝。我感受了剧烈的悲哀，得了很厉害的神经衰弱的病，没有一夜能够得到好好的睡眠，只得休了学在家养息……而《北大日刊》一天一天的寄来，时常有新鲜的歌谣入目。我想，我既然不能做用心的事情，何妨试把这种怡情适性的东西来伴我的寂寞呢！……我一时居然积到了一百五十首左右。[②]

可见，顾颉刚最初只是将收集歌谣作为怡情适性的消遣，来排解心中的"闷怅"，并没有明确的学术动机。这一点，从顾颉刚所说，"复了学，便得不到从容做这些事的时间；毕业以后，事务更忙，不但没有新加增的

[①] 详见钟敬文《民俗学的历史问题和今后的工作》(《钟敬文自选集》，首都师范大学出版社 2008 年版)、王文宝《中国民俗学史》(巴蜀书社 1995 年版)、施爱东《倡立一门新学科：中国现代民俗学的鼓吹、经营与中落》(中国社会科学出版社 2011 年版)。

[②] 顾颉刚：《吴歌甲集·自序》，《顾颉刚民俗论文集》第 1 卷，第 25 页。

材料，即旧有的也苦于不能加以整理""我对于歌谣的工作的时间实在仅仅是这八个月"等①，也可看出。

北大征集歌谣活动，属于新文化运动的一部分，主要着眼于"文学改良"②，顾颉刚收集整理歌谣，也是沿着这一思路展开的。他在休学期间收集的部分歌谣，后结集为《吴歌甲集》，由北京大学研究所国学门歌谣研究会印行。《吴歌甲集》出版时，胡适、沈兼士、俞平伯、钱玄同、刘半农五位学者，分别写了一篇序文。其中，前四位学者基本都是站在"方言文学"与"国语文学"关系的角度，对《吴歌甲集》予以肯定。如胡适引用自己《答黄觉僧君》中提倡"方言的文学"一段话后，说道："当时我不愿惊骇一班提倡国语文学的人，所以我说这段话时，很小心地加上几句限制的话……在现在看来，都用不着了。老实说罢，国语不过是最优胜的一种方言；今日的国语文学在多少年前都不过是方言的文学……国语的文学从方言的文学里来，仍须要向方言的文学里去寻他的新材料、新血液、新生命。"③沈兼士也说："'国语的文学'和'文学的国语'……我以为最需要的参考材料，就是有历史性和民族性而与文学和国语本身都有关系的歌谣。"④俞平伯则说："我有一信念，凡是真的文学，不但要使用活的话语来表现它，并应当采用真的活人的话语。所以我不但主张国语的文学，而且希望方言文学的产生。我赞成统一国语，但我却不因此赞成以国语统一文学。文学的国语，国语的文学，如胶似漆的挽手而行，固不失为一个好理想；不过理想终究只是理想，不能因它的好而斗变为事实。方言文学的存在——无论过去，现在，将来——我们决不能闭眼否认，即使有人真厌恶它。"⑤只有刘半农站在民俗学角度，评价说："前年颉刚作出孟姜女考证来，我就羡慕得眼睛里喷火，写信给他说：'中国民俗学上的第一把交椅，给你抢去坐稳了。'现在编出这部《吴歌集》，更是咱们'歌谣店'开张七八年以来第一件大事，不得

---

① 顾颉刚：《吴歌甲集·自序》，《顾颉刚民俗论文集》第1卷，第25页。
② 相关研究，参见［美］洪长泰《到民间去：1918—1937年的中国知识分子与民间文学运动》，董晓萍译，上海文艺出版社1993年版。
③ 胡适：《吴歌甲集·序一》，载顾颉刚《顾颉刚民俗论文集》第1卷，第3页。
④ 沈兼士：《吴歌甲集·序二》，载顾颉刚《顾颉刚民俗论文集》第1卷，第7页。
⑤ 俞平伯：《吴歌甲集·序三》，载顾颉刚《顾颉刚民俗论文集》第1卷，第9页。

不大书特书的。"①

以上可见，《吴歌甲集》之所以受到胡适等人欢迎，主要是因为它为当时的文学改良提供了"新材料、新血液、新生命"。正如论者指出，"这些浪漫文学家的搜集目的主要是为了新文学的建设"。②

着眼于文学改良，也是顾颉刚整理《吴歌甲集》的重要特点。例如，对于该书所收录沈兼士、魏建功等人关于"歌谣中标字"讨论书信，顾颉刚在所写"弁言"中就说：

> 因为学术界的岑寂，使得大家对于方言的地位没有充分的了解，至今还有许多人要执住了死文字来驾驭活语言，甚而至于说现在的字没有一个不可在《说文解字》中找出原字的。这个观念不打破，不但方言的研究无从进行，即歌谣的著录也有改篡失真的弊病。③

这和胡适等人所写序言意思基本一致。这一特点，在《吴歌甲集》相关文字的注解中，也有明显体现。后来，顾颉刚在相关回忆中也曾说道："那时征求歌谣的动机不过想供文艺界的参考，为白纻歌、竹枝词等多一旁证而已。"④ 因此我们说，顾颉刚参与歌谣征集活动的初衷，主要是为了"把这种怡情适性的东西来伴我的寂寞"；他对吴歌的整理，也主要是顺着新文学建设的方向。

不过，据《古史辨》第1册《自序》所述，顾颉刚在整理歌谣过程中，确实注意到"歌谣和小说戏剧中的故事一样，会得随时随地的变化"，并说："我对于民众的东西，除了戏剧之外，向来没有注意过，总以为是极简单的；到了这时，竟愈弄愈觉得里面有复杂的情状，非经过长期的研究不易知道得清楚了。这种的搜集和研究，差不多全是开创的事业，无论哪条路都是新路，使我在寂寞独征之中更激起拓地万里的雄心。"⑤ 因此，歌谣研究应视为"层累"说的思想来源之一。

---

① 刘复：《吴歌甲集·序五》，载顾颉刚《顾颉刚民俗论文集》第1卷，第23页。
② 施爱东：《中国现代民俗学检讨》，第58页。
③ 顾颉刚：《吴歌甲集》，《顾颉刚民俗论文集》第1卷，第163页。
④ 顾颉刚：《〈（魏应麒）〈福州歌谣集〉序》，《顾颉刚民俗论文集》第1卷，第368页。
⑤ 顾颉刚：《古史辨第一册自序》，《顾颉刚古史论文集》第1卷，第34页。

第三章　20世纪20年代顾颉刚民俗探索的史学底色 / 71

不仅如此，歌谣研究对顾颉刚后来的古史考辨，也确实产生了较大助益。这在其关于《诗经》的考辨中，体现较为明显。例如，《吴歌甲集·写歌杂记》部分，就有多条批评古人传笺歪曲《诗》原貌的内容，如"起兴"条批评朱熹对"兴"的解说是"支离灭裂"，"野有死麕"条指出本来一首"情歌"却被经学家的"圣人之道迷蒙住了"①，等等。再如，顾颉刚基于对歌谣的认识，曾向钱玄同表示要作一篇《歌谣的转变》，"把汉儒《诗》学加一批评"，"证明'风'和'雅''颂'只是大致的分配，并没有严密的界限"。② 可见，歌谣研究确实为顾颉刚批评"汉儒《诗》学"，提供了相应的研究视角。

后来，顾颉刚还发表有《诗经的厄运与幸运》（1923年，又题《诗经在春秋战国间的地位》）、《从诗经中整理出歌谣的意见》（1923年）、《论诗经所录全为乐歌》（1925年）、《瞎子断扁的一例——静女》（1926年）等论文。这些论文与其考辨中国古史"层累"造成的理念基本一致，都将批判的笔锋指向战国以来，特别是以汉学为中心逐渐形成的传统学说、观念，借以还原其本来面目。如《诗经在春秋战国间的地位》一文"引言"部分，就反复强调："我做这篇文字，很希望自己做一番斩除的工作，把战国以来对于《诗经》的乱说都肃清了"；"说明《诗经》在历来儒者手里玩弄，好久蒙着真相"；"只有把这些书上记的事实不看作固定的某一事，而看作流动的某一类事的动作状况"③，等等。

在研究方法上，同样如此。如《诗经在春秋战国间的地位》一文中所说："我因为要解答这一类问题，就想把《诗经》在它的发生时代——周代——中的位置考查一下，看出：没有《诗经》以前，这些诗是怎么样的？那时人对于它们的态度是怎么样的？汉代经学家的荒谬思想来源是在何处？为什么会有这种荒谬思想的来源？因此，我把春秋战国时关于'诗'与'乐'的记载抄出了多少条，比较看来，果然得一近理的解释。"④

---

① 顾颉刚：《吴歌甲集》，《顾颉刚民俗论文集》第1卷，第130—134、119—121页。
② 顾颉刚：《致钱玄同：论诗经歌词转变书》，《顾颉刚古史论文集》第11卷，第112页。
③ 顾颉刚：《诗经在春秋战国间的地位》，《顾颉刚古史论文集》第11卷，第238—240页。
④ 顾颉刚：《诗经在春秋战国间的地位》，《顾颉刚古史论文集》第11卷，第238—239页。

顾颉刚考辨《诗经》的成就，如论者所指出：不仅修正了胡适关于"《诗经》是一部歌谣总集"的观点，而且，《论诗经所录全为乐歌》一文更是关于《诗经》为乐歌、徒歌问题，"八百年争论的一个总集"。[①]因此，如果说在提出"层累"说之前，歌谣研究"层累"说的思想来源，那在提出"层累"说之后，歌谣研究和顾颉刚的古史考辨之间，更接近于一种互相印证、互为援助的关系。

二 孟姜女故事研究与"层累"说的关系

孟姜女故事研究是顾颉刚在民间故事方面最重要的成果，因此，我们以此为例，讨论民间故事研究与"层累"说的关系。在开始讨论前，必须首先说明，如笼统而言，无论对于戏剧、歌谣，还是对于民间故事，顾颉刚关注的重点，最终都落于其中所叙说、演绎的故事情节及其转变。[②]正是它们作为顾颉刚提出"层累"说前期思想积累，反复强化着他对故事演变格局的认知，所以，才有了后来胡适研究方法所产生的"临门一脚"的效应。一种思想、观点的萌生，和当事者对某种促成因素接触时序的先后、接触时限的长短，并没有必然的关系。所以，关于戏剧、歌谣、民间故事等，哪一项对顾颉刚提出"层累"说的影响更为直接、更为重要，在没有可靠证据之前，贸然肯定其中之一，并不可取；而断然否定、割裂某一项与"层累"说形成的关联，或调整彼此关系，也欠妥帖。

就较为宽泛层面的民间故事而言，我们不否认顾颉刚的相关探索，是其"层累"说的思想来源。但是，若具体到顾颉刚在民间故事方面最重要的研究成果，即孟姜女故事研究来说，基本可以肯定，它不是"层累"说的思想来源。顾颉刚是在认识到中国古史"层累"造成现象后，为了更好地解释这一现象，辅助其古史考辨，才对孟姜女故事展开了研究。

关于孟姜女故事研究，根据顾颉刚的说法，他首次注意到这则故事，

---

① 夏传才：《二十世纪诗经学》，学苑出版社2005年版，第108页。
② 这一点，在冯友兰的回忆中，已有很好说明。见《三松堂自序》，《三松堂全集》第1卷，第277页。

第三章　20世纪20年代顾颉刚民俗探索的史学底色　/　73

是在1921年冬天辑集郑樵《诗辨妄》时，发现杞梁之妻即孟姜女"初未尝有是事，而为稗官之流所演成"。对此，他曾明确说过，"我对于她的故事虽因郑樵的话而激起注意，终究是一种极微薄的注意，所以也不曾得到什么材料"。这一说法，在《孟姜女古史研究的第二次开头》和《古史辨》第1册《自序》中，都曾提到。①

到1923年春天，顾颉刚在读姚际恒《诗经通论》时，又发现"在未有杞梁之妻的故事时，孟姜一名早已成为美女的通名"。这是他第二次注意到孟姜女故事。此后，才真正开始留意起相关材料，他说："从此以后，关于她的故事的许多材料，都无意的或有意的给我发见。我对于她的故事的演化的程式，不期地得到一个线索。"② 这时，顾颉刚已经意识到了中国古史"层累"造成问题。

到1924年11月，顾颉刚才写出第一篇研究论文，即《孟姜女故事的演变》。1926年，在撰写《古史辨》第1册《自序》过程中，他又对相关认识进行了一次总结，但因篇幅太长，接受陈源建议独立发表，题为《孟姜女故事研究》。以上是顾颉刚关注、研究孟姜女故事的大致过程。

再就顾颉刚发现中国古史"层累"造成现象的过程来看，按《古史辨》第1册《自序》说法，在1921年前后，顾颉刚已经通过"编排史目"的方法，发现了古史记载中存在"高低错落"的"清楚的层次"。③《自序》说法，在这一年他和钱玄同讨论古书中关于尧、舜、伯夷、叔齐记载演变的书信中，可以得到印证。其中确实已经表现出了"层累"意识，而且也提到"很想把古史分析开来，每一事列一表……看他如何渐渐的转变，如何渐渐的放大"。④

到1922年春天，顾颉刚为商务印书馆编纂《中学本国史教科书》过程中，便明确建立了"古史是层累地造成的，发生的次序和排列的系统

---

① 分别见《顾颉刚古史论文集》第1卷，第58页；《顾颉刚民俗论文集》第2卷，第86—87页。
② 顾颉刚：《孟姜女故事研究的第二次开头》，《顾颉刚民俗论文集》第2卷，第89页。
③ 顾颉刚：《古史辨第一册自序》，《顾颉刚古史论文集》第1卷，第39页。
④ 顾颉刚：《致钱玄同：论尧舜伯夷书》，《顾颉刚古史论文集》第1卷，第178—179页。

恰是一个反背"①的假设。此后，1923年1—2月所作《诗经在春秋战国间的地位》，提出"只有把这些书上记的事实不看作固定的某一事，而看作流动的某一类事的动作状况"。②1923年5月公开提出"层累"说的《与钱玄同先生论古史书》，并非写5月，而是由写于1923年2月25日和4月27日的两封信组成。如前所述，这一时期，顾颉刚才真正开始注意到孟姜女故事的转变问题。因此，将孟姜女故事研究视为"层累"说的思想来源，在时间顺序上是说不通的。

民俗探索是顾颉刚"层累"说思想来源说法的主要依据，是1926年的《古史辨》第1册《自序》。但是，关于孟姜女故事研究，《自序》是在叙述提出"层累"说以后所要做的古史研究工作时提及的，如说：

> 二年以来，我对于古史研究的进行可以分了三方面作叙述。其一，是考古学方面……其二，是辨证伪古史方面……其三，是民俗学方面……本将两年来搜集到的孟姜女故事分时分地开出一篇总账，为研究古史方法举一旁证的例……③

这里是提出"层累"说后的"二年以来"。在《自序》中被删掉，后来独立成文发表的《孟姜女故事研究》一文最后，顾颉刚也说：

> 我们懂得了这件故事的情状，再去看传说中的古史，便可见出它们的意义和变化是一样的……读者不要疑惑我专就神话方面说，以为古史中原没有神话的意味，神话乃是小说不经之言。须知现在没有神话意味的古史，却是从神话的古史中淘汰出来的……我们若能了解这一个意思，就可历历看出传说中的古史的真相，而不至再为学者们编定的古史所迷误。④

---

① 顾颉刚：《古史辨第一册自序》，《顾颉刚古史论文集》第1卷，第45页。
② 顾颉刚：《诗经在春秋战国间的地位》，《顾颉刚古史论文集》第11卷，第239页。
③ 顾颉刚：《古史辨第一册自序》，《顾颉刚古史论文集》第1卷，第49—59页。
④ 顾颉刚：《孟姜女故事研究》，《顾颉刚民俗论文集》第2卷，第68—69页。

这些都可以证明，顾颉刚是试图通过孟姜女故事的个案研究，更好地认识故事演变的格局，为考辨中国古史"层累"造成提供研究的方法、视角。

因此，如果将戏剧、歌谣、民间故事等笼统归于民俗探索，那么，说民俗探索让顾颉刚获得了"故事的眼光"，是"层累"说的思想来源，有其合理一面。不过，若仅就孟姜女故事研究来说，它不应被视为"层累"说的来源。它们的关系大致如下：在戏剧、歌谣等相关探索中，顾颉刚虽逐渐意识到故事演变的格局，但这主要是一种相对直接的观感，而不是明晰深入的认知，如他屡屡提及，这"只是一个空浮的想像"，"非经过长期的研究不易知道得清楚"等。不过，从看戏经验，到收集整理歌谣、唱本等，也反复强化着他对故事演变格局的认识。后来胡适出现，让他"骤然得到一种新的眼光"①，意识到考辨古史也可以运用故事的眼光，进而提出了"层累"说。之后，为了更为深入地解释中国古史的"层累"造成现象，他才又以孟姜女故事为例，对故事的演变展开相对系统的研究。所以，顾颉刚研究孟姜女故事主要是为了辅助其古史考辨，而非其"层累"说的思想来源。②

这里需要说明，我们说孟姜女故事研究不是"层累"说的思想来源，并不是否认故事的眼光是"层累"说的思想来源。如前所述，无论对于戏剧、歌谣，还是民间故事，顾颉刚关注的重点，最终都落于其中所叙说、演绎的故事情节及其转变。所以，我们不能因为孟姜女故事研究一例，而割裂故事的眼光和"层累"说形成之间的关系。

不仅孟姜女故事研究，顾颉刚在民间信仰方面的相关探索，也是为了辅助其古史考辨。对此，学界观点似无太多分歧，略举数例，以作说明。如1924年顾颉刚在《东岳庙游记》中所说：

> 我近年来为了古史的研究，觉得同时有研究神话的必要。其一，

---

① 顾颉刚：《古史辨第一册自序》，《顾颉刚古史论文集》第1卷，第34—36页。
② 至于顾颉刚具体选择孟姜女故事为研究对象，则略带偶然，这主要是因为他在收集辨伪材料过程中，郑樵、姚际恒的相关考辨较早引起了他的注意，随后又逐渐发现了较多的材料。参见顾颉刚《古史辨第一册自序》，《顾颉刚古史论文集》第1卷，第59页；《孟姜女故事研究集》第1册《自序》、《孟姜女故事研究的第二次开头》，《顾颉刚民俗论文集》第2卷，第4、89页。

古史的本身本来是神话，至少可以说它是带着神话性的，所以必得先了解了神话的意义，然后可以了解古史的意义。其二，古代的史书与神话本是一物，后来渐渐的分开来了；分开之后，神话依然发展，它的深入人心始终和古人的古史观念一样，不过因为不见采于史书，仿佛像衰歇似的：我们要了解古代神话的去处，要了解现代神话的由来，应当对于古今的神话为一贯的研究。①

在1926年的《顾颉刚启事》中，他也曾说：我对于研究古史的志愿曾经说过，是要（1）用故事的眼光解释古史的构成的原因，（2）把古今的神话与传说作系统的叙述。但是神话和传说的研究既由我开头做，得不到什么凭借，所以暂时不得不提出几个题目，做一点专攻。这几个题目分别是："孟姜女故事""社和土地神城隍神的庙宇、祭祀和故事""各地的迎神赛会和朝山进香的风俗"。② 可见，顾颉刚探索民间信仰问题，也是为了辅助其古史考辨。

第二节 "层累"观念在民俗探索中的淋漓发挥

辅助古史考辨是顾颉刚提出"层累"说后探索民俗问题的重要动机，而在民俗探索中，顾颉刚对"层累"观念的发挥也确实更为淋漓尽致。从理解顾颉刚古史观念角度，20世纪20年代，其民俗探索至少有以下三点值得注意。

第一，是对神话、传说、故事等来源与传播路径的考察。在20世纪20年代的民俗探索中，顾颉刚没有讨论神话、传说、故事等来源的专文，他主要是在相关研究中概略提及。如在《东岳庙游记》一文中，顾颉刚曾论述中国神话来源说：

我们要对于近代人心目中的神话，作一个粗浅的历史解释，是

---

① 顾颉刚：《东岳庙游记》，《顾颉刚民俗论文集》第2卷，第481页。
② 顾颉刚：《顾颉刚启事》，《顾颉刚民俗论文集》第2卷，第566—567页。

很容易的。我们且把这些神道分作几部分：第一部分，是中国古代原有的神，如玉皇（即上帝）、日神、月神，以至最末了的土地和灶君。第二部分，是真的人，他们有赫赫的功业和德行，只因为民众的崇拜过度，遂把他们神话化了，如姜太公、孔圣人、关老爷、诸葛亮。第三部分，是本国中边远的民族传进来的，如盘古（这一部分想来还多，只是我们不知道）。第四部分，是随了佛教而传进来的，如观音菩萨、哪吒太子、四金刚。第五部分，是本国后起的神，如赵玄坛、和合、申公豹、八仙。[1]

这是顾颉刚对于神话来源问题相对系统的论述。他把中国神话的来源分为中国古代原有的神、真人因民众崇拜而神化、边远的民族传入的神、随佛教而传入的神、本国后起的神等五部分，并在最后说"我们若能做一番详细的考查，一一寻出他们的出处，再排出他们的先后，真是非常的有趣，真不知可以帮助我们了解古人的古史观念到怎样的程度"[2]，也表明他关注民间信仰的主要目的是辅助古史考辨。

关于神话、传说、故事的传播路径问题，顾颉刚在孟姜女故事研究中有较多讨论。在一定程度上，我们甚至可以说，顾颉刚能够注意到故事的格局除了历时性演变外，还存在空间上的传播路径问题，主要就是受益于孟姜女故事的相关探索。例如，在1924年《孟姜女故事的转变》一文中，顾颉刚所探讨的"转变"，主要是历时性的，即该文主要分析了孟姜女故事由春秋时期杞梁妻"却郊吊"，演变为西汉时期的"哭夫崩城"，由"哭夫崩城"演变为哭倒长城的过程；并探讨"杞梁妻"转变为"孟姜女"的原因。[3] 这种分析和他当时考辨古史的方式大体一致，主要关注历时性演变或历史演变系统。

但是，随着孟姜女故事相关材料不断涌现，顾颉刚逐渐注意到这则故事不仅存在历时性演变，还存在地域性差异。例如，1925年，他在《孟姜女故事研究的第二次开头》中所说：

---

[1] 顾颉刚：《东岳庙游记》，《顾颉刚民俗论文集》第2卷，第482页。
[2] 同上。
[3] 顾颉刚：《孟姜女故事的转变》，《顾颉刚民俗论文集》第2卷，第6—25页。

上一年中所发见的材料，纯是纵的方面的材料，是一个从春秋到现代的孟姜女故事的历史系统。我的眼光给这些材料围住了，以为只要搜出一个完全的历史系统就足以完成这个研究。这时看到了徐水县的古迹和河南的唱本，才觉悟这件故事还有地方性的不同，还有许多横的方面的材料可以搜集。于是我又在这个研究上开出了一个新境界了！①

在同一年发表的相关"启事"中，顾颉刚也表示"颇想画出一帧'孟姜女故事传播地域图'"。②

在这种情况下，到1926年顾颉刚撰写《孟姜女故事研究》（《古史辨》第1册《自序》删去的部分）时，就不仅是纵向梳理孟姜女故事演变的"历史系统"，而且，还横向分析了山东、山西、陕西和湖北，直隶、京兆和奉天，河南，湖南和云南，广东和广西，福建，浙江，江苏等地流传孟姜女故事的地域性差异。并且，他在该文中还提出，"如能把各处的材料都收集到，必可借了这一个故事，帮助我们把各地交通的路径，文化迁流的系统，宗教的势力，民众的艺术……得到一个较清楚的了解"。③ 这种认识已不仅是印证古史"层累"造成的问题。

神话、传说、故事的来源与传播路径，也是"层累"说需要解决的重要问题。不过，若仅就20世纪20年代顾颉刚的古史考辨来看，他主要是历时性考察中国古史学说、观念的流变，解释中国古史系统如何"层累"造成，并尝试剥除被后人附会的层层伪说。对于古史神话、传说的来源问题，他并没有专门探讨，亦即他虽然主张旧有古史说中的很多人物、事迹是由古神"人化"而来，但并没有像《东岳庙游记》中对"神道"的分析，探讨这些古神的来源。同时，对于古史传说的地域流布问题，他也没有专门讨论。所以，在一定程度上我们可以说，这是顾颉刚在民俗探索中获得的，关于神话、传说、故

---

① 顾颉刚：《孟姜女故事研究的第二次开头》，《顾颉刚民俗论文集》第2卷，第88页。
② 顾颉刚：《顾颉刚启事》，《顾颉刚民俗论文集》第2卷，第256页。
③ 顾颉刚：《孟姜女故事研究》，《顾颉刚民俗论文集》第2卷，第63页。

事流变问题的新认识。

那么,这些"新认识"对于顾颉刚的古史考辨,是否起到辅助作用?上面我们说这些认识在20世纪20年代顾颉刚的古史考辨中没有明显体现,并不代表以后也没有。顾颉刚在提出"层累"说以后的20年代,除了"古史辨"中的一些回应,在古史考辨方面的工作,主要是围绕"层累"说进行资料的收集与整理,其真正成系统的论著,大多是在1930年以后写成的。而就是在30年代的沿革地理研究中,顾颉刚已经开始了对古史传说地域迁流问题的研究。① 1950年写成的《昆仑传说与羌戎文化》一文,更是按照孟姜女故事的研究模式,从历史系统和地域流布角度展开考辨。② 由此,顾颉刚的民俗探索与其古史考辨之间,相互印证、互为援助的特点,体现得更为明显。

第二,是神话、传说、故事等在流传过程中存在的"剥除"与"分化"问题。古史学说在流传过程中存在不断"层累"叠加的现象,是顾颉刚的基本观点。对此,学界多认为,顾颉刚只注意到了"层累"叠加,而忽略了"剥除"与"分化"现象。关于"剥除"问题,如钱穆在《国史大纲》中曾说:"从一方面看,古史若经后人层累地造成;惟据另一方面看,则古史实经后人层累地遗失而淘汰。层累造成之伪古史固应破坏,层累遗失的真古史,尤待探索。"③ 钱穆此说也成为后来"层累"说批评者常引的观点。关于"分化"问题,杨宽在《中国上古史导论》中提出的"神话分化"说④,当时即被学者称为"集'疑古'的古史学大成","代表了'疑古'的古史观的最高峰"⑤,今天仍被视为对"层累"说的重要推进。关于"层累地遗失"和"神话分化"说本身相关问题,学界自有讨论。这里我们只略举数例,说明在20世纪20年代的民俗探索中,顾颉刚实际也曾注意到神话、传说、故事等在流传过程中的"剥除"和

---

① 参见顾颉刚《州与岳的演变》《九州之戎与戎禹》等文,《顾颉刚古史论文集》第5卷,第43—74、118—139页。
② 顾颉刚:《昆仑传说与羌戎文化》,《顾颉刚古史论文集》第6卷,第193—446页。
③ 钱穆:《国史大纲》上册,商务印书馆1996年版,第8页。
④ 参见杨宽《中国上古史导论》,上海人民出版社2016年版。
⑤ 童书业:《古史辨第七册序言》,《童书业史籍考证论集》下,中华书局2005年版,第696—697页。

"分化"问题。

（1）关于神话、传说、故事等的情节在流传过程中的"剥除"现象。1926年，顾颉刚在《孟姜女故事研究》一文的最后曾说：

> 读者不要疑惑我专就神话方面说，以为古史中原没有神话的意味，神话乃是小说不经之言。须知现在没有神话意味的古史，却是从神话的古史中淘汰出来的。清刘开《广列女传》的"杞植妻"条云：……我们只要看了这一条，便可知道民间的种种有趣味的传说全给他删去了，剩下来的只有一个无关痛痒的轮廓……所以若把《广列女传》所述的看作孟姜的真事实，把唱本、小说、戏本……中所说的看作怪诞不经之谈，固然是去伪存真的一团好意，但在实际上却本末倒置了。我们若能了解这一个意思，就可历历看出传说中的古史的真相，而不至再为学者们编定的古史所迷误。①

这是人为因素造成的故事情节的"剥除"。虽然顾颉刚对于被"剥除"或"遗失"内容的真伪的认识，与钱穆不同，但认识到故事情节在流传过程中存在"剥除"或"遗失"现象，则是事实。

1935年，顾颉刚在《孟姜女故事材料目录说明》中也曾说：

> 故事像动物一样，是有生命的，它会传代，会走路，它只要传一传、走一走，马上会有增入的新材料，也必然能会有剥除的旧材料。②

这同样表明，顾颉刚在民俗探索中，确实注意到了故事在流传过程中存在"剥除"或"遗失"的现象，而不仅是不断"层累"叠加。

（2）关于神话、传说、故事等情节的"分化"现象。在《孟姜女故事研究》中，顾颉刚曾注意到湖北汉口宏文堂《送衣哭夫卷》与陕西同官流传的孟姜女故事在具体情节虽然存在差异，但两则故事的底色基本相同，因而提出：

---

① 顾颉刚：《孟姜女故事研究》，《顾颉刚民俗论文集》第2卷，第68—69页。
② 顾颉刚：《孟姜女故事材料目录说明》，《顾颉刚民俗论文集》第2卷，第286页。

> 我们可以说，这个故事大概是同官的故事的分化……①

可见，顾颉刚对于故事情节在流传过程中存在"分化"现象，也是有所注意的。

如前所述，顾颉刚探究民俗以辅助古史考辨的目的是较为明确的，所以，神话、传说、故事中存在的"剥除"与"分化"现象，应该能够引起他的重视。不过，至少在顾颉刚当时的古史考辨中，这两点确实没有明显体现。这或许反映了顾颉刚对于古史与故事的性质认知的不同。但无论如何，顾颉刚并非没有注意到"剥除"与"分化"现象。

第三，是对"不立一真，惟穷流变"理念的淋漓发挥。"不立一真，惟穷流变"是顾颉刚考辨古史的基本方法理念，重在强调对古史观念、学说"层累"演变的考察，而不纠结于某一具体说法的真伪。当然，不纠结于某一说法的真伪，并不是要放弃对古史真相的终极追求，正如葛兆光所说，"古史辨派毕竟相信历史有一个本身的存在"②。顾颉刚没有放弃对古史真相的追求，和历史学的学科特质以及当时的学术观念有关。但民间故事则不同，它本身就无所谓真伪，而摆脱了"真"的束缚，使得"不立一真，惟穷流变"理念，在顾颉刚的民俗探索中，得到了淋漓尽致的发挥。

"不立一真，惟穷流变"理念在顾颉刚民俗探索中有颇多表述，如在孟姜女故事研究问题上，他就说：

> 这半年中，常有人问我："你考孟姜女的故事既是这等精细，那么，实在的孟姜女的事情是怎样的？"我只得老实回答道："实在的孟姜女的事情，我是一无所知，但我也不想知道。这除了掘开真正的孟姜女的坟墓，而坟墓里恰巧有一部她的事迹的记载之外，是做不到的。就是做到，这件事也尽于她的一身，是最简单不过的，也没有什么趣味。现在我们所要研究的，乃是这件故事的如何变

---

① 顾颉刚：《孟姜女故事研究》，《顾颉刚民俗论文集》第2卷，第41页。
② 葛兆光：《思想史研究课堂讲录》（初编），生活·读书·新知三联书店2019年版，第92页。

化……这里边的问题就多不可数，牵涉的是全部的历史了。我们要在全部的历史之中寻出这一件故事的变化的痕迹与原因……"①

"实在的孟姜女的事情，我是一无所知，但我也不想知道"一句，明确表现出顾颉刚在孟姜女故事研究中摆脱了"真"的束缚。不仅如此，他对于"伪"的理解，也表现得更为灵活，如他说："我们与其说孟姜女故事的本来面目为民众所伪变，不如说从民众的感情与想像中建立出一个或若干个孟姜女来。"②

因为民间故事可以摆脱有关"真"与"伪"的纠缠，所以，顾颉刚直截了当地亮明根本就不关心"孟姜女"的真相，而要通过"孟姜女故事"的演变来透视其背后社会历史状况的立场。如他回应郭绍虞关于"传说的转变多由于文人虚构的作品风行以后的影响"时所说：

> 杞梁妻的哭崩杞城和梁山的传说，所以发生于汉魏而不发生于其他时代，只因汉魏的民众的头脑原是酷信"天人感应"之说的。孟姜女的送寒衣的传说所以发生于唐末而不发生于其他时代，也只因唐代的民众的感情原是满装着"夫妻离别"的怨恨的。③

因为在孟姜女故事研究中，顾颉刚具有明确的"惟穷流变"意识，所以，他也对传统学术研究中"定于一"的追求提出批评，即："从前的学者，因为他们看故事时没有变化的观念而有'定于一'的观念，所以闹得到处狼狈……故事是没有固定的体的，故事的体便在前后左右的种种变化上……但我们将因它们的全靠不住而一切推翻吗？这也不然。因为在各时各地的民众的意想中是确实如此的，我们原只能推翻它们的史实上的地位而决不能推翻它们的传说上的地位。"④

---

① 顾颉刚：《孟姜女故事研究的第二次开头》，《顾颉刚民俗论文集》第 2 卷，第 89 页。
② 顾颉刚：《孟姜女故事研究》，《顾颉刚民俗论文集》第 2 卷，第 65 页。
③ 顾颉刚为钟敬文《送寒衣的传说与俗歌》所写"按语"，见《顾颉刚民俗论文集》第 2 卷，第 197—198 页。
④ 顾颉刚：《孟姜女故事研究》，《顾颉刚民俗论文集》第 2 卷，第 66 页。

通过故事演变来透视其背后社会历史的演变，和顾颉刚考辨古史的方法理念基本一致。他强调自己的理想是做一个"战国、秦、汉史家""中古期的上古史说"的专门家①，所反映的正是通过上古史说的演变来透视战国、秦、汉时期的历史，亦即所谓"破坏假的上古史，建设真的中古史"，只不过辨伪的初衷，让他不可能彻底抛开对于上古史说真伪的考辨。因而，相比通过上古史说的演变来透视战国、秦、汉的社会历史，借助战国、秦、汉的社会历史背景来解释上古史说的演变，在顾颉刚古史研究中的表现要更为明显，虽然二者属于同一理念的两面。这或许也是有些学者分析顾颉刚古史研究的方法理念时，在"不立一真，惟穷流变"之外专门列出一项"社会背景法"的原因。② 换句话说，"不立一真，惟穷流变"理念虽是在古史考辨中提出，但在顾颉刚民俗探索中的体现与发挥，要更为淋漓尽致。

对于故事研究和古史研究的不同，顾颉刚自己也有述及，如说：

> 传说与历史打混，最是讨厌的事。从前的人因为没有分别传说与历史的观念，所以永远缠绕不清，不是硬并（杞梁妻与孟姜为一），便是硬分（杞梁妻与孟姜为二）。现在我们的眼光变了，要用历史的眼光去看历史（杞梁妻的确实的事实），用传说的眼光去看传说（杞梁妻的变为孟姜），那么，它们就可以"并行而不悖"，用不着我们的委曲迁就，也用不着我们的强为安排了。③

这种说法，和上述对"定于一"观念的批评相同，仍在强调不要用"历史的眼光"研究传说。应该说，顾颉刚探索民俗和考辨古史的基本理念，都是"用传说的眼光看传说"。

将"传说的眼光"或"故事的眼光"运用于民间故事研究，让顾颉刚取得了重大成就。钟敬文曾说："有些经典的论著可以一印再印，《论

---

① 顾颉刚：《古史辨第二册自序》，《顾颉刚古史论文集》第 1 卷，第 95 页。
② 参见黄海烈《顾颉刚"层累说"与 20 世纪中国古史学》第 3 章。
③ 顾颉刚为郑宾于《〈广列女传〉中的杞植妻和杞梁妻》所写"按语"，《顾颉刚民俗论文集》第 2 卷，第 230 页。

语》就有很多版本,《孟姜女故事研究》,我们这个学科的人都要有。"①但同样是这种眼光,将之运用于古史考辨,却让顾颉刚遭受到颇多批评。这主要是因为故事本身具有流动不居的特性,一般没有或少有真相问题的束缚,因而,顾颉刚能够直接干脆地声明放弃对"真相"的探寻,不将故事"定于一",对此,人们也较容易接受;也因此,顾颉刚在民俗探索中对"不立一真,惟穷流变"理念发挥得更为淋漓尽致,对相关问题的解释也更为灵活、圆熟。但是,不将古史问题"定于一",人们则不容易接受。因为无论古史传说如何荒诞不经,人们总是愿意相信其中存在着真实历史的影像,希望考订其中的唯一真相。所以,顾颉刚将"不立一真,惟穷流变"理念运用于古史考辨,在当时即为颇多学人所不解和批评,而这种不解至今仍有存在。当然,"不立一真,惟穷流变"并不是放弃对历史真相的终极追求,它们是两个不同的问题。

第三节　另一种"社会史"

顾颉刚探索民俗问题,除了辅助古史研究外,还表现出认识民众社会历史的动机。这一特点,随着顾颉刚对民俗问题探索的深入,表现得越发明显。而其相关研究,也代表了 20 世纪上半期中国史学界出现的诸多"社会史"类型中的一种。

顾颉刚虽以研究中国古史闻名,但他对社会史研究同样抱有兴趣。例如,1919 年傅斯年出国前,曾赠送顾颉刚一部《元曲选》,上面就写有"颉刚要研究中国社会历史"。② 1921 年,顾颉刚致信王伯祥,也提到"从前只想做学术史,现在则想并做社会史"。③ 但这些材料并未透露顾颉刚所要研究的"社会史"是什么。1924 年,顾颉刚在《筹画北京大学研究所国学门经费说明书》中又说:"前人为学,偏信纸片之记载,偏护贵

---

① 转引自施爱东《中国现代民俗学检讨》,第 136 页。
② 顾颉刚:《元曲选叙录(一)》,《宝树园文存》第 5 卷,第 106 页。
③ 顾颉刚:《致王伯祥:自述整理中国历史意见书》,《顾颉刚古史论文集》第 1 卷,第 177 页。

族之身份,不能发见社会真象,为矫正此偏畸之习惯计,故吾人努力搜求活的材料,以期了解各种社会之情状,尤其注意于向来隐潜不彰之下级社会之情状。"① 由此可见,顾颉刚所说的是出于对传统学术纠偏目的,而以"下级社会"为研究对象的"社会史"。

顾颉刚见之行事的探索,主要体现在上述民俗学领域,即民歌、民间故事和民众信仰三方面。首先,在民歌研究方面,如1920年他在《〈吴歈集录〉的序》中就提出,透过《吴歈集录》所收集的五类歌谣,"很可以看到社会的骨子里去"。② 上文已述,1919年前后,顾颉刚便参与了北大征集歌谣活动中。但事实上,他不久便与其他同人产生了分歧。他在收集歌谣过程中,注意到地摊上的唱本,并收集有200册,想整理后在《歌谣周刊》上发表。但"不幸北大同人只要歌谣,不要唱本,以为歌谣是天籁而唱本乃下等文人所造作,其价值高下不同",而顾颉刚则认为:歌谣与唱本都是"民众抒写的心声","是民众生活的最亲切的写真",也是中国古代典籍中向来缺乏的,因此应当努力收集起来才是。③ 这次分歧表明,顾颉刚收集民歌之初,就表现出对民众社会历史的关注。此后,他对歌谣、唱本、弹词、大鼓书等民间文艺接触日多,理解愈深,而直到1929年他再次回忆起这次分歧时,仍说:

> 倘使我们不注目于文章的好坏上而注目于民俗的材料上,那么唱本的内涵实在比歌谣为复杂……唱本是民众里的知识阶级作成的,他们尽量把自己所有的知识写在唱本里,他们会保存祖先口传下来的故事,他们会清楚认识下级社会的生活而表现他们的意欲要求,他们会略具戏剧的雏形而使戏剧作家有取资的方便。并且从唱本进一步便是长篇的弹词和大鼓书,所以唱本也是这些史诗的辅佐。④

---

① 顾颉刚:《筹画北京大学研究所国学门经费说明书》,《宝树园文存》第1卷,第212页。
② 顾颉刚:《〈吴歈集录〉的序》,《顾颉刚民俗论文集》第1卷,第219页。
③ 顾颉刚:《苏州唱本叙录》,《顾颉刚民俗论文集》第1卷,第288—289页。
④ 顾颉刚:《(姚逸之)〈湖南唱本提要〉序》,《顾颉刚民俗论文集》第1卷,第371—372页。

当然，顾颉刚关注民歌所反映的民众社会历史不仅体现在唱本方面，即便就歌谣，他也认为"它在民俗学中的地位比较在文学中的地位为重要"。① 总之，透视民众社会历史状况是顾颉刚民歌研究的重要特点。

其次，在民间故事、传说的研究上，顾颉刚对民众社会历史的关注表现得更为明显。如前述孟姜女故事研究中所说：孟姜女的事情，我是一无所知，但我也不想知道，我们所要研究的，乃是这件故事的如何变化；我想，如能把各处的材料都收集到，必可借了这一个故事，帮助我们把各地交通的路径，文化迁流的系统，宗教的势力，民众的艺术等，得到一个较清楚的了解；一件故事虽是微小，但一样地随顺了文化中心而迁流，承受了各时各地的时势和风俗而改变，凭借了民众的情感和想象而发展，我们更就这件故事的意义上回看过去，又可以明了它的各种背景和替它立出主张的各种社会的需要。② 可见，顾颉刚实际是把民间故事的演变，当成了民众社会历史的反映与记忆，向来在"圣贤文化"立场下，被鄙薄为荒诞不经的民间故事传说，被赋予了"历史"的价值。

在《孟姜女故事研究集·自序》中，顾颉刚也说："民间故事无论哪一件，从来不曾在学术界上整个的露过脸；等到它在天日之下漏出一丝一发的时候，一般学者早已不当它是传说而错误认为史实了。我们立志打倒这种学者的假史实，表彰民众的真传说；我们深信在这个目的之下一定可以开出一个新局面，把古人解决不了的历史事实和社会制度解决了，把各地民众的生活方法和意欲要求都认清了。"③ 以上可见，民众社会历史状况同样是顾颉刚研究民间故事的重要关注内容。

最后，在民间信仰研究方面，顾颉刚不仅论述了该研究对了解民众社会的价值，而且还论述了该研究的现实意义。如关于妙峰山进香风俗，他说："朝山进香，是他们（民众）的生活中的一个重要部分，决不是可用迷信二字一笔抹杀的。我们在这上，可以看出他们意欲的要求，互助的同情，严密的组织，神奇的想象；可以知道这是他们实现理想生活的

---

① 顾颉刚：《〈魏应麒〉〈福州歌谣集〉序》，《顾颉刚民俗论文集》第 1 卷，第 368 页。
② 顾颉刚：《孟姜女故事研究的第二次开头》、《孟姜女故事研究》，《顾颉刚民俗论文集》第 2 卷，第 89、63、68 页。
③ 顾颉刚：《孟姜女故事研究集·自序》，《顾颉刚民俗论文集》第 2 卷，第 4 页。

一条大路。"① "这是民众艺术的表现;这是民众信仰力和组织力的表现。如果你们要想把中华民族从根救起的,对于这种事实无论是赞成或反对,都必须先了解了才可以走第二步呵!"② 在关于东岳庙的论述中,他也说"很想做东岳庙的研究,因为这是中国民族性的结晶,是研究中国民族性的好材料"。③

有学者已经注意到,在对民众文化的价值诠释中,顾颉刚表现出了较为明显的现实关怀,这与其"为学问而学问"的治学理念似乎不尽相符。如1925年他在《妙峰山的香会》中曾说:"我们智识阶级的人实在太暮气了,我们的精神和体质实在太衰老了,如再不吸收多量的强壮的血液,我们民族的前途更不知要衰颓的成什么样子了!强壮的血液在哪里?这并不难找,强壮的民族的文化是一种,自己民族中的下级社会的文化保存着一点人类的新鲜气象的是一种。"④ 在关于东岳庙的研究中,他也表示研究民间信仰,可以"使得政治家和教育家能够得到清楚的知识,作切实的改革"。⑤ 不过,这种论述更多是为其相关研究提供一个现实依据。对此,顾颉刚曾有专门解释,如《北京东岳庙和苏州东岳庙的司官的比较》一文在论述了民间信仰研究对于社会改革的价值后,紧接着便说道:"上面所说的'荒谬的道教','坏的事情和无用的东西',只是一种成见的话……在我个人的心里,是没有这种区别的。我只知道这是一件事实,我对它既有了研究的兴味,我便该尽力我的力量去看清楚它;我毫不要求得到一个好坏的解答。所以读者读了这篇,若说我堕落到荒谬的社会里去,固然是一个轻蔑的误解;便是说我有心改革社会,想借此激起社会的注意,也是一个过于恭维的误解。"⑥ 可见,顾颉刚对民间信仰、民众文化的关注,主要在学术层面,并无意于社会改革。

---

① 顾颉刚:《〈妙峰山进香专号〉引言》,《顾颉刚民俗论文集》第2卷,第326页。
② 顾颉刚:《妙峰山·自序》,《顾颉刚民俗论文集》第2卷,第323页。
③ 顾颉刚:《北京东岳庙和苏州东岳庙的司官的比较》,《顾颉刚民俗论文集》第2卷,第492页。
④ 顾颉刚:《妙峰山的香会》,《顾颉刚民俗论文集》第2卷,第359页。
⑤ 顾颉刚:《北京东岳庙和苏州东岳庙的司官的比较》,《顾颉刚民俗论文集》第2卷,第492页。
⑥ 顾颉刚:《北京东岳庙和苏州东岳庙的司官的比较》,《顾颉刚民俗论文集》第2卷,第492页。

顾颉刚关注民众历史的高峰，在 1927 年移席广州中山大学后，亦即被视为领导建立中国现代民俗学的时期。如论者指出：中山大学不但成立了民俗学会，正式举起"民俗"学的大旗，同时，还进行了创办刊物、印行丛书、筹办民俗博物馆、开设民俗传习班等活动，并形成了以顾颉刚为代表的"历史民俗学派"。①

这一时期，顾颉刚对民众社会历史的关注，最为明显地体现于 1928 年的《〈民俗周刊〉发刊辞》。他在文中批评"读尽经史百家"只得到"圣贤们的故事和礼法"后说道：

> 我们秉看时代的使命，高声喊几句口号：我们要站在民众的立场上来认识民众！我们要探检各种民众的生活，民众的欲求，来认识整个社会！我们自己就是民众，应该各各体验自己的生活！我们要把几千年埋着的民众艺术、民众信仰、民众习惯，一层一层地发掘出来！我们要打破以圣贤为中心的历史，建设全民众的历史！②

随后他在岭南大学的演讲中，也是将"民众文化"和"圣贤文化"对举，批评中国古来的载籍十之八九都属于"圣贤文化"，提出要以平等眼光对待"民众文化"，"要揭发全民众的历史"，如说：

> 我们并不愿呼"打倒圣贤文化，改用民众文化"的口号……我们要喊的口号只是：研究旧文化，创造新文化……新文化运动并未成功，而呼声则早已沉寂了。我们的使命，就在继续呼声，在圣贤文化之外解放出民众文化；从民众文化的解放，使得民众觉悟到自身的地位，发生享受文化的要求，把以前不自觉的创造的文化更经一番自觉的修改与进展，向着新生活的目标而猛进。③

---

① 施爱东：《中国现代民俗学检讨》，第 39 页。另参见杨堃《关于民俗学的几个问题》，《社会科学辑刊》1982 年第 2 期。
② 顾颉刚：《〈民俗周刊〉发刊辞》，《顾颉刚民俗论文集》第 2 卷，第 571 页。
③ 顾颉刚：《圣贤文化与民众文化——一九二八年三月二十日在岭南大学学术研究会演讲》，《顾颉刚民俗论文集》第 2 卷，第 574—575 页。

从这一时期顾颉刚的论述中可见，其"建设全民众的历史"的主张，是要以"民众的立场"去认识民众生活，以"平等的眼光"去研究民间文化，对民众生活中的"浅陋""迷信"，予以"科学"的解释。这种"建设全民众的历史""解放出民众文化"的说法，和前述他提及"社会史"时所说的"了解各种社会之情状，尤其注意于向来隐潜不彰之下级社会之情状"学术取向一般不二。由此也可看出，20世纪20年代顾颉刚民俗探索中的社会历史取向。也因此，才会有学者将顾颉刚称为"历史的民俗学派的开创者"，称这场运动为"新史学运动"。[1]

这一时期，有大批学者与顾颉刚形成呼应之势。1927年11月成立的"国立中山大学语言历史学研究所民俗学会"，成员就包括不少历史学者，如傅斯年、董作宾、罗香林、商承祚，等等。[2]《民间文艺》是该学会创办的刊物之一，由董作宾执笔，具有发刊词性质的《为〈民间文艺〉敬告读者》一文，将"贵族"与"平民"对举，批评"中国两千年来只有贵族的文化"，"而平民的文化，却很少有人去垂青"，提出"我们要了解我们中国的民众心理、生活、语言、思想、风俗、习惯等等，不能不研究民间文艺；我们要欣赏活泼泼赤裸裸有生命的文学，不能不研究民间文艺；我们要改良社会，纠正民众的谬误的观念，指导民众以行为的标准，不能不研究民间文艺"。[3] 这和顾颉刚"建设全民众的历史"的倡导，异曲同工。在这种思路引导下，由钟敬文、容肇祖等先后主编的《民俗周刊》（1928年由《民间文艺》更名而来），曾组织传说、故事、清明、中秋节、妙峰山进香等多个专号，刊发了大量关于"民众历史""民众文化"的文字。[4] 其成就，如论者指出：中山大学民俗学会成员对民俗学的学科设想，虽并非只此一种，但真正取得"实践成绩"者，则

---

[1] 张好礼：《中国新史学的学派与方法》，载李孝迁编校《中国现代史学评论》，上海古籍出版社2016年版，第82页；桑兵：《从眼光向下到历史现场》，《中国社会科学》2005年第1期。
[2] 王文宝：《中国民俗学史》，第223—224页。
[3] 董作宾：《为〈民间文艺〉敬告读者》，载王文宝编《中国民俗学论文选》，中国民间文艺出版社1986年版，第11页。
[4] 王文宝：《中国民俗学史》，第225页。

以此范式为主。①

除直接产生于民俗学活动中的大量作品,当时史学界有些史家,通过钩稽传统史料,也编撰出一些着眼于"下级社会"的著述。如1928年,瞿宣颖《汉代风俗制度史前编》,以《汉书》材料为主,分职业、资产、物价、社交、习俗、居处、衣饰、器用等16篇,考述西汉社会风俗制度,细目甚至包括诸如乡里交情、赌博、蹴鞠、斗鸡走狗等内容。其用意如书中所言:过去之典章制度史,"详于帝者上仪之盛,而忽于人民日用之常",故"兹编着眼处在平民生活状况","有涉及典章政制之处,皆以从平民眼中观察者为断"。② 再如,1933年,杨树达《汉代婚丧礼俗考》一书的编撰,同样缘于作者对社会风俗问题的关注,如其自述:"往岁余治《汉书》,颇留意于当世之风俗……会余以班书受清华大学诸生,诸生中有以汉俗为问者,乃依据旧录,广事采获,成此婚丧二篇。"③ 此类著述尚多,恕不一一列举。④

从整体上看,上述学者并非全都有"社会史"的概念自觉,但其大量成果,确实构成了近代中国史学史中"社会史"书写类型之一。⑤ 从研究对象看,这种"社会史"和20世纪初年梁启超倡导的"民史"极为相似。但与梁启超批判"君史""旧史"不能见社会进化之"公理公例"、不能提振民族精神,而提倡书写"民史""新史"相比,在这些学者的研究中,学术外的关怀相对弱得多。和20世纪上半期其他"社会史"研究者相比,这些学者既没有统一的方法工具,也没有整齐划一的理论规范,他们所具有的共性,主要是发掘被传统史学所忽视、掩盖,甚至是歪曲的民众社会历史的真相。而这正是"五四"时期中国史学的重要思潮。

---

① 施爱东:《民俗学是一门国学——中山大学民俗学会的工作计划与早期民俗学者对学科的认识》,《民俗研究》2017年第2期。
② 瞿兑之:《汉代风俗制度史前编序例》,《汉代风俗制度史》,上海文艺出版社1991年影印版,第1—2页。
③ 杨树达:《汉代婚丧礼俗考·自序》,上海文艺出版社1988年影印版。
④ 王文宝《中国民俗学史》(第285—290页)中所举民国时期"民俗学研究之成绩",即囊括大量此类著述。
⑤ 关于近代中国史学史上出现的诸多"社会史"类型,可参见拙文《中国史学近代转型视阈下的"社会史"书写及其演变》,《近代史研究》2019年第4期。

第 四 章

现代考古学、唯物史观社会史的兴起与1930年前后顾颉刚的古史观念

1930年前后,是20世纪中国古史学发展史上的一个重要时期。这一时期,中国现代考古学在"古史辨"之后取得重要进展,给了人们重建上古历史的希望,也给了一些人"反击"疑古辨伪的信心,虽然从考古方面建设上古历史和顾颉刚疑古辨伪所讨论的本是两个不同层面的问题;同时,因中国革命形势变化而迅速兴起的唯物史观社会史,为上古历史研究提供了较为宏阔的比较视角,也为古史神话与传说提供了崭新的解读视角。一般认为,现代考古学和唯物史观社会史的兴起,对顾颉刚的古史考辨形成了较大冲击。因而,这一时期顾颉刚古史观念的变与不变(实际上主要是这一时期的转变迹象),便成了学界讨论较多的问题。例如,许冠三有顾颉刚"1928年前重疑,三十年代尚辨"说法[1];德里克在讨论中国社会史论战时,提出20世纪30年代顾颉刚在方法上出现了向马克思主义史学转变的迹象[2];杨向奎则以《五德终始说下的政治和历史》为据,认为此文"自成体系","恢复到今文学派康有为的立场",等等。[3] 这些"转变"

---

[1] 许冠三:《新史学九十年》,第200页。

[2] [美]德里克,《革命与历史:中国马克思主义历史学的起源,1919—1937》,翁贺凯译,江苏人民出版社2008年版,第8—9页。

[3] 杨向奎:《论"古史辨派"》,载顾潮编《顾颉刚学记》,生活·读书·新知三联书店2002年版,第77页。持类似观点者,还有胡适、钱穆及今人张京华等,分别见曹伯言整理《胡适日记全编》第5册,1930年10月28日,安徽教育出版社2001年版,第834页;钱穆《评顾颉刚〈五德终始说下的政治和历史〉》,载顾颉刚《顾颉刚古史论文集》第2卷,第446—457页;张京华《古史辨派与中国现代学术走向》,厦门大学出版社2009年版,第172页。

说法分散于各自著述中,显得有理有据,但若将之相互比较则不难发现,如此频繁的转变,出现在同一时期同一个人身上,似乎不尽合理。

顾颉刚穷其一生都在研讨古史问题,若说他对所有问题的观点都不曾调整改变,显然是罔顾事实;但这些调整改变是否意味着顾颉刚古史观念的改变,或是否意味着顾颉刚自认其古史观念有误,则是另外一个问题。讨论顾颉刚古史观念变与不变的问题,我们应该有一个基本的标准,即其以"层累"说为核心的基本古史观念是否发生改变?

"层累"说是对传统中国古史学说形成过程的认知,这一认知是动态性的,随着古史研究的进展,顾颉刚对这一动态过程的叙述,是有可能调整的,但调整并不意味着对中国古史"层累"造成这一观念的否定。比如对于禹的来源,在1923年《与钱玄同先生论古史书》中,他认为禹是动物,出于九鼎[①];同年,在《讨论古史答刘胡二先生》中,就改称"禹是南方民族神话中的人物"[②];到20世纪30年代《州与岳的演变》和《九州之戎与戎禹》等文中,他又认为禹是西方戎族的宗神。[③] 但是,无论具体观点如何改变,顾颉刚都没有改变禹的神格,给禹以人王的身份,亦即顾颉刚并没有改变"打破古史人化的观念",没有越出他提出的推翻非信史的四个"打破"。[④] 本书中所说顾颉刚古史观念的不变,即就此层面而言,并非说他任何具体观点都不曾改变。

具体到1930年前后,现代考古学与唯物史观社会史的兴起,确实对顾颉刚的古史研究形成一定影响,但唯物史观社会史造成的实质性影响,要大于现代考古学,而不是相反。我们认为考古学影响大,是因为受到了"建设"与"破坏"对立思维的影响,但事实上,"建设"与"破坏"根本就不是同一个对象,如现代考古学的领军人物傅斯年对顾颉刚所说:"诚然掘地是最重要事,但这不是和你的古史论一个问题。"[⑤] 而且,就

---

① 顾颉刚:《与钱玄同先生论古史书》,《顾颉刚古史论文集》第1卷,第183页。
② 顾颉刚:《讨论古史答刘胡二先生》,《顾颉刚古史论文集》第1卷,第230页。
③ 顾颉刚:《州与岳的演变》《九州之戎与戎禹》,《顾颉刚古史论文集》第5卷,第43—74、118—139页。
④ 四个"打破"见顾颉刚《答刘胡两先生书》,《顾颉刚古史论文集》第1卷,第202—204页。
⑤ 傅斯年:《谈两件〈努力周报〉上的物事》,载顾颉刚编《古史辨》第2册,第297页。

1930年前后取得的客观成果而言,现代考古学也不足以影响到顾颉刚古史观念的根本,它产生的影响主要在人心和舆论方面。唯物史观社会史则不然,它提供的是一种新的方法理论,面对相同的史料,它可以得出截然不同的结论。那么,面对现代考古学与唯物史观社会史的兴起,顾颉刚作何反应?他的古史观念是否因此改变?

第一节 《五德终始说下的政治和历史》与"层累"说的关系

1930年《五德终始说下的政治和历史》一文,是顾颉刚在"层累"理念指导下较早写出的一篇具有系统性的论文。此前他虽然也写有一些论文,但与此文不是一个重量级的。也正是这篇较早的研究性论文,让不少学者感觉顾颉刚的古史观念、立场发生了改变。事实上,如果我们梳理相关学术史不难发现,围绕顾颉刚很多重要论著、不同研究领域或不同治学阶段,学界都出现了顾颉刚古史观念转变的说法。顾颉刚古史观念是否真的转变姑且不论,这种转变问题如此程度被关注,或者说有些学者如此希望发现顾颉刚古史观念的转变,其本身就是值得关注与思考的现象。

顾颉刚写就并发表于1930年的《五德终始说下的政治和历史》是否"自成体系",是否意味着他回到了晚清今文经学的立场?讨论这一问题,我们首先应明确,"层累"说所针对的是旧有古史系统、古史观念,类似王学典所说:对传统社会性命攸关的意识形态内容,君统、道统、学统、王制等,均立足于"历史"的叙述上,失去这个根基,"封建"意识形态将全部坍塌,"层累"说就是要颠覆这个"经学上古史系统"。[①]

顾颉刚考辨古史的学术目标,确实和他对经学的认识存在关联。晚清民国以来,传统的经学发生嬗变,经历了所谓"以复古为解放"的发展历程,即如梁启超所说:"综观二百余年之学史,其影响及于全思想界

---

① 王学典:《中国现代学术史上的顾颉刚——写在〈顾颉刚全集〉出版之际》,《良史的命运》,生活·读书·新知三联书店2013年版,第16页。

者，一言蔽之，曰'以复古为解放'。第一步，复宋之古，对于王学而得解放；第二步，复汉唐之古，对于程、朱而得解放；第三步，复西汉之古，对于许、郑而得解放；第四步，复先秦之古，对于一切传注而得解放；夫既已复先秦之古，则非至对孔孟而得解放焉不止矣。"① 蒙文通、钱穆、周予同等也有此说。② 顾颉刚也有类似认识，但他不是讲"以复古为解放"，而是表述为逐级"打破"。就《顾颉刚读书笔记》来看，他最晚在1916—1917年注意及此，此后屡见提及③，只是到1930年才在《古史辨第二册自序》中公开表述出来，他说：

> 我承认我的工作是清代学者把今古文问题讨论了百余年后所应有的工作，就是说，我们现在的工作应比清代的今文家更进一步。从前叶德辉（他是一个东汉训诂学的信徒）很痛心地说：
>> 有汉学之攘宋，必有西汉之攘东汉。吾恐异日必更有以战国诸子之学攘西汉者矣！（《与戴宣翘校官书》，《翼教丛编》卷七）
>
> 想不到他的话竟实现在我的身上了！我真想拿了战国之学来打破西汉之学，还拿了战国以前的材料来打破战国之学：攻进这最后两道防线，完成清代学者所未完之工。④

此时，顾颉刚已经构想要"完成清代学者所未完之工"，其实质是结束经学对古史的束缚，使中国上古史真正获得解放。为此目标，他要承继与推进清代经学发展趋势，先"打破西汉之学"、再"打破战国之学"。因此我们说，顾颉刚考辨古史的学术目标，和他对经学的认识相关。而

---

① 梁启超著，夏晓虹点校：《清代学术概论》，中国人民大学出版社2004年版，第119—122、136页。

② 蒙文通：《经学导言》，《经史抉原》，巴蜀书社1995年版，第10页；钱穆：《国学概论》，九州出版社2011年版，第328页；周予同：《经今古文学》，《周予同经学史论》，上海人民出版社2010年版，第12页。

③ 顾颉刚：《顾颉刚读书笔记》第15卷，中华书局2011年版，第108页。另可参见顾颉刚《顾颉刚读书笔记》，第1、3卷，联经出版事业公司2007年版，第94、478、1178—1179页等。本章引用《顾颉刚读书笔记》，如无特别说明，皆"联经"版，其他章节为中华书局版。

④ 顾颉刚：《古史辨第二册自序》，《顾颉刚古史论文集》第1卷，第95—96页。

《五德终始说下的政治和历史》,"主要运用了先秦的材料来揭露汉代的编造",正是"一次'以战国诸子之学攘西汉'的精采表现"。该文"把每一个帝王怎样安排到这一体系(旧有上古史系统)中的来龙去脉摆清楚,正是对'层累地造成的中国古史'所作的一次精辟的解剖"。[1] 因此,《五德终始说下的政治和历史》一文并非"自成体系",而是系统论证、揭示中国古史"层累"造成的组成部分。

后来,顾颉刚对逐级"打破"更系统、完善的表述,也证明了这一点。1948年,他在兰州大学开设上古史课程的讲义中,论述了"清代整理并研究经学的成绩及次第",认为逐级"打破"最后一步是章学诚、龚自珍等"攻击《六经》","提出了《六经》皆史的主张,用历史的眼光来看经","以恢复《六经》本来的面目"。他说这"实是一种自然趋势,在他们(清代学者)是本无意识,无关联的"。[2] 这恰说明了顾颉刚的"有意识":既然清代经学在"逐级打破"道路上已开始"化经入史",他要"完成清代学者所未完之工",自当顺着"六经皆史"主张继续"化经入史"。也就是顾洪所说:顾颉刚始终认为自己所担当的任务是结束经学而开创古史学。[3]

"化经入史"首先必须解决经学问题,如顾颉刚后来所说:"现代学者,无论治考古学、古文字学、社会史、民族学,皆欲跳过经学的一重关,直接从经中整理出古史来(如王静安先生即是最显著之一例——原文)";"然此不可能。盖如不从辨别经学家派入手,结果仍必陷于家派的迷妄。必从家派中求出其调理,乃可各还其本来面目。还了他们的本来面目,始可以见古史之真相"。[4] 要想利用传世文献,必先经过系统整理,是顾颉刚的基本认识,无论对于考古学者的上古史建设,还是唯物史观社会史研究,他的态度都始终如一。

解决经学问题,顾颉刚首先选择从研究"汉学"入手。他认为经学

---

[1] 刘起釪:《顾颉刚先生学述》,第181页。
[2] 顾颉刚:《上古史研究》(兰州大学),《顾颉刚古史论文集》第7卷,第294—295页。
[3] 顾洪:《论古史辨学派产生的学术思想背景》,《中国文化研究》1995年夏之卷。
[4] 顾颉刚:《顾颉刚读书笔记》第4卷,第2406页。

派系、旧有上古史系统等基本学术文化范式，都在汉代凝结定型。① 历代信古的学者、信古的考据家也大多立足于"汉学"。但"汉代是一个'通经致用'的时代"，"汉学是搅乱史迹的大本营"。② 故打破汉代经说、史说，也就成了顾颉刚贯彻治学理念、还原上古史真实记载的首要任务和先决问题。如在回应于鹤年劝他"不必再走经学家的老路"时所说：

> 我决不想做今文家；不但不想做，而且凡是今文家自己所建立的学说我一样地要把它打破。只是西汉末的一幕今古文之争，我们必得弄清楚，否则不但上古史和古文籍受其纠缠而弄不清楚，即研究哲学史和文学史的也要被它连累而弄不清楚了。这种难关是逃避不了的。③

此即顾颉刚"化经入史"的基本理路，他要打破"经学上古史"系统，为建设新古史学扫清基础。因此，顾颉刚对经学问题颇有留意，宗旨却在于结束经学，厘清古史，并不是主张某一派经说，尽管利用了康有为等人的见解，也不能证明他"走了今文家派的老路"。

《五德终始说下的政治和历史》所重点关注的，正是汉代经学对汉代古史观念的影响，顾颉刚明确提出要借此结束今、古经学问题，体现出结束经学、开创古史学的学术自觉精神。④ 因此，"层累"说延伸到汉代经学的结果，乃是"使中国的史学脱离经学而独立"。⑤ 此文无论与晚清今文经学有多少关联的痕迹，都不能表明顾颉刚回到了晚清今文经学的立场。

对《五德终始说下的政治和历史》持批评态度者，多引钱穆观点以为佐证，而少引顾颉刚对钱穆的回应，现引述如下：

---

① 对此，顾颉刚多次提及，可参见《顾颉刚读书笔记》第3卷，第1233页；第4卷，第1998页等。
② 顾颉刚：《古史辨第四册序》，《顾颉刚古史论文集》第1卷，第123页。
③ 顾颉刚：《跋钱穆评"五德终始说下的政治和历史"》，《顾颉刚古史论文集》第2卷，第459页。
④ 顾颉刚：《致钱玄同》（1930年8月6日），《顾颉刚书信集》第1卷，第564页。
⑤ 周予同：《50年来中国之新史学》，载王典、陈峰编《二十世纪中国史学史论》，北京大学出版社2010年版，第132页。

> 我对于清代的今文家的话，并非无条件的信仰，也不是相信他们所谓的微言大义，乃是相信他们的历史考证。他们的历史考证，固然有些地方受了家派的束缚，流于牵强武断，但他们揭发西汉末年一段骗案，这是不错的……刘歆一个人，年寿有限，精力有限，要他伪造许多书自然不可能，但这个古文学运动是他于校书后开始提倡的（见本传），是他于当权后竭力推行的（见《王莽传》），这是极明显的事实。在这个利禄诱引之下，自然收得许多党徒，造成一种新风气，自然他们所目为乖谬的都得正，所目为异说的都得正，而学术于是乎大变。所以刘歆虽不是三头六臂的神人，但他确是改变学术的领袖，这个改变的责任终究应归他担负。清代今文家在这一方面，议论虽有些流于苛刻，而大体自是不误。①

实际上，即便对顾颉刚提出批评的钱穆，也说过"古史辨"和"晚清的今文学未可一概而论"。② 对此，正如刘巍所说："'古史辨'运动所讨论的经学今古文问题，只是由汉秦而上复三代的'现代之古史研究'的一个环节，它与道咸间的今古文问题的讨论不可同日而语。"③

《五德终始说下的政治和历史》之"化经入史"，与"层累"说打破"经学上古史系统"、开创古史学的理念一脉相承。"层累"说提出的是一个有待进一步论证的假说，1930年前后顾颉刚以《五德终始说下的政治和历史》为主，大量涉猎汉代学说、考辨汉代古史观念，则是证成该学说的关键，二者并非游离的关系。

第二节　现代考古学对顾颉刚古史研究的影响

1930年前后，现代考古学在中国刚起步不久，对顾颉刚的古史考辨

---

① 顾颉刚：《跋钱穆评"五德终始说下的政治和历史"》，《顾颉刚古史论文集》第2卷，第458—459页。
② 钱穆：《评顾颉刚〈五德终始说下的政治和历史〉》，载顾颉刚编著《古史辨》第5册，第620页。
③ 刘巍：《〈刘向歆父子年谱〉的学术背景与初始反响》，《历史研究》2001年第3期。

形成一定影响的，当属中研院史语所主持的安阳殷墟发掘，它证实了晚商存在并已进入铜器时代。除此之外，现代考古学在1930年前后取得的成绩相对而言并不丰富。但是，安阳考古证实晚商存在的事实本身，会让人觉得考古实物发掘已经证明了顾颉刚的错误，"东周以上无史"等说法已立不住脚。而且，在"疑古"思潮影响下，当时多数人将谱写中国上古信史寄望于考古学，而安阳发掘在一定程度上正迎合这种需要。因此，"虽然安阳的发掘并不能和《史记·殷本纪》完全对应，但是古史体系急不可待地征引了安阳发掘，并且轻率地扩大了安阳'证实'的范畴"。① 但前文已述，顾颉刚"层累"说主要针对旧有古史系统、古史观念，而"东周以上无史"更多强调的也是缺少确切的文本史料记载，不是东周以上的历史不存在，加之安阳考古证实的仅仅是晚商，因此，它对顾颉刚的古史考辨并无实质性的学术冲击。事实上，殷墟考古也确实未能动摇顾颉刚的古史观念，如他在1930年所说："有许多古史是考古学上无法证明的，例如三皇、五帝，我敢预言到将来考古学十分发达的时候也寻不出这种人的痕迹来。"②

殷墟考古的影响，主要体现在人心和舆论方面。③ 对顾颉刚个人而言，殷墟发掘的最大影响，应该是它导致了胡适古史观的转变。1930年前后，胡适在古史问题上，屡屡提出与顾颉刚相左的意见。如指责顾颉刚的考据证据不足且以辞害意，"无从证实，又无从否证"，"既不能得训练，又不能做学问，毫无益处"。④ 这与当年盛赞"层累"说开启了"中国古史学上的第二次革命"相比⑤，可谓迥异。与之形成鲜明对照的是胡适对傅斯年的推重，他赞誉傅斯年"能触类旁通，能从纷乱中理出头绪来。在今日治古史者，他当然无有伦比"。⑥ 可见，在1930年前后，胡适

---

① 徐坚：《暗流：1949年之前安阳之外的中国考古学传统》，科学出版社2012年版，第2—3页。
② 顾颉刚：《古史辨第二册自序》，《顾颉刚古史论文集》第1卷，第94页。童书业在1940年仍强调"三皇""五帝"至夏的历史记载不可信，也可证明。见童书业《〈古史辨〉第七册·自序二》，载吕思勉、童书业编著《古史辨》第7册，第2页。
③ 对于现代考古学所带来的舆论影响，顾颉刚有所辩解，详见本章第4节。
④ 曹伯言整理：《胡适日记全编》第6册，1931年7月22日，第130—131页。
⑤ 胡适：《介绍几部新出的史学书》，载顾颉刚编著《古史辨》第2册，第338页。
⑥ 曹伯言整理：《胡适日记全编》第6册，1935年6月6日，第485页。

在中国上古史学转变的趋势中，也随之排斥"疑古"，逐渐走近了傅斯年领导的"重建"。①

目前，学界对中国上古史学由"疑古"转向"重建"的研究已有不少，胡适在顾颉刚和傅斯年之间的偏转尤为学者所津津乐道。但我们应注意：胡适转变本身不应该成为衡量顾、傅水平高下的标尺；"疑古"和"重建"具有不容割断的学术连续性，对中国古史学各有特殊贡献，这一面不必后来者居上；傅斯年的古史研究造诣颇高，但不必因此否认他曾受顾颉刚辨伪观念的合理影响。今天有学者试图通过贬低顾颉刚的方式来抬高傅斯年的成就，将顾颉刚的很多观念主张，包括"疑古""层累"、扩充研究材料等，尽量向傅斯年靠拢，这种做法有失公允。②

胡适古史观发生转变，主要是由当时的中国古史研究，特别是考古学的发展促成的。1921年，他在《自述古史观书》中主张"先把古史缩短二三千年……将来等到金石学，考古学发达上了科学轨道以后，然后用地底下掘出的史料，慢慢地拉长东周以前的古史"③。此后的10余年中，中国考古学正逐渐发展起来：在史前考古活动中，中国史前文化的丰富内涵被逐渐揭示出来，改变了1920年以前"无石器时代"的状况④；在历史考古活动中，1928年史语所开始的殷墟发掘，很快便证明了晚商处于铜器时代，这不仅否定了在当时学界具有相当影响力的关于商代处于石器时代的说法，而且在疑古思潮冲击之后，极大地恢复了人们对中国古史记载可靠性的信心。⑤ 到1930年前后，中国考古学虽然还说不上"发达"，但其发现则足以让胡适改变此前的一些观点。例如，1930年12

---

① 1930年前后，曾自称以不弄史学而幸免臣服于顾颉刚的傅斯年（见《与顾颉刚论古史书》，《傅斯年全集》第1卷，第447页），刊布了诸如《战国文籍中之篇式书体》《大东小东说》《夷夏东西说》《周东封与殷遗民》等著述，显示出他在吸收、借鉴顾颉刚辨伪合理观念的基础上，开始了立足于考古发现的上古史重建工作。

② 杜正胜：《从疑古到重建——傅斯年的史学革命及其与胡适、顾颉刚的关系》，《中国文化》1995年第2期。

③ 胡适：《自述古史观书》，载顾颉刚编著《古史辨》第1册，第22页。

④ 陈星灿：《中国史前考古学史研究（1895—1949）》，生活·读书·新知三联书店1997年版，第107页。

⑤ 参见李济《安阳的发现对谱写中国可考历史新的首章的重要性》，《李济文集》第4卷，上海人民出版社2001年版，第503—509页。

月6日,他在史语所的发言中就说:

> 我看见近年研究所的成绩,我真十分高兴。如我在六七年前根据渑池发掘的报告,认商代为在铜器之前,今安阳发掘的成绩足以纠正我的错误。①

胡适虽然疑古,但也尊重证据。既然考古发现已经为"拉长"古史提供了证据,那他调整其古史观也在情理之中。正是在这种情况下,他和顾颉刚在古史问题上出现了分歧。

1930年前后,胡适与顾颉刚在古史问题上具体分歧很多,如胡适在《日记》中通过比较钱穆《刘向歆父子年谱》和顾颉刚《五德终始说下的政治和历史》,批评顾颉刚"墨守康有为,崔适之说,殊不可晓";借丁迪豪考证《离骚》作于太初元年以后一事,批评顾颉刚的考据"无从实证,又无从否证","既不能得训练,又不能做学问,毫无益处"②;对于曾被自己盛赞为"科学的古史学家"的崔述,这时也认为"他所疑的,也未必'都是该疑'"。③ 就整体而言,胡适古史观的改变,是他与顾颉刚出现上述诸多分歧的主要原因。不过,这一时期他们还围绕两个具体问题,即"观象制器"说和《老子》成书年代,发生直接的争辩,这其中则不仅是古史观的问题,还夹杂着其他动机。

1929年,顾颉刚在《周易卦爻辞中的故事》等文中提出:"观象制器"本身不能成立,该学说是"术数小道"下的产物,出现时代不会早于汉元帝。④ 胡适则认为:此学说出现较早;它是能够打通《易》学的成系统的学说,不应抹杀;也不应将其中泛称的"君子""先王"视为一般历史记载坐实;并批评顾颉刚比较《易传》《世本》《淮南子》中"观象

---

① 曹伯言整理:《胡适日记全编》第5册,第887页。

② 曹伯言整理:《胡适日记全编》第5册,1930年10月28日,第834页;第6册,1931年7月22日,第130—131页。

③ 胡适:《崔东壁遗书·胡适序》,载顾颉刚编订《崔东壁遗书》,上海古籍出版社2013年版,第1043页下。

④ 参见顾颉刚《周易卦爻辞中的故事》、《论易系辞传中观象制器的故事》,《顾颉刚古史论文集》第11卷,第1—63页。

制器"文字的做法，忽略了篇章主旨，存在以辞害意的问题。① 顾颉刚说这是他和胡适"在学术史上发生分歧的开始"②。

这次分歧，有学者称为"老师谆谆教诲，弟子洗耳恭听"③，是不符合实际的。《系辞传》中"观象制器"文字记载的古代帝王世系已经伸展到了包牺、神农，反映了较长的古史期。按"层累"说时代愈后，传说的古史期愈长的说法，该系统必属后出。所以，顾颉刚肯定会慎重对待它的出现时代，不会轻易接受胡适的早出主张。事实也是如此，顾颉刚说：胡适的文字，"接读后即有无数话要说，不幸初以无闲，后因有病，至今未能写成"④。这篇未能写成的文章，已达两万字，对胡适的批评一一反驳。⑤ 这说明顾颉刚没有接受胡适的意见，也就谈不上"洗耳恭听"。

胡适是否"谆谆教诲"，他对顾颉刚文章的反应，可以提供线索。顾文意在通过证明《易经》与《易传》的时代意识、古史观念不同，达到经、传分离的目的。为此，他举了九个"故事"作例证。钱玄同称：此文"堪于〈与〉阎之辟晋古文，刘之决左氏'五十凡'及'书法'等，崔之决《史记》之'书序'同功"⑥。但此文真正引起胡适注意的只有"观象制器"故事⑦，而且，他为了说明"观象制器"说出现较早，还对顾颉刚进行了错误的指责。⑧ 这只能说明胡适对"观象制器"说比较重视，并不能算他对顾颉刚的"谆谆教诲"。

---

① 胡适：《论观象制器的学说与颉刚书》，《胡适全集》第 4 卷，安徽教育出版社 2003 年版，第 619—623 页。
② 顾颉刚：《我是怎样编写古史辨的?》，《顾颉刚古史论文集》第 1 卷，第 169 页。
③ 魏邦良：《胡适与顾颉刚》，《历史学家茶座》2010 年第 4 期。
④ 顾颉刚：《跋〈胡适：论观象制器的学说书〉》，《顾颉刚古史论文集》第 11 卷，第 68 页。
⑤ 《论观象制器书》及其写作情况，见《顾颉刚古史论文集》第 11 卷，第 69—104 页。
⑥ 杨天石主编：《钱玄同日记》（整理本）卷中，1930 年 1 月 14 日，北京大学出版社 2014 年版，第 745 页。
⑦ 如胡适在日记中所记："晚间读顾颉刚的新作《周易卦爻辞中的故事》（《燕京学报》6），其中有论《系辞传》中'制器取象'的一段，引起我的注意……"见曹伯言整理《胡适日记全编》第 5 册，1930 年 2 月 1 日，第 657 页
⑧ 顾颉刚：《跋〈胡适：论观象制器的学说书〉》，《顾颉刚古史论文集》第 11 卷，第 68 页。

胡适之所以特别重视"观象制器"说，很可能因为他在以"系统"著称的《中国哲学史大纲》中，提出"孔子学说的一切根本"是《易经》的哲学，而"把全部《易》都打通"的正是"观象制器"说。① 若它确实如顾颉刚所说出现于汉代，《中国哲学史大纲》的解说恐难自立。因此，胡适特别就"观象制器"说对顾颉刚提出批评，有可能夹杂着维护《中国哲学史大纲》解说体系的意图。这种意图在《老子》成书年代的辩论中，有更为明显的体现。

《老子》成书年代是20世纪较大的学术争论，卷入其中的学者颇多。仅就胡、顾而言，1932年，顾颉刚撰文反对胡适《中国哲学史大纲》中的早出说，主张《老子》"非一人之言，亦非一时之作"，成书不早于战国末年。他首先通过比较《老子》和《吕氏春秋》的"引书例"、文体特征、术语表达以及相似思想等，推断《老子》晚于《吕氏春秋》成书。又通过梳理从杨朱至战国末年思想发展的"系统""线索"，认为"《老子》一书中包括的时代甚长，上自春秋时的'以德报怨'，下至战国末的'绝圣弃智'"，故成书时代较晚。② 此即胡适所说"思想系统""时代意识"的方法。

1933年，胡适对顾颉刚的考证进行了全面回应。他坚持了《中国哲学史大纲》中《老子》早出的说法，批评顾颉刚比较《老子》与《吕氏春秋》的做法，其标准是根据预先的"主观谬见"定出的，不足为据，归纳两书"义合"内容，绝大部分也是断章取义、强为牵合。又指出"思想系统""时代意识"是一把双刃剑，"割"向何方完全受论者成见决定，它的有效使用需要有"严格的自觉的批评"。顾颉刚"泛论战国后期的思想史，他的方法完全是先构成一个'时代意识'，然后用这'时代意识'来证明《老子》的晚出"，正犯了这种错误。③ 这是胡、顾一次针锋相对的公开争论，在行文中彼此都没有客气。

就当时的情况而言，所有参与辩论的学者，谁都无法提供更为客观

---

① 参见胡适《中国哲学史大纲》，第59—70页；《论观象制器的学说与颉刚书》，《胡适全集》第4卷，第621页。
② 顾颉刚：《从吕氏春秋推测老子之成书年代》，《顾颉刚古史论文集》第11卷，第777—807页。
③ 胡适：《评论近人考据老子年代的方法》，《胡适全集》第4卷，第114—139页。

可靠的材料，胡适的依据也不过就是几条传统说法。① 同样地，胡适在方法上批评对手的考证存在主观偏见、断章取义等问题，虽具有一定合理性②，但他强调运用"时代意识"的方法，要具有"严格的自觉的批评"，却不太容易产生客观的效用。因为"严格的自觉的批评"根本还得靠"自觉"，而当时学者恐怕无一不认为自己具有严格自觉的批评精神。

在这种情况下，胡适一方面说"不反对把《老子》移后，也不反对其他怀疑《老子》之说"③，一方面却依然坚持了《老子》早出说法。这不仅不符合他"宁可疑而过，不可信而过"的主张，也不符合他一贯"拿证据来"的治学理念。

胡适之所以有如此表现，正如很多学者已经指出，其中夹杂了他维护《中国哲学史大纲》说法的动机。即如冯友兰所说："在老聃这个问题上……他未免耿耿于怀，因此更坚持他的说法。"④ 余英时更就其晚年在《中国哲学史大纲·台北版自记》中的辩白指出："只要别人能够提出坚实的证据来驳倒他，他应该是能欣然接受的。然而，人终究是无法摆脱情绪的动物，尽管胡适平时很理性，可是在老子问题上，无可否认地似乎动了感情。"⑤

后来，胡适又写了一篇《说儒》，认为"儒"原是殷民族"礼教的教士"，被周民族征服后，养成了"柔逊"的人生观，这些人是"正统老儒"，以老子为代表；后来，孔子以五百年而兴的圣人身份，把"老儒"

---

① 参见徐洪兴《疑古与信古——从郭店竹简本〈老子〉出土回顾本世纪关于老子其人其书的争论》，《复旦学报》1999 年第 1 期。

② 顾颉刚的考证方法，实际仍未出他从胡适那里习得的"历史演进方法"的范畴。早在 1919 年，章太炎就曾对《中国哲学史大纲》中关于庄子的论断提出，"如但看一两句好处。这都是断章取义的所为"。参见白吉庵《胡适传》，人民出版社 1993 年版，第 119—120 页。今人对顾颉刚考据方法的评价，可参见李扬眉《颠覆后如何重建——作为思想史家的顾颉刚及其困境》，《学术月刊》2008 年第 9 期。

③ 胡适：《评论近人考据老子年代的方法》，《胡适全集》第 4 卷，第 138 页。

④ 冯友兰：《三松堂自序》，《三松堂全集》第 1 卷，第 189 页。

⑤ 余英时：《学术思想史的创建与流变——从胡适与傅斯年说起》，《文史传统与文化重建》，生活·读书·新知三联书店 2004 年版，第 420—421 页。胡适在《台北版自记》中曾说："这个老子年代的问题原来不是一个考据方法的问题，原来只是一个宗教信仰的问题！""我在二十五年前写几万字的长文讨论'近人考据老子年代的方法'真是白费心思，白费精力了。"（见胡适《中国哲学史大纲·台北版自记》，第 5 页）不过，这种说法并不适用于顾颉刚。

改造成了"刚毅进取"的"新儒"。① 学界对此文的评价分歧极大,褒扬者称为"继往开来的划时代之作","'三十年代'的巅峰之作"②;批评者则说胡适的理解"有点想入非非"③。

胡适自己对此文则颇为得意,认为它可以打开"无数古锁","使中国古史研究起一个革命"。④ 这种想法或许是着眼于中国古史学发展的一种好意。但此文最后部分,仍落于对老子其人其书晚出说法的反驳,批评这些学者的"固执是可以惊异的","理解是不足取法的"。⑤ 因此,《说儒》在很大程度上仍可视为老子年代争论的延续。而且,他对老子为"老儒"的论证,同样背离了"拿证据来"的理念,如邓广铭所说:《说儒》并非在胡适素所标榜的"拿证据来"等原则下写成,而大多是用"疏通证明"的办法,把资料加以宛转解说之后才使用。⑥

从胡适与顾颉刚公开争辩的两个问题看,其共同特点之一,是顾颉刚辨伪的结论有悖于胡适《中国哲学史大纲》的论说。"观象制器"说的争论主要发生在胡、顾之间,旋起旋灭,学界注意不多。但老子年代的争论,胡适的主观动机则至为明显。因此我们说,就整体而言,胡适古史观发生改变,进而与顾颉刚出现古史分歧,主要是受到1930年前后中国古史学与考古学发展的影响。但在诸多分歧中,他们唯在"观象制器"说和老子年代问题上公开争辩,则夹杂有胡适维护《中国哲学史大纲》论说的主观动机。

面对胡适古史观的转变及其带来的诸多分歧,1930年前后,顾颉刚也隐约出现了摆脱胡适学术笼罩的倾向。虽然我们常将顾颉刚划入"胡适派",顾颉刚对胡适也以学生自称,但1926年,顾颉刚就说过:自己对胡适的企服,不是崇拜偶像,也不会跟了胡适的脚步作应声虫。⑦ 后来,他对自己的学生也提出:"颉刚既自欲以严正之态度对待古人,即甚

---

① 胡适:《说儒》,《胡适全集》第4卷,第1—89页。
② 唐德刚译注:《胡适口述自传》,华东师范大学出版社1993年版,第273页。
③ 杨向奎:《读胡适先生的两篇著作》,《中国社会科学院研究生院学报》1997年第3期。
④ 曹伯言整理:《胡适日记全编》第6册,第424页。
⑤ 胡适:《说儒》,《胡适全集》第4卷,第73—86页。
⑥ 邓广铭:《胡著〈说儒〉与郭著〈驳说儒〉平议》,《邓广铭全集》第10卷,河北教育出版社2005年版,第197页。
⑦ 顾颉刚:《古史辨第一册自序》,《顾颉刚古史论文集》第1卷,第4页。

愿诸同学能以同样之态度对待颉刚，俾得抑其成心，去其诡遇，复得以辨论之推演而进于超乎预期之新境界，此固颉刚之幸而亦学术界之大幸也。"① 可以说，顾颉刚在与胡适的分歧中坚持自己的立场，符合他这种不囿师说以追求学术"新境界"的性格。

但是，在1930年前后上古史学由"疑古"向"重建"转变的趋势中，胡适古史观的转变，是向学界释放的对顾颉刚十分不利的信号。顾颉刚为坚持自己的学术立场，便不免带入了某些情绪。

顾颉刚疑古辨伪的突出贡献之一，是打破了经学对上古史的笼罩。1930年，他回顾这一治学历程时说：章太炎、康有为、崔适等虽然使他接触到今、古经学问题，但当时以为既不想作今文家，就不必理会这些。后来，正是钱玄同的主张，才使他"眼前一亮，知道倘使不用了信仰的态度去看而用了研究的态度去看，则这种迂谬的和伪造的东西，我们正可利用了它们而认识它们的时代背景"。由此，他才逐渐抓住了古史的"中心题目""最大症结"。② 至于胡适，则只字未提。顾颉刚对今古文经学的见解，确实受到钱玄同的关键性启示。但他在既有学术积淀之上，能够对古史问题实现眼光的突破，新观点喷薄而出，胡适的启示绝不容否认。因此，他只字不提胡适，不算公允。

顾颉刚试图摆脱胡适学术笼罩的倾向，在老子年代问题上表现得更为明显。《从吕氏春秋推测老子之成书年代》一文开篇即提出了明确的写作缘起：因为胡适对他的看法"不以为然"，所以"写出此文，以待商榷"。③ 在正文中，也颇多明显针对胡适之处。这种态度在此前并不多见。在这场争论之后，胡适突破了"思想系统"的方法，转而重建更广阔、具体的古史轮廓，来考证老子年代。④ 而在此前后，顾颉刚则以古代地理沿革为参照，继续辨伪，同样比"思想系统"更显可靠。⑤

这些举动表明，面对胡适古史观的转变，顾颉刚在学术上不再情愿

---

① 顾颉刚：《尚书研究讲义序目（北京大学）》，《顾颉刚古史论文集》第8卷，第312页。
② 顾颉刚：《中国上古史研究讲义·自序二》，《顾颉刚古史论文集》第3卷，第88—90页。
③ 顾颉刚：《从吕氏春秋推测老子之成书年代》，《顾颉刚古史论文集》第11卷，第755页。
④ 余英时：《未尽的才情——从〈日记〉看顾颉刚的内心世界》，联经出版事业公司2007年版，第40—41页。
⑤ 详见本书第五章。

做追随者，出现了自立的倾向。因此我们说，顾颉刚在与胡适的古史争论中，坚持自己的辨伪立场，表现出了不囿师说以追求学术"新境界"的"公心"，但其间也多少带入了主观动机。

第三节 唯物史观与顾颉刚的古史研究

相比现代考古学，唯物史观社会史研究确实可以对顾颉刚的古史考辨形成实质性的学术影响，因为唯物史观提供的是一种解读材料的新眼光、新方法，二者面对相同文献材料，可以得出截然不同的结论。1930年前后，顾颉刚曾明确表示"决不反对"唯物史观①，但不少学者却认为，这是他排斥唯物史观的遁词，是对唯物史观"敬而远之"的冷处理。这种认识，受到了"史料派"与"史观派"对立说法的影响。近年来，将民国时期的历史学简括为"史料派"与"史观派"对立的说法，被越来越多的学者接受，而且，"对立"也被描述得越发呈黑白分明之势。②这种说法存在一定流弊。

一 顾颉刚对"社会主义"思想与唯物史观的早期态度

以往讨论顾颉刚对唯物史观的态度，多瞩目于其"史料派"身份，而忽视了他与"社会主义"思想的渊源。实际上，顾颉刚较早便通过江亢虎领导的中国社会党，接触过"社会主义"思想。

前文已述，1911年，中国社会党由江亢虎在上海发起成立，是中国第一个以社会主义为纲领的政党，在国内外一度影响甚大。1912年初，中国社会党苏州支部成立，顾颉刚因对江亢虎演讲"社会主义起源及进行方法""深感赞成"而入党，任文书干事，"并劝王（伯祥）、叶（圣陶）共入社党"。后来，他又与陈翼龙一起到天津、北京组织社会党支部，颇受信用。受时代条件所限，顾颉刚接触与宣传的不是科学的社

---

① 顾颉刚：《古史辨第四册序》，《顾颉刚古史论文集》第1卷，第124页。
② 在民国史学史中，存在偏重史料考释和偏重史观指导两种取向，且二者之间存在一定程度对立的看法，早有学者提出。而"史料派"与"史观派"之间"各趋极端""尖锐对立"的观点，则由余英时较早明确提出。目前，该说影响较大。

主义，但他曾追求通过社会革命以实现"世界大同"的"社会主义"事业则是事实。后来，他因中国社会党"趋向堕落"等原因，逐渐脱党，但他并不反对"社会主义"理论本身，至1925年仍表示要"永远保持这个希望的梦"。① 因此，在顾颉刚对待唯物史观态度问题上，社会主义理论本身不会产生负面因素。

后来，顾颉刚秉持"为学问而学问"的理念，的确和中国马克思主义史家着眼于社会改造与革命的立场不同，但这也不能说明他在学术上反对唯物史观。因为不愿将学术与政治混淆的逻辑结果，应是他不会以政治立场、意识形态去衡量学术价值的高下，而不是将带有意识形态色彩的理论方法一概摒弃。事实也是如此。

顾颉刚具体何时开始注意到唯物史观，不易稽考，但可以确定的是时间比较早。1926年10月，顾颉刚在厦门大学演讲《孔子何以成为圣人》，依循"层累"思路，提出孔子在春秋时只是君子。后因时势鼓荡，才成了战国时的"圣人"、西汉时的"教主"、东汉时的"圣人"，但这些都不是孔子的真相。随后，开始修改演讲稿。② 11月12日，顾颉刚致信程憬道：

（一）孔子时因经济情状的改变，故政治和道德随之改变，而孔子以保存旧道德为职志，何以他反成了新时代的适应者？

（二）秦汉以下直至清末，适用孔子一派的伦理学说，何以春秋时的道德观念竟会维持的这样长久？春秋时的时势与秦汉以下的时势毕竟不同，而终不能改变春秋时的道德，这是什么缘故？

（三）战国以来，创新道德和新政治的人还不少，例如商鞅、王安石、永嘉学派等，何以他们终不能在新时代中立一稳固之基础？何以他们终给传统的儒者打倒了？③

程憬（1902—1950），字仰之，安徽绩溪人，信奉唯物史观。1925年考入

---

① 顾颉刚：《十四年前的印象》，《宝树园文存》第6卷，第236—237页。
② 参见顾颉刚《顾颉刚日记》第1卷，第803、808页。该文后以"春秋时代的孔子和汉代的孔子"为题发表，文见《顾颉刚古史论文集》第4卷，第5—12页。
③ 顾颉刚：《致程憬：问孔子学说何以适应于秦汉以来的社会书》（1926年11月12日），《顾颉刚古史论文集》第4卷，第13页。

清华国学研究院，选题即为《上古哲学思想的唯物观》，其同窗吴其昌更戏称他是"马列学者的怪物"，说他"在五分钟的谈话内，总得有三声是马克斯"。① 因此，无论是上引提问内容，还是程憬的学术背景，都表明顾颉刚在主动为自己关注的问题寻求唯物史观的解答。

1926年11月14日，程憬回信，确实是从物质决定意识、经济基础决定上层建筑的角度解答的上述问题。他认为孔子"是一个能注重社会实际情况的改进家"，但其依据的物质条件到汉的统一才完全成熟，而汉代以后中国"社会的经济构造和伴生的组织根本上，骨子里却没有改变"。因此，孔子学说能够适应秦汉以后的中国社会。程憬的解答与顾颉刚的不同之处在于，他强调是孔子的学说适应了秦汉以后中国社会的经济基础，而不是孔子的学说因应时势改变而发生改变。②

顾颉刚接到程憬答书后，又于11月18日，向傅斯年咨询了大致相同的问题，即："在《论语》上看，孔子只是旧文化的继续者而非新时代的开创者。但秦汉以后是一新时代，何以孔子竟成了这个时代的中心人物？用唯物史观来看孔子的学说，他的思想乃是封建社会的产物。秦汉以下不是封建社会了，何以他的学说竟会支配的这样长久？商鞅、赵武灵王、李斯一辈人，都是新时代的开创者，何以他们造成了新时代之后，反而成为新时代中的众矢之的？"③ 同时，顾颉刚又以自己的名义，将程憬的观点转述于傅斯年，说道：

> 弟觉得对于此问题，除非作下列的解释才行：
>
> 孔子不是完全为旧文化的继续者，多少含些新时代的理想，经他的弟子们的宣传，他遂甚适应于新时代的要求。
>
> 商鞅们创造的新时代，因为太与旧社会相冲突，使民众不能安定，故汉代调和二者而立国。汉的国家不能脱离封建社会的气息，故孔子之道不曾失败。汉后二千年，社会不曾改变，故孔子之道会

---

① 陈泳超：《程憬先生学术年谱考述》，《国学学刊》2014年第4期。
② 程憬：《答书》（1926年11月14日），载顾颉刚《顾颉刚古史论文集》第4卷，第14—18页。
③ 顾颉刚：《致傅斯年：问孔子学说何以适应于秦汉以来的社会书》（1926年11月18日），《顾颉刚古史论文集》第4卷，第20页。

得传衍得这样长久。①

傅斯年的立场基本是历史主义的,他指出"我们看历史上的事,甚不可遇事为他求一理性的因,因为许多事实的产生,但有一个'历史的积因',不必有一个理性的因",并强调"现在切不可从这不充足的材料中抽结论"。②

顾颉刚分别征询学术上信奉唯物史观的程憬,和刚从欧洲留学回国的傅斯年,显然是有意为之。因此我们说,这是顾颉刚对唯物史观指导历史研究的有效性问题,主动作出的一次比较。他对于程憬和傅斯年的回答虽无直接表态,但此后却对一些唯物史观指导下的史学著述,给予了相当高的评价,并积极推介给学生。

1928 年,顾颉刚在广州中山大学《中国上古史讲义》中,便对程憬《商民族的氏族社会》与梅思平《春秋时代之政治及孔子之政治思想》评价颇高。对于前者,他说:

> 自从甲骨卜辞发现之后,孙诒让罗振玉诸先生考其文字与制度,王国维先生考其人名与世次,我们……应当更上一层,从外部的研究进而作内部的研究,从探讨商民族的文字和事实进而探讨商民族的组织基础,和他们的各种活动的意义。吾友程仰之先生是研究社会史的,所以他看这些材料就得到了许多新见解……我们读了这篇论文,一来可以对商民族的历史得到深澈的明了,二来可以藉此知道我们要研究一种东西,决不是单单钻入这东西的内部可以研究成功的,一定要有他种学科的辅助,使得我们可以跳出它的圈子……才得明白它的整个形象和隐潜的事实。学问必须这样做,然后我们对于事物的智识会一天真似一天。③

---

① 顾颉刚:《致傅斯年:问孔子学说何以适应于秦汉以来的社会书》(1926 年 11 月 18 日),《顾颉刚古史论文集》第 4 卷,第 19—20 页。
② 傅斯年:《答书(一)》(1926 年 11 月 28 日),载顾颉刚《顾颉刚古史论文集》第 4 卷,第 20、26 页。
③ 顾颉刚:《中国上古史讲义》(中山大学),《顾颉刚古史论文集》第 3 卷,第 43—44 页。

在此，顾颉刚把唯物史观视为"他种学科的辅助"，认为以唯物史观为指导的商民族社会史研究，是在罗王"外部"研究基础上的"内部"研究，是对社会组织和各种活动的"意义"的探讨，可以对商族历史"得到深澈的明了"，可以"明白它的整个形象和隐潜的事实"，可见他对唯物史观社会史研究评价之高。这种评价既符合当时中国史学社会科学化的潮流，又是基于中国上古史研究自身发展理路，对于以唯物史观为指导研究历史的学术正当性而言，不比后来中国社会史论战者激于现实需求的浮泛口号差。

对于后者，即梅思平《春秋时代之政治及孔子之政治思想》一文，顾颉刚说：

> 这篇文章……可以说是研究春秋时代的政治的最好一篇论文……读《春秋》及《左传》的人虽多，竟绝不曾明白春秋时代是怎样一个时代。这是因为他们的心给圣道王功所蒙蔽的缘故。梅君向来研究政治经济之学，所以他读《春秋》和《左传》时另有一种眼光，而抓得到那时的政治现象的中心，说出二千余年来《春秋》学家所不曾说过的话，指出二千余年来历史学家所不曾指出的大势。我们读这篇文字，应当自己问着：何以古籍缺失的今日反能看古代比古人为明白？我们应当用哪种手段来整理古史材料？我们应当用哪几种学问做整理的工具？梅君这文当然是一个极简单的引论，我们若能自己开辟一个新境界时，我们的工作正多着呢。①

梅思平（1896—1946），名祖芬，字思平，浙江永嘉人，中国社会史论战中属"新生命派"。从顾颉刚对梅思平《春秋时代之政治及孔子之政治思想》的评价中，我们可以明显看出，他是把唯物史观作为一种新的治学"工具"、治学"眼光"予以肯定的。而且，在顾颉刚看来，在打破旧有古史系统、古史学说方面，唯物史观社会史研究所发挥的效果，和自己的治史取向是一致的，至少是不矛盾的。

---

① 顾颉刚：《中国上古史讲义》（中山大学），《顾颉刚古史论文集》第3卷，第41页。

最能体现顾颉刚对唯物史观社会史重视的,是《顾颉刚日记》中的一段文字,即:

> 梅思平先生《春秋时代之政治及孔子之政治思想》一文,极好,能将予欲说而不能说的话说出。①

顾颉刚研究古史的重要旨趣,"是要依据了各时代的时势来解释各时代的传说中的古史"。这里他"不能说出的话",显然就是梅文用唯物史观所揭示的春秋的"时势"。换句话说,唯物史观社会史研究"抓得住那时的政治现象的中心",可以为顾颉刚"解释各时代的传说中的古史"提供必要的社会背景知识。我们知道,1917 年顾颉刚感觉胡适所讲"中国哲学史",都是他"想说而不知道怎样说才好的",被认为是一种全新学术"典范"的震动②;在此,他认为梅文"能将予欲说而不能说的话说出",也可以说是对另一种史学范式,即唯物史观史学的充分肯定。

《中国上古史讲义》分甲、乙、丙、丁、戊,五种不同性质文字,戊种为"预备建立上古史新系统之研究文字",程憬、梅思平两文就在这"新系统"之中,这更说明顾颉刚对唯物史观的认可。

未免有读者将顾颉刚置唯物史观社会史研究于将来的"预备"阶段,解读为对唯物史观的冷处理,在此略作说明,"预备建立上古史新系统之研究文字",不只包括唯物史观社会史研究,还包括考古学研究,所以,置于"预备"阶段,并不足以说明是顾颉刚对唯物史观的冷处理。顾颉刚一贯主张建立上古史新系统之前,应先扫除旧系统中的伪谬。因此,将程憬、梅思平两文置于"预备"阶段,主要是因为在他看来,建设上古史新系统的时机尚不成熟,而不是因为反对唯物史观。

总之,顾颉刚最初对唯物史观并非"淡漠",更非反对。作为"史料派"代表的顾颉刚没有与唯物史观对立之意。

---

① 顾颉刚:《顾颉刚日记》第 2 卷,第 19 页。
② 余英时:《重寻胡适历程:胡适生平与思想再认识》,第 172、188 页。

二　中国社会史论战中的顾颉刚

20世纪30年代的中国社会史论战，基本在唯物史观话语下进行。顾颉刚没有直接参与论战，但一些论战者，如李季、杜畏之、王宜昌等，却对他提出批评，说他"只做了而且只能做些铲除蔓草斩刈荆棘的工作，最多不过砍破地皮而已"；"对于古代社会研究，既没有入过门，而又采用唯心论的实验主义做方法"，等等。① 其中，有些批评确实触及了顾颉刚古史考辨的不足，但把他当成"箭垛"以标榜自身重要性的，也不乏其人。

面对社会史论战者的批评，顾颉刚并不讳言自己的不足，而且表示支持唯物史观指导的社会史研究。如他说：

> 近数年来，用了社会分析的眼光来研究中国历史的人渐渐多起来了……以前所谓史学只达到事实的表面，现在觉悟应该探求它的核心了，有了这个觉悟而再经过若干年之后，一切死气沉沉的记载就可化作活泼泼的，这是怎么一件美事！②

这里顾颉刚依旧认为，唯物史观社会史研究是在历史考据的基础上，进一步探求历史的"核心"，将之置于更高层次。不过，对论战者过分倚重理论、轻视史料等弊病，他也作出了反应。

首先，顾颉刚试图从整体上平衡史料审查与社会史研究的关系，即提出史料审查与唯物史观指导的社会史研究，属于"下学"与"上达"分工的不同。他说：

> 唯物史观不是"味之素"，不必在任何菜内都渗入些。在分工的原则之下，许多学问各有其领域，亦各当以其所得相辅助，不必

---

① 杜畏之：《古代中国研究批判引论》，《读书杂志》第2卷第2、3期合刊，1932年。李季：《对于中国社会史论战的批评与贡献》，《读书杂志》第2卷第2、3期合刊，1932年。社会史论战者对顾颉刚的批评，陈志明有较全面的梳理，见氏著《顾颉刚的疑古史学及其在中国现代思想史上的意义》，商鼎文化出版社1993年版，第292—297页。

② 顾颉刚：《禅让传说起于墨家考》，《顾颉刚古史论文集》第1卷，第492页。

第四章 现代考古学、唯物史观社会史的兴起与1930年前后顾颉刚的古史观念 / 113

"东风压倒西风"才算快意……清代的学者……的校勘训诂是第一级，我们的分析考证是第二级。等到我们把古书和古史的真伪弄清楚，这一层的根柢又打好了，将来从事唯物史观的人要搜取材料时就更方便了，不会得错用了。是则我们的"下学"适以利唯物史观者的"上达"；我们虽不谈史观，何尝阻碍了他们的进行，我们正为他们准备着初步工作的坚实基础呢！①

这段话，特别是"唯物史观不是'味之素'，不必在任何菜内都渗入些"一句，曾被多位学者征引，用以证明顾颉刚对唯物史观的消极态度。客观地说，顾颉刚这段话确实表现出了一定的情绪。不过，我们也应了解他说这段话的背景，即当时较为活跃的唯物史观社会史研究者，无论是马克思主义史家还是非马克思主义史家，也无论探讨的问题与顾颉刚古史考辨的主旨是否相同，很多人在讨论中国上古史问题前，多会先对顾颉刚的古史研究，或顾颉刚和胡适等人的"整理国故"批评一番，以彰显自己研究的重要性。顾颉刚这段话就是对这些批评者而言的，但即便如此，他也没有否定唯物史观社会史研究本身的学术价值。

而且，我们据此推断顾颉刚对唯物史观持排斥或消极态度，还应注意，在上引文字之前，他还说了一段话，即：

近年唯物史观风靡一世，就有许多人痛诋我们不站在这个立场上作研究为不当。他人我不知，我自己决不反对唯物史观。我感觉到研究古史年代、人物事迹、书籍真伪，需用于唯物史观的甚少，无宁说这种种正是唯物史观者所亟待于校勘和考证学者的借助之为宜；至于研究古代思想及制度时，则我们不该不取唯物史观为其基本观念。②

这里，他已经立场鲜明地肯定了唯物史观社会史研究，紧随其后，才是"唯物史观不是'味之素'……"一段话。概言之，顾颉刚的基本态度

---

① 顾颉刚：《古史辨第四册序》，《顾颉刚古史论文集》第1卷，第124—125页。
② 同上书，第124页。

是：研究古代思想、制度不该不取唯物史观为其基本观念，但校勘、考证等则甚少需用唯物史观；二者是学术分工的不同，"各有其领域，亦各当以其所得相辅助，不必'东风压倒西风'才算快意"。

因为顾颉刚认定古史材料多经战国、秦、汉间人伪窜，可信性不高，所以，他坚持任何古史研究都不可越过史料审查工作。对于以"史观"压制史料审查的态度，他明确表示"不该接受"。他说："我所走的路是审查书本上的史料"，"除非说考证古文籍的工作是不该做的，才可使顾颉刚的工作根本失其存在的理由；倘使不这样说，那么这项工作就决没有推翻的可能"。① 这里，顾颉刚反对的主要是以"史观"压制史料审查的意气。而强调史料审查工作的重要性，是顾颉刚一以贯之的观点，并不是针对唯物史观社会史研究的"发明"，前文所述，他不认同王国维等学者"欲跳过经学的一重关，直接从经中整理出古史来"的做法，所体现的就是这一立场。

其次，顾颉刚批评了社会史论战者轻视史料审查产生的流弊。"只以引经据典为能事，不以事实去说明历史，而以公式去推论历史"②，是论战中表现出的重要不足。对此，如顾颉刚在提出"下学"与"上达"分工说后所说：

> 任何学问都是性急不来的……须待借助于我们的还请镇静地等待下去吧！如果等待不及，请你们自己起来干吧！如果干得不耐烦，也希望不要因材料的缺乏和填表格的需要，便把战国、秦、汉间人用了他们的方式制造出来的上古史使用于真的上古：因为将来一定可以证明，这种工夫是白费的！③

后来，顾颉刚发表《禅让传说起于墨家考》长文，更有对此纠偏补弊之意。在当时孜孜探求中国社会历史发展阶段、规律的著述中，禅让

---

① 顾颉刚：《战国秦汉间人的造伪与辨伪·附言》，《顾颉刚古史论文集》第7卷，第179—180页。
② 翦伯赞：《历史哲学教程》，生活·读书·新知三联书店2014年版，第255页。
③ 顾颉刚：《古史辨第四册序》，《顾颉刚古史论文集》第1卷，第125页。

说通常被解读为原始社会状况的反映,如郭沫若认为它"是氏族评议制度的反映"。① 顾颉刚通过系统整理禅让说的材料后则提出,它是墨子顺应战国时势创立并托之于尧、舜的。如此,禅让说的时代被大幅后移,从起源上便与原始社会分离开来。

顾颉刚观点的对错,我们可以讨论。但他在禅让传说的考辨中,确实表现出了对唯物史观社会史研究的回应。如说:我希望研究社会史的人们看了这篇肯省察一下,唐、虞时代的社会性质最好暂且不要提起,因为那时是什么景况,实际上只有黑漆一团。禅让说便是一个已摘发的例子。② 不唯如此,他还说:

> 古代史的材料……如果不经过一番彻底的整理……是不能随便使用的。不幸近年研究社会史的人们太性急了,一心要把中国古代社会的性质在自己著作的一部书或一篇文章里完全决定,而他们写作的时间又是那么短促,那就不得不跳脱了审查史料一个必经的阶段。在这种情形之下,古人随口编造的东西遂又活跃于现代史学的园地,作者只要拣用一段便于自己援用的文字,便可说古代的事实是如此的;或者用了新观念附会一段旧文字,加以曲解,也就可说古代的事实是如此的。于是旧葛藤尚没有斩艾,新葛藤又在丛生中了。③

要之,顾颉刚认为,历史研究不该止步于史料审查,不过,社会史论战者急于求成而越过史料审查工作,不但浪费精力,而且会进一步淆乱史料真伪。因此,他再次提出审查史料与研究社会史,应当分工合作,不应对垒交攻。"如此,许多人的精力可以不至白白地费掉,社会演进的历史才有真实的建设。"④ 可见,顾颉刚批评的主要是社会史论战者轻视文献史料鉴别,而不是建设真实的"社会演进的历史"。

---

① 郭沫若:《中国古代社会研究》,商务印书馆2011年版,第104页。
② 顾颉刚:《禅让传说起于墨家考》,《顾颉刚古史论文集》第1卷,第493页。
③ 同上书,第492—493页。
④ 同上书,第493页。

上述批评,与马克思主义史家后来的看法较为相似。翦伯赞即批评社会史论战者对"史料的搜集不够"①。郭沫若更具体论其流弊道:"无论作任何研究,材料的鉴别是最必要的基础阶段。材料不够固然大成问题,而材料的真伪或时代性如未规定清楚,那比缺乏材料还要更加危险。因为材料缺乏,顶多得不出结论而已,而材料不正确便会得出错误的结论。这样的结论比没有更要有害。"② 由此可见,顾颉刚对社会史论战的批评,与马克思主义史家的看法大致相同,二者并无截然对立。我们不应因为顾颉刚强调"史料审查"重要,便将之视为对"史观派"的排斥与苛责。

　　事实上,顾颉刚对社会史论战,并非只是批评,他对当时涌现出的优秀学者、著述,给予了相当积极肯定。如说:郭沫若《中国古代社会研究》"富有精深独到的见解";陶希圣"已替中国社会经济史的研究打下了相当的基础";马乘风《中国经济史》"材料相当丰富,见解相当正确"。③ 可见,顾颉刚对社会史论战的评价,坚持了相对客观的学术立场。

　　同时,顾颉刚与参加社会史论战的重要人物如王礼锡、陶希圣等,也多有往来。1930 年,王礼锡主持神州国光社,次年出版《读书杂志》,为社会史论战提供了重要平台。④ 据顾颉刚的《日记》,他不仅与王礼锡多有往来,还与神州国光社建立了工作关系。⑤ 当社会史研究逐渐摆脱论战氛围,开始以研究学术的态度搜求史料时,顾颉刚更是热心支持。1934 年,陶希圣筹划"中国社会史专攻刊物"《食货》半月刊,"第一个热烈的发起人"就是顾颉刚,刊名也由他提出。顾颉刚"认为社会的基础和历史的动力是经济",因而还曾提出另一个刊名"史心"。⑥ 1935 年更有"联合《食货》《禹贡》两团体",合办刊物的举动。⑦ 这些足以表明顾颉刚对唯物史观社会史研究的支持。

---

① 翦伯赞:《历史哲学教程》,第 70 页。
② 郭沫若:《十批判书》,中国华侨出版社 2008 年版,第 1 页。
③ 顾颉刚:《当代中国史学》,《顾颉刚古史论文集》第 12 卷,第 407—409 页。
④ 参见李洪岩《从〈读书杂志〉看中国社会史论战》,《中国社会科学院近代史研究所青年学术论坛》1999 年卷,第 273—279 页。
⑤ 顾颉刚:《顾颉刚日记》第 2 卷,第 398、399、401 页。
⑥ 陶希圣:《搜读地方志的提议》,《食货》第 1 卷第 2 期,1934 年 12 月。
⑦ 顾颉刚:《嵇文甫来信(通讯三四)编者按》,《宝树园文存》第 2 卷,第 39 页。

第四章 现代考古学、唯物史观社会史的兴起与1930年前后顾颉刚的古史观念 / 117

既然顾颉刚支持社会史研究，为何没有将唯物史观及时运用于古史研究中？1932年1月10日，《顾颉刚日记》中的记载，可以解答这一疑问，他说：

> （何）定生劝予接受唯物史观。此事予非不愿，予亦知许多历史现象，非用此说明之不可。然予现在无法研究，若不成熟而惟取宠于人，则"画虎不成反类狗"，内疚神明矣。①

这段话已经很明白揭示出，顾颉刚认同唯物史观在解释历史方面的价值，他也愿意接受唯物史观。所谓"现在无法研究"，主要是因为当时顾颉刚正忙于考辨古史、研究古代地理沿革，无暇去充分研读唯物史观著述，因而，他不愿在认识"不成熟"之时，便贸然将之运用于古史考辨。这是成熟学者应有的治学态度，而不应视为对唯物史观的排斥。我们说，如果非要让此时的顾颉刚，放下"古史辨"，放下"层累"说，转而运用唯物史观去研究古史，才能证明他不反对唯物史观，这种"不运用"即"反对"的思维，未免太过于武断与苛责。

三 顾颉刚对唯物史观的运用

后来，顾颉刚在古史研究中是否运用过唯物史观，对解决上述问题至关重要，而回答同样是肯定的。1936—1937年，顾颉刚在燕京大学与童书业合作的《春秋史讲义》（简称《讲义》）中，就有明显体现。《讲义》虽是两人合作，但按童书业所说，其宗旨完全是秉持顾颉刚的。② 因此，它可以反映顾颉刚的思想。

《讲义》分正、附两编。"正编"二十章，主要讲述春秋时代的"种族混合和中华民族的成立""中国疆域的扩大""统一局面的酝酿"和"社会经济和学术思想的转变"四项内容。其中，前三项基本延续了顾颉刚考辨古史与古代地理沿革的观点，第四项则显现出了"经济基础决定上层建筑"的迹象。例如，《讲义》概述商代晚年至春秋时代中国学术思

---

① 顾颉刚：《顾颉刚日记》第2卷，1932年1月10日，第600页。
② 顾潮：《顾颉刚年谱》（增订本），第290页。

想的转变时,说道:

> 商代晚年大致尚是畜牧社会的末期,农业和手工业,商业刚刚萌芽。宗教思想也方由拜物教和多神教向一神独尊的宗教进趋。周代确立农业社会,为上帝崇拜全盛的时期……自从西周灭亡,王纲解钮,封建制度开始动摇……商业日渐发达。到春秋晚年,竟有……"结驷连骑""富比诸侯"的大商人出现。人民的经济地位既经抬高,于是学术文化就也渐渐普及于全社会……使原有的宗教观念失掉根据。①

从社会发展"时势"来解释学术思想的发展变化的原因,是顾颉刚的常用手段。② 而这里,他显然进一步深入了"时势"背后"经济基础"所起的作用。

在具体问题的分析上,《讲义》也显出了同样的特点。如分析孔子的历史地位,说道:

> 整个的春秋时期所表现的政治与社会:在政治方面,是礼制的崩溃和政权的下移;在社会方面,是土地的集中和经济的演进。因为这样,思想学术也颇有变动的现象。到了春秋末年,封建社会表示出总崩溃的形势,影响到整个的思想界。但是一方面旧制度虽破坏,而新制度还未成立,这个时期,正是由封建社会进化到统一国家的过渡时代,孔子便是这过渡时代的代表人物。③

这里所说"政治方面",属于唯物史观中的上层建筑;所说"社会方面",属于经济基础;而二者的有机统一,便构成特定的社会形态。顾颉刚所说孔子是过渡时代的代表人物,这一结论的得出,便有将"经济基础"

---

① 顾颉刚、童书业:《春秋史讲义》,《顾颉刚古史论文集》第4卷,第340—341页。
② 可参阅《五德终始说下的政治和历史》等文,见《顾颉刚古史论文集》第2卷,第249—445页。
③ 顾颉刚、童书业:《春秋史讲义》,《顾颉刚古史论文集》第4卷,第319—320页。

与"上层建筑"结合分析的色彩。

《讲义》"附编"专讲"社会史"。20世纪20年代，顾颉刚已在社会史研究方面做出重要贡献。1928年，他在《〈民俗周刊〉发刊辞》上倡言："我们要打破以圣贤为中心的历史，建设全民众的历史！"[①] 即被学者视为"新史学运动的宣言"[②]，但当时所谓"社会史"，主要就研究对象的取材而言，亦如学者所称"到民间去"。[③] "附编"所讲"社会史"，则有不同特点。

"附编"共十章，第一章分析"春秋时的农业生活与商工业"，第二章以后分析各种社会组织关系。而且，在第二章起首明确说道："无论哪种社会组织，都逃不了被经济状况所决定。'经济为历史的重心'这个原则，是近代东西史家已经证明了的。"[④] 可见，"附编"的整体布局即遵循了"经济基础决定上层建筑"的思路。

具体而言，如分析"封建社会崩溃"的原因，说道：

> 封建社会崩溃的内在原因，是封建制度本身发展过久……贵族阶级的人许多急剧地降入下层社会。这使下层社会的民众……增加力量，能够对贵族阶级起反抗运动……同时，贵族阶级的政权也下移到少数的拥有实力的中下层人物……各阶级的人物互相攻击得格外厉害，于是土地渐渐集中……这下层阶级的反抗和土地分配制度的改变使封建社会受了致命伤！
>
> 封建社会崩溃的外在原因——也可以说是摧毁封建社会的原动力，——是产业的发达。铁制耕器和牛耕的发明与农业技术的进步，使农村日加开发。同时铁器又使手工业进步。农业与工业的发展又促进了商业的发达。进步的农工商业便提高了人民的地位，使上层阶级格外容易倒塌。到了大夫取得诸侯的地位，武士成了文士，吸

---

① 顾颉刚：《〈民俗周刊〉发刊辞》，《顾颉刚民俗论文集》第2卷，第570页。
② 杨堃：《我国民俗学运动史略》，转引自桑兵《近代中国的新史学及其流变》，《史学月刊》2007年第11期。
③ 洪长泰：《到民间去：1918—1937年的中国知识分子与民间文学运动》，董晓萍译，上海文艺出版社1993年版。
④ 顾颉刚、童书业：《春秋史讲义》，《顾颉刚古史论文集》第4卷，第352页。

收下层阶级的优秀分子，另组成一个社会中最有势力的阶级时，封建社会的命运已大半告终了！①

这里的"内在原因"是说阶级力量对比的变化；"外在原因"是说引起阶级力量对比发生变化的原动力，即经济基础的变化。马克思在《〈政治经济学批判〉序言》中说："社会的物质生产力发展到一定阶段，便同它们一直在其中运动的现存生产关系或财产关系（这只是生产关系的法律用语）发生矛盾。于是这些关系便由生产力的发展形式变成生产力的桎梏。那时社会革命的时代就到来了。"②《讲义》中对于封建社会崩溃的分析，表述虽然没有这里精准，但其推演方向与此则是一致的。

今天看来，对于何者属于"内因"，何者属于"外因"，《讲义》中的认识，不够准确。但着眼于内外因分析的视角，则带有辩证唯物论的色彩。

在顾颉刚其他著述中，具体例证尚多，如抗战胜利后，他在苏州社会教育学院开设的课程中，就有"中国古代社会史"，而且，这一时期，他也曾大量购读唯物史观著述。③ 这样的实例，不必过多枚举，因为上述足以证明顾颉刚在古史研究中，运用过唯物史观。

最后需要说明，民国时期，顾颉刚不属于唯物史观派学人，这与他支持、运用唯物史观研究历史，并不矛盾。唯物史观作为解释历史的理论、方法，具有独到的效力。对于任何一位优秀学者而言，立足自己的学术领域，在理论、方法上博采众长，而无"定于一"的成见，是再正常不过的事情。实际上，"定于一"也是顾颉刚一贯反对的。认为顾颉刚不属于唯物史观派学人，却在历史研究中运用了唯物史观，二者之间不可理解的观点，不免太过拘泥于当下以"史料派""史观派"的对立为线索的叙事模式，而忽略了学术发展的复杂性与史家个体的特殊性。

---

① 顾颉刚、童书业：《春秋史讲义》，《顾颉刚古史论文集》第4卷，第357页。
② 马克思：《〈政治经济学批判〉序言》，《马克思恩格斯选集》第2卷，人民出版社2012年版，第2—3页。
③ 顾潮：《顾颉刚年谱》（增订本），第379页；顾颉刚：《顾颉刚日记》第6卷，1948年1月15日，第211页。

第四节 1930年前后顾颉刚治学阶段的改变与古史观念的不变

一 从"大胆假设"走向"小心求证"——顾颉刚治学阶段之演进

1930年前后，顾颉刚在治学阶段上是存在变化的，即由初提"层累"说时的"大胆假设"，逐渐进入了"小心求证"的阶段。但这不是其古史观念的改变。

1923年，顾颉刚提出了"层累地造成的中国古史"的假设，"古史辨"运动随之兴起。今天来看，在这场讨论中，很多批评者主要是被"层累"说的破坏性所震动、吸引，他们更关心的是"层累"说对中国上古史所造成的破坏，而不是"层累"说阐发了什么样的古史观念。① 就顾颉刚而言，"古史辨"是在其学术准备并不充分的情况下兴起的，所以，在"古史辨"初期，他除了回应相关批评，并在回应中反复言说自己的古史观念外，实际只以"层累"观念考辨了为数不多的几个古史问题，如《纣恶七十事的发生次第》《宋王偃的绍述先德》《秦汉统一的由来和战国人对于世界的想像》等。

1926年，顾颉刚离开北京，先后任教于厦门大学、广州中山大学。这时他才真正进入求证"层累"说的准备期。这一时期，顾颉刚虽将较多精力投入了民俗学建设方面，但同时，他在古史方面也编写了数部讲义，如《尚书讲义》（厦门大学，1926—1927年）、《尚书学讲义》（中山大学，1927—1928年）、《中国上古史讲义》（中山大学，1928年）、《春秋研究讲义》（中山大学，1928年）、《古代地理研究讲义》（中山大学，1928年）、《孔子研究讲义》（中山大学，1928—1929年），等等。这些讲

---

① 当时对"层累"说理解较为准确的人并不是胡适，而是傅斯年。常被学界征引的胡适《古史讨论的读后感》一文，虽试图为顾颉刚辩解，但其着眼点主要在方法层面。而傅斯年则不然，他明确指出"层累"说是"中国古代方术思想史"的真线索，是"周汉思想"的摄镜，是"古史学"的新大成。这完全是着眼于古史思想、古史学说。而且，傅斯年还针对李玄伯强调考古学重要性的观点指出，"诚然掘地是最重要事，但这不是和你的古史论一个问题"（傅斯年《谈两件〈努力周报〉上的物事》，载顾颉刚编著《古史辨》第2册，第297页）。只不过，有些学者为了给傅斯年树碑立传而刻意贬低顾颉刚，过分强调了二人的分歧（杜正胜《从疑古到重建——傅斯年的史学革命及其与胡适、顾颉刚的关系》，《中国文化》1995年第2期）。

义虽算不上严格意义上的研究著作，但也不像一般讲义的泛泛而谈，而是完全依循中国古史"层累"造成的理念搜集、整理相关材料。因此，我们称为求证"层累"说的准备期。现将各讲义的编排旨趣略述如下。

在《尚书讲义》（厦门大学）的"研究计划"中，顾颉刚论述其研究目的说："我们要一层一层地剥去它的外面的涂饰，要从种种方面归纳出它的真相来。我们现在对于古书的态度只是一个研究历史的态度，要处处看出它的背景。"① 很明显，这符合"层累"观念。该课程的试题，也反映出这一特点，如："我们既知道《伪古文尚书》的伪，还值得去研究它吗？如说值得，那为的是什么道理？"② 顾颉刚希望得到的答案，显然是他所主张的"许多伪材料，置于所伪的时代固不合，但置之于伪作的时代则仍是绝好的史料"。

在《尚书学讲义》（中山大学）中，顾颉刚解释自己为何将真材料和伪材料一并编入讲义时说："录《尚书》正文而并写伪作，或将为人所讥。然伪与不伪特相对之辞耳，实未有绝对之界限……真伪之辨既不可必定如此，则吾人何能摈绝伪作乎？故吾意不如真伪并收，略依其著作时代而分列，俾得考见某一时代对于三代之观念如此，对于《尚书》之要求增加材料又如此；不以商、周人著作观之，而以自西周至六朝一千七八百年之'《尚书》演变史'观之焉。"③ "依其著作时代而分列，俾得考见某一时代对于三代之观念"依然反映出揭示旧有古史乃"层累"造成的目的。后来，顾颉刚说该讲义"实在只有一束'《尚书》学沿革史'的材料"④，也可证明其编排思路在于穷古史观念、古史学说之流变。

《中国上古史讲义》（中山大学）按照"上古史之旧系统""真实之古史材料""虚伪之古史材料及古代之神话传说与宗教活动之记载"等，分门别类编排。⑤ 这种编排的目的，如顾颉刚在该课程的"实习课旨趣书"中所说："中国上古史是一大堆乱材料……从前人在这一大堆乱材料里立了一个假系统，大家信仰着倒也没有什么问题；如今我们的眼光放

---

① 顾颉刚：《尚书讲义》（厦门大学），《顾颉刚古史论文集》第8卷，第21页。
② 同上书，第31页。
③ 顾颉刚：《尚书学讲义》（中山大学），《顾颉刚古史论文集》第8卷，第36页。
④ 顾颉刚：《春秋研究讲义》，《顾颉刚古史论文集》第11卷，第499页。
⑤ 顾颉刚：《中国上古史讲义》（中山大学），《顾颉刚古史论文集》第3卷，第1—7页。

大了，我们的时代许作自由批评了，这一个假系统再也不能攫得我们的信仰了：于是我们想打破旧系统，建设新系统。"①

《春秋研究讲义》（中山大学）按照"春秋本经""《春秋》三传""经的《春秋》""史的《春秋》"四类依次编排，其目的如"旨趣书"中所说："从前人研究学问，最吃亏的是只会笼统地看，平面地看，而想不到分别地看，系统地看……所以性质十分不相容的东西会得杂凑在一处，弄得处处似是而非，一时不容易寻出它们各个的真相。现在编纂讲义，想把许多混乱的材料分类，从它们各个的本身上指出各个的历史上的地位。"②

在《古代地理研究讲义》（中山大学）的"旨趣书"中，顾颉刚更直接说："'古代地理研究'一个名词，甚不适当，实际上是'从故籍里看中国人对于古代的疆域观念和实际上汉以前的各时代的疆域我们所能够知道的'。只因这个名词太长，所以缩做了'古代地理研究'一名。"③

在《孔子研究讲义》（中山大学）的"旨趣书"中，顾颉刚叙述讲义的编排说："现在我们的讲义预备分作四种：甲种——孔子事实及记载孔子事实之文籍考订。我们希望在一种讲义里把旧的孔子史实审查一番，抽出可靠的史料，做成一篇孔子新传……乙种——各时代人心目中之孔子……孔子的人格会得随了各个时代的潮流而变迁，现在把这些材料集合起来看孔子的面目改变了多少次。"④

可见，厦门大学、中山大学的几部讲义，完全是按照中国古史"层累"造成的观念收集编排古史材料。换句话说，在"古史辨"随着"层累"说的提出应声而起之时，顾颉刚的学术准备并不充分，应对也稍显匆忙。至此时，他则开始按照自己提出的"假设"积蓄材料，进入求证"层累"说的准备期。

1929年，顾颉刚重回北京，任职于燕京大学，获得了一生都少有的治学环境，而经过厦门大学、中山大学时期的积淀，他开始进入"层累"

---

① 顾颉刚：《中国上古史讲义》（中山大学），《顾颉刚古史论文集》第3卷，第68页。
② 顾颉刚：《春秋研究讲义》，《顾颉刚古史论文集》第11卷，第499—500页。
③ 顾颉刚：《古代地理研究讲义》，《顾颉刚古史论文集》第5卷，第1页。
④ 顾颉刚：《孔子研究讲义》，《顾颉刚古史论文集》第4卷，第30—31页。

说的求证阶段，这也是其古史考辨的重要收获期。这一时期，顾颉刚编出了一部《中国上古史研究讲义》（燕京大学）。和厦门大学、中山大学时期的讲义多就某一专题或某一时段不同，燕京大学《中国上古史研究讲义》较为全面地收集整理了从《诗经》到东汉王符《潜夫论》中与古史观念、古史学说相关的材料，较为系统地搭建起了论证中国古史乃"层累"造成的史料体系。同时，顾颉刚还编有一部《尚书研究讲义》（1931—1934 年），其中涉及古史、古书、古代地理等诸多问题，内容十分丰富。

以这两部讲义为史料基础，顾颉刚在入职燕京大学后的数年之内，便撰写了大量证明旧有中国古史乃"层累"造成的论著，如《周易卦爻辞中的故事》（1929 年）、《论易系辞传中观象制器的故事》（1930 年）、《五德终始说下的政治和历史》（1930 年）、《论观象制器书》（1930 年）、《从吕氏春秋推测老子之成书年代》（1932 年）、《三皇考》（1932 年初稿，1934—1935 年杨向奎续完，1936 年发表）、《汉代学术史略》（1933 年写成，1935 年出版，后改题《秦汉的方士与儒生》）、《战国秦汉间人的造伪与辨伪》（1935 年，又题《〈崔东壁遗书〉序一》、《中国辨伪史要略》等）、《禅让传说起于墨家考》（1936 年）、《夏史三论》（1936 年），等等；还有研究沿革地理的《州与岳的演变》（1933 年）、《两汉州制考》（1934 年）、《九州之戎与戎禹》（1937 年）等，这些论文实际也是在考辨古史观念、古史学说（详见下一章）。此外，顾颉刚还编辑了第 2—5 册《古史辨》（1930 年、1931 年、1933 年、1935 年）。

这里，我们考察 1930 年前后顾颉刚的古史观念，之所以列举一些 1935 年、1936 年的著述，主要是考虑到顾颉刚所撰写的很多论文，其体量实际不亚于一部专著，逐一写成需要一定的时间。这些论文的完成和发表虽晚，但立意或着手却较早。如《夏史三论》缘于 1929 年欲撰写"启和太康"一文，论证太康"是启的分化"[1]；《三皇考》和《五德终始说下的政治和历史》几乎同时立意，都是由燕京大学《中国上古史研究讲义》内容改写而成[2]；《禅让传说起于墨家考》是 1931 年《尚书研究

---

[1] 顾颉刚、童书业：《夏史三论》，《顾颉刚古史论文集》第 1 卷，第 553 页。

[2] 顾颉刚：《三皇考·自序》，《顾颉刚古史论文集》第 2 卷，第 23—24 页。

讲义》中《尧舜禅让问题》内容的扩充等。①

总之，无论从史料体系的搭建，还是从研究成果的大量问世看，都表明顾颉刚重回北京就职于燕京大学的1930年前后，其古史考辨已经从"古史辨"之初的"大胆假设"，逐渐进入"小心求证"阶段，进入重要的收获期。这是顾颉刚古史考辨的变化，但这种变化属于治学阶段的演进，与其古史观念改变与否是两个问题。

二 1930年前后顾颉刚古史观念的不变

1930年前后，顾颉刚的古史观念是没有改变的。例如，顾颉刚所自述，他考辨古史的"唯一的宗旨，是要依据了各时代的时势来解释各时代的传说中的古史"。在"古史辨"方兴未艾之际，他对此就屡有提及。② 1930年前后，顾颉刚进入"层累"说求证阶段所编写的《中国上古史研究讲义》，同样是按此宗旨对"各时代传说中的古史"材料进行梳理，他说：

> 我编辑这份讲义的宗旨，期于一反前人的成法，不说哪一个是，哪一个非，而只就它们的发生时代的先后寻出它们的承前启后的痕迹来，又就它们的发生时代的背景求出它们的异军突起的原因来。我不想取什么，丢什么，我只想看一看这一方面的史说在这二三千年之中曾起过什么样的变动……这便是我使用的方法。我想，待到它们的来源和变动都给我们知道了之后，于是它们在史实上的地位可以一个一个地推翻，而在传说上的地位可以一个一个地建设了。这是我的研究这门学问的大目的，而这编讲义乃是个造房屋的草图。③

而且，顾颉刚还认为，到这部讲义编辑完成之时，1923年他和刘掞藜、胡堇人讨论古史时提出的要解决的八个问题中的最后一个，即"现在公

---

① 顾颉刚：《禅让传说起于墨家考》，《顾颉刚古史论文集》第1卷，第497页。
② 顾颉刚：《古史辨第一册自序》、《答刘胡两先生书》(1923)、《答李玄伯先生》(1925)、《答柳翼谋先生》(1926)，《顾颉刚古史论文集》第1卷，第57，200，313、314，318页。
③ 顾颉刚：《中国上古史研究讲义·自序一》(燕京大学)，《顾颉刚古史论文集》第3卷，第81页。

认的古史系统是如何组织而成的","当可得到一个粗略的结论","七年前许下的愿有了还愿的时期"。① 虽然顾颉刚也曾说这份《讲义》还有不足②，但"造房屋的草图"毕竟搭建起来了，而其编排依据就是中国古史"层累"造成观念。

再就其研究论著来看，融贯史料、论证旧有古史系统最终形成于汉代的《五德终始说下的政治和历史》，也在1930年发表。前文已述，该文以邹衍五行学说的演变为线索，系统阐释了旧有古史系统在政治、学术、社会思潮等诸多因素影响下，逐渐"层累造成"的过程。③ 虽然学界争议很大，但此文确实符合顾颉刚"依据了各时代的时势来解释各时代的传说中的古史"的宗旨。正如刘起釪所说：它"使人看清了一部欺骗了后世近二千年的整齐完备的古史体系，原来是一个层累地造成的古史最生动的例子"。④《汉代学术史略》（后改题《秦汉的方士与儒生》）主要是把《五德终始说下的政治和历史》改为通俗语言。⑤《三皇考》和《五德终始说下的政治和历史》属于一组文章，系统梳理了"三皇"如何出现，如何在战国末年演变为人王称号，为何在西汉消沉，又如何在王莽时期定型。⑥《九州之戎与戎禹》《鲧禹的传说》《夏史三论》又考辨了鲧、禹及其关系的演变，以及夏朝传说多为后世历史的"倒影"等。⑦《战国秦汉间人的造伪与辨伪》（又题《〈崔东壁遗书〉序一》、《中国辨伪史要略》）不仅系统梳理了古代学术史上"造伪"和"辨伪"两股势力的发展演变，还进一步区别了伪古史形成过程中的"有意造伪"和"无意成伪"。⑧

此外，我们较为熟知的一些说法，如"我希望真能作成一个'中古

---

① 顾颉刚：《中国上古史研究讲义·自序一》（燕京大学），《顾颉刚古史论文集》第3卷，第82页。
② 同上书，第82—83页。
③ 文见《顾颉刚古史论文集》第2卷，第249—445页。
④ 刘起釪：《顾颉刚先生学述》，第181页。
⑤ 见《顾颉刚古史论文集》第2卷，第464—574页。
⑥ 同上书，第1—242页。
⑦ 分别见《顾颉刚古史论文集》第5卷，第118—142页；《顾颉刚古史论文集》第1卷，第499—552、553—611页。
⑧ 文见《顾颉刚古史论文集》第7卷，第51—177页。

期的上古史说'的专门家,破坏假的上古史,建设真的中古史"①,如意欲对旧有古史系统、古史学说进行"总清算"的"古史四考"("帝系考""王制考""道统考""经学考")等,也都提出于这一时期。②

以上可见,1930年前后的顾颉刚,正在对其"层累"说展开系统求证,正以实际研究逐步支撑起中国古史"层累"造成的假设,日益接近自己的学术目标,所以,他的古史观念是不会改变的。正如1930年他对胡适所说:"承嘱勿过怀疑,自当书之座右。惟这一方面,总希望让我痛快地干一下,然后让人出来调和,或由自己改正。总之,我是决不敢护短的。"③

三 辨古史亦须自辨

在"古史辨"高潮过后,旧有古史系统的权威已基本被打破,旧有古史系统、古史观念不可信,已经潜移默化为绝大多数古史研究者的基本观念,无论他们是否赞同顾颉刚的具体观点。因此,1930年前后,中国古史学界关注的焦点,已经从旧有古史系统要不要打破,逐渐转到打破后如何重建的问题。随着现代考古学、唯物史观社会史兴起所带来的新材料、新视角,重建问题越发受到人们关注。在这一趋势下,不断有学者对顾颉刚的古史考辨提出批评,如1929年傅斯年曾说:顾颉刚的古史研究是"中等的方法、下等的材料",他"所用方法只有历史的和结帐的两种",而"历史方法不过一个历史观念而已"④;郭沫若有知其然不知其所以然的说法⑤;马乘风、李季等更直接声明反对顾颉刚的"思想方法",认为古史传说、神话并非全伪,真的因素仍占一大部分,等等。这些批评多是从古史重建的立场提出,带有求全责备的色彩,虽然他们重建古史的凭借不同。

但我们应当承认,古史重建或建设自始就不是顾颉刚疑古辨伪所要

---

① 顾颉刚:《古史辨第二册自序》,《顾颉刚古史论文集》第1卷,第95页。
② "古史四考"于《古史辨第四册序》中提出,刘起釪有较为全面的分析,见《顾颉刚先生学述》,第156—169页。
③ 顾颉刚:《致胡适》(1930年7月3日),《顾颉刚书信集》第1卷,第470页。
④ 顾颉刚:《顾颉刚日记》第2卷,1929年2月13日,第252页。
⑤ 郭沫若:《中国古代社会研究·自序》,第4—6页。

承担的任务,至少不是他所要直接解决的问题。顾颉刚疑古辨伪是要打破旧有古史,而新古史的重建或建设,则是打破之后的问题。虽然我们可以说二者的最终目标一致,但其直接目标毕竟不同,在工作步骤上也不属同一阶段。所以,以顾颉刚的方法观念不足以重建古史为由,批评其古史考辨,实际已与其疑古辨伪的旨趣有所游离,多少有求全责备的嫌疑。对于这种游离于疑古辨伪旨趣之外的批评,顾颉刚当然不愿接受。这就使得他在考辨古史的同时,不得不进行自辨,以说明自己的研究领域和旨趣。

首先,是关于"只有破坏,没有建设"的批评,这也是学界争议较多的问题。如上所述,顾颉刚疑古辨伪的最终目的虽是建设新古史,但"建设"并不是他所要直接承担的工作,至少当时不是。因此,顾颉刚说:

> 我以为学术界中应当分工……古史的破坏和建设,事情何等多,哪里可由我一手包办。就是这破坏一方面,可做的工作也太多了,竭尽了我个人的力量做上一世,也怕未必做得完,我专做这一方面也尽够忙了。而且中国的考古学已经有了深长的历史,近年从事此项工作的人着实不少……我不参加这个工作决不会使这个工作有所损失。①

这里说得很明白,顾颉刚所自任的工作是"破坏",不是"建设"。也因此,他才将"只有破坏,没有建设"的责难称为"求全之毁"。不过,以"破坏"自任,并不是反对"建设"。在顾颉刚看来,"建设"与"破坏"只是学术分工的不同,但二者的目标一致,都是为了"求建设",它们"只是一事的两面,不是根本的歧异"——"破坏"是为"建设"新古史扫清尘障,"是替考古学家做扫除的工作,使得他们的新系统不致受旧系统的牵缠"。②

---

① 顾颉刚:《古史辨第二册自序》,《顾颉刚古史论文集》第1卷,第94页。
② 顾颉刚:《古史辨第四册序》、《古史辨第二册自序》,《顾颉刚古史论文集》第1卷,第122、96页。

同时，以"破坏"自任，也不是因为顾颉刚认为"破坏"与"建设"学术取向不同而借用"分工"说法刻意疏远"建设"。对此，他也有解释：

> 就表面看，我诚然是专研究古书，诚然是只打倒伪史而不建设真史。但是，我岂不知古书之外的古史的种类正多着，范围正大着；又岂不知建设真史的事比打倒伪史为重要。我何尝不想研究人类学、社会学、唯物史观等等，走在建设的路上。可是……究竟我是一个人……我决不能把这一科学问内的事项一手包办。①

如果"分工"说法是顾颉刚为疏远"建设"的刻意之举，那他没必要说自己想"走在建设的路上"，更没必要说"建设真史的事比打倒伪史为重要"。

以"破坏"自任，主要是因为在顾颉刚眼中，这种"扫除工作"是建设新古史不可跨越的基础工作。对此，他多有论及，如"近来有些人主张不破坏而建设。话自然好听，但可惜只是一种空想"②；"古书是古史材料的一部分，必须把古书的本身问题弄明白，始可把这一部分的材料供古史的采用而无谬误；所以这是研究古史的初步工作。我敢重言以申明之：这是研究古史的初步工作！"③ 前述他对王国维等学者"欲跳过经学的一重关，直接从经中整理出古史来"的做法不认同；他提醒唯物史观社会史研究者若因"填表格"需要而罔顾材料真伪，"将来一定可以证明，这种工夫是白费的"等，表达的也是相同观点。

当然，1930年前后顾颉刚的现实遭遇，即1929年顾颉刚和王伯祥所编《现代初中教科书·本国史》因不承认三皇五帝而被诬为"非圣无法"，遭到弹劾一事，也进一步强化了他对疑古辨伪重要性的认识。《古史辨》第2册《自序》中曾说："辨伪方面，还没有许多人参加，头脑陈腐的人又正在施展他们的压力（请恕我暂不将事实陈述），如果我不以此

---

① 顾颉刚：《古史辨第三册自序》，《顾颉刚古史论文集》第1卷，第101—102页。
② 同上书，第98页。
③ 同上书，第100页。

自任，则两千数百年来造作的伪史将永远阻碍了建设的成就。所以即使就时代需要上着想，我也不得不专向这方面做去。"① 这里所谓"头脑陈腐的人又正在施展他们的压力"，应该就是指此事。

其次，是关于古史研究所用材料问题。1930年前后，随着现代考古学的进展，考古材料日益为古史研究者所追捧。重视考古材料本无可厚非，但学界随之却出现了批评顾颉刚考辨古史只凭借古书材料，并不能解决古史问题的声音。如前述傅斯年说顾颉刚是"中等的方法、下等的材料"；1937年卫聚贤说《古史辨》"多在书本子上找材料，闹来闹去，没有什么结果"，"这是他不知考古之故"等。② 顾颉刚考辨古史是要揭示旧有古史系统、学说乃"层累"而成，而这种旧古史本来就是存在于传世文献中的。因此，顾颉刚说：

> 书本上的材料诚然不足建设真实的古史，但伪古史的发展十之八九是已有了书本之后。用了书本上的话来考定尧、舜、禹的实有其人与否固然感觉材料的不够用，但若要考明尧、舜、禹的故事在战国、秦、汉间的发展的情状，书本上的材料还算得直接的材料，惟一的材料呢。我们先把书籍上的材料考明，徐待考古学上的发现，这不是应当有的事情吗？③

这里所涉及的，其实还是顾颉刚考辨古史的旨趣问题，即他要考辨的是上古史说在战国、秦、汉间的流传演变。和着眼于通过考古材料来建设上古史的学者相比，二者的差别并不是卫聚贤所说的有没有"结果"的问题，而是二者追求的根本就不是同一个"结果"。即便顾颉刚利用了考古材料，所得到的也不会是卫聚贤等人所要的"结果"。因此，顾颉刚同样将这种批评称为"求全之毁"。

对于看重考古材料而轻视传世文献的学术取向，顾颉刚有更为直接

---

① 顾颉刚：《古史辨第二册自序》，《顾颉刚古史论文集》第1卷，第94页。
② 卫聚贤：《十年来的中国考古学》，载中国文化建设协会编《抗战前十年之中国》，龙田出版社1980年影印本，第637页。
③ 顾颉刚：《古史辨第二册自序》，《顾颉刚古史论文集》第1卷，第94页。

的批评，他说：

> 从前人讲古史，只取经书而不取遗物，就是遗物明明可以补史而亦不睬，因为经里有圣人之道而遗物里没有。这个态度当然不对，不能复存在于今日。但现在人若阳违而阴袭之，讲古史时惟取遗物而不取经书，说是因为遗物是直接史料而经书不是，这个态度也何尝为今日所宜有的呢。学术界的专制，现在是该打破的了。①

在此，顾颉刚对于看重考古材料而轻视传世文献学术取向的不满显而易见，虽然其中所说"学术界的专制"可能有具体所指。

在对轻视传世文献的取向提出批评的基础上，顾颉刚进一步阐释了自己的史料观念，亦即我们所熟知的"移置"说法，他说：

> 有人说："古书中的真材料，我们自然应当取出应用；至于伪材料，既已知道它伪了，又何必枉费气力去研究！"这个见解也是错的。许多伪材料，置之于所伪的时代固不合，但置之于伪作的时代则仍是绝好的史料：我们得了这些史料，便可了解那个时代的思想和学术……伪史的出现，即是真史的反映。我们破坏它，并不是要把它销毁，只是把它的时代移后，使它脱离了所托的时代而与出现的时代相应而已。实在，这与其说是破坏，不如称为"移置"适宜。一般人认为伪的材料便可不要，这未免缺乏了历史的观念。②

前文已述，自"层累"说提出以后，就屡有学者如胡堇人、柳诒徵、徐旭生等，提出顾颉刚抹杀古史、抹杀史料、抹杀传说等说法。这些人的具体语境或有差异，但他们的立足点都是寻找"古书中的真材料"。即便是专门研究古史传说的徐旭生，所关注的也是古史传说中的唯一的"真"，而不是史料移置说下的"相对"的、"动态"的"真"，而顾颉刚对古人治学"只看见'面'，不看见'线'"的批评，在此同样适用。徐

---

① 顾颉刚：《古史辨第三册自序》，《顾颉刚古史论文集》第 1 卷，第 102 页。
② 同上书，第 103—104 页。

旭生提出顾颉刚"把传说的东西一笔抹杀","不许历史的工作人再去染指"等虽获得不少学者认同,但这种批评本身就说明,或者他根本就不了解顾颉刚的古史观念是什么,或者是有意误解。

"移置"说法是顾颉刚对自己处理史料的方法观念较为透彻的一次说明,相关研究者应较为熟悉。不过,也有学者对顾颉刚的史料观念存在误会,如王汎森在论述民国学界对顾颉刚的批驳时,曾征引陈寅恪的观点说:"陈寅恪在《梁译〈大乘起信论〉伪智恺序中之真史料》中即指出伪古书中亦有真材料,不能一概抹杀,显然是针对顾颉刚对上古史料激烈的观点而下之针砭。"① 葛兆光在分析"古史辨派"与后现代史学的异同时则说:"古史辨派毕竟相信历史有一个本身的存在……古史辨派的中心目标是'辨伪',剥掉的东西是随口编造的废弃物,它们与本真的历史构成了反悖,所以要寻找本真的东西,其他的可以甩掉不要。后现代好像对'垃圾'特别感兴趣,特别关注那些层层作伪的东西,它的主要目的是清理这一层一层的包装过程……也就是说,当古史辨派把一些东西当做废物去掉时,后现代史学者将它们拣起来并做细致的分析。"②

顾颉刚相信"历史有一个本身的存在",是没有问题的,他"破坏"伪古史的终极目标就是建设上古信史。但是,顾颉刚并没有把剥掉的东西视为可以甩掉不要的废弃物,也没有把废弃物直接甩掉不要。他同样"对'垃圾'特别感兴趣",同样"特别关注那些层层作伪的东西",同样"是清理这一层一层的包装过程"。这一点,在古史讨论之初,胡适试图提醒双方不要"走向琐屑的枝叶上去"的时候,就已经指出过,即"崔述剥古史的皮,仅剥到'经'为止……顾先生还要进一步,不但剥的更深,并且还要研究那一层一层的皮是怎样堆砌起来的。"③ 顾颉刚在提出"移置"说法时所说"伪史的出现,即是真史的反映","一般人认为伪的材料便可不要,这未免缺乏了历史的观念"等,表达的也是相同观念。

---

① 王汎森:《价值与事实的分离?——民国的新史学及其批评者》,《中国近代思想与学术的系谱》,吉林出版集团有限责任公司2011年版,第408页。
② 葛兆光:《思想史研究课堂讲录》(初编),第92页
③ 胡适:《古史讨论的读后感》,载顾颉刚编著《古史辨》第1册,第191—192页。

最后，是关于研究方法的问题。顾颉刚考辨古史的重要方法，是受胡适启示而获得的"历史演进方法"。如前所述，1930年前后，这一方法的有效性遭到胡适本人的质疑。在此，我们仅略述顾颉刚对这一方法的态度，即：

> 一种学问的研究方法必不能以一端限，但一个人的研究方法则尽不妨以一端限，为的是在分工的学术界中自有他人用了别种研究方法以补充之。我深知我所用的方法（历史演进的方法）必不足以解决全部的古史问题；但我亦深信我所用的方法自有其适当的领域，可以解决一部分的古史问题，这一部分的问题是不能用他种方法来解决的。①

在此，顾颉刚没有明确指出他所说"历史演进方法"的"适当领域"是什么，但后来他曾再次征引这段文字，从中我们可以看出，这个"适当领域"就是对古史神话与传说的研究。②

以上是1930年前后顾颉刚面对学界的批评，所展开的主要"自辨"。对于这些"自辨"，有学者提出过顾颉刚古史研究主动"收缩"范围，或"调整疑古运动的方向"等说法。对此我们说，面对学界的种种"求全之毁"，顾颉刚确实有意通过分工合作方式，来淡化自己作为疑古辨伪领军人物的形象。他觉得"能够这样，我便可不做'古史辨'的中心人物，而只做'古史辨'的分工中的一员"，"人们的责望也自然会得对于古史学界而发，不对于某一个人而发"。③

不过，淡化疑古辨伪领军人物的形象，并不是要"收缩"研究范围或改变古史观念。在上述"自辨"中，顾颉刚明确声称自任的工作是"破坏"、强调史料审查的不可替代价值、坚持"历史演进方法"自有其"适当的领域"等，都表明他的古史观念是没有改变的。事实上，顾颉刚不但没有改变其古史观念，而且还有意加快了建构自己学术系统的步伐。

---

① 顾颉刚：《古史辨第三册自序》，《顾颉刚古史论文集》第1卷，第104页。
② 详见本书第七章。
③ 顾颉刚：《古史辨第四册序》，《顾颉刚古史论文集》第1卷，第117—118页。

据顾洪所说,《五德终始说下的政治和历史》一文的发表,正因"急欲立一系统"。①

既然如此,那我们如何理解顾颉刚的"收缩"?对此,我们需要相对全面地了解他对"收缩"的表述。1935年,顾颉刚说"五六年来,时时看见诋斥我的文字,固然我很愿意虚怀接受,但有许多简直是不该接受的",因而,写出如下一段文字,作为"总答复",即:

> 我开始辨古史在民国十年,那时中国的考古工作只有地质调查所做了一点,社会上还不曾理会到这种事,当然不知道史料可从地底下挖出来的。那时唯物史观也尚未流传到中国来,谁想到研究历史是应当分析社会的!我在那时,根据《六经》诸子,要推翻伪古史而建设真古史,我自己既觉得这个责任担当得起,就是社会上一般人也都这般的承认我,期望我。从现在看来,固然可笑,但论世知人,知道了那时的环境是怎样的,也就不必对于我作过分的责备。其后考古学的成绩一日千里,唯物史观又像怒潮一样奔腾而入……我深知道兹事体大,必非一手一足之烈所克负荷,所以马上缩短阵线,把精力集中在几部古书上。我常想,也常说:我只望做一个中古期的上古史说的专门家,我只望尽我一生的力量把某几篇古书考出一个结果。我决不敢说,也决不敢想:中国的上古史可由我一手包办……我自视只是全部古史工作中的某一部分的一员……我的工作是全部工作的应有的一部分,决没有废弃的道理……除非说考证古文籍的工作是不该做的,才可使顾颉刚的工作根本失其存在的理由;倘使不这样说,那么这项工作就决没有推翻的可能,至多只有在某一考证问题上应当驳正,某一考证材料上应当订补而已。②

这里,我们暂且抛开"缩短阵线"一句,首先看一下这段文字所叙述的

---

① 顾洪:《〈顾颉刚读书笔记〉前言》,载顾颉刚《顾颉刚读书笔记》第1卷,中华书局2011年版,第8页。

② 顾颉刚:《战国秦汉间人的造伪与辨伪·附言》,《顾颉刚古史论文集》第7卷,第179—180页。

变化的因素是什么？一是整个古史学界的变化，即现代考古学和唯物史观社会史的兴起，为古史研究提供了新材料、新视角，古史研究的"阵线"不断拉长；二是顾颉刚自己对相关问题认知的变化，即从认为文籍考订工作便是古史研究的全部，到意识到古史研究还有其他路径、方法。其次，我们看一下这段文字中不变的因素是什么？那就是顾颉刚实际从事的研究工作，即他自始至终从事的都是考辨传世文献中的古史问题。基于此，我们再讨论对"缩短阵线"的理解，即顾颉刚所说的"缩短阵线"，是以整个古史学界的"阵线"不断拉长为参照提出的，他不是"缩短"或改变了自己所实际从事的研究工作，而是没有随着考古学、社会史的兴起继续"拉长"自己的"阵线"。因此我们说，"缩短阵线"说法所体现的是考古学、社会史的兴起，让顾颉刚意识到自己所从事的古史考辨工作并非古史研究的全部，调整了它在整个古史研究领域的定位，但这主要是一种外部定位的调整，回到古史考辨工作本身，其研究领域、视角、方法等都是没有改变的。

另外，我们不能把引文中"把精力集中在几部古书上""考证古文籍"等表述绝对化。"几部古书"和"考证古文籍"应该是相对于考古学、社会史两种研究路径的一种概要说法，并不是如有学者所理解的转到了"以古书为中心"或回到了单纯的文籍考订工作。若如此，不仅和引文中同时出现的"中古期的上古史说的专门家"说法不合，也和顾颉刚后来的实际研究不合。

总之，1930年前后，随着现代考古学和唯物史观社会史的兴起，中国上古史研究逐渐从打破旧古史转向了建设新古史。在这种背景下，有些学者求全责备地提出了一些和"层累"说旨趣相游离，甚至是游离甚远的批评。这些批评给顾颉刚造成了一定困扰，使得他在考辨古史的同时，不得不进行自辨，以澄清自己的研究旨趣。另外，学界的批评越是与"层累"说的旨趣相游离，批评的角度也就越容易多种多样，因而顾颉刚回应的角度自然也就不一，由此，又使得今天有些学者根据顾颉刚不同的回应文字，提出了顾颉刚古史观念发生转变的说法。但事实上，这些回应文字背后有一个始终未曾改变的基本理念，即打破旧古史，为重建新古史扫清尘障。在此，我们转述顾颉刚在1930年所写下的一段充溢着无奈情绪的文字，以见其在种种责难声中对自己学术理想的坚守：

谢谢许多人：你们不要对于这个未成功者作成功的称誉，替他欺世盗名，害得他实受欺世盗名的罪戾；你们也不要对于这个未成功者作成功的攻击，把全国家之力所不能成事者而责备于他一人之身，把二千数百年来所层累地构成且有坚固的基础者而责望他在短时期内完成破坏的工作，逼得他无以自免于罪戾。你们如果同情他的工作，应自己起来，从工作中证明他的是；你们如果反对他的工作，亦应自己起来，从工作中证明他的不是。只要大家肯这样，古史问题的解决自然一天比一天接近，他也不致因包办而失败了！①

---

① 顾颉刚：《古史辨第二册自序》，《顾颉刚古史论文集》第1卷，第96页。

第五章

20世纪30年代顾颉刚沿革地理研究与"古史辨"的关联

20世纪30年代，顾颉刚在燕京大学、北京大学开设"中国古代地理沿革史"课程，并组织禹贡学会、创办《禹贡半月刊》，将较大精力投入沿革地理研究中，为中国现代历史地理学学科的建立，做出了重要贡献。学界基本认可顾颉刚的沿革地理研究与其"古史辨"之间，存在关联。不过，对于这种关联是"顺承"还是"转向"，学界却有不同说法。史念海、许冠三等认为顾颉刚的沿革地理研究是"古史辨"的延续，如史念海说"禹贡学会的组成实为颉刚先生从事古史辨的余波"；许冠三认为沿革地理研究的初衷是为了界定"战国秦汉时开拓的疆土和想像的地域"。① 彭明辉等虽也认为二者之间确有明显的线索可循，但这一"线索"，却是由"破坏"到"建设"、由"疑古"到"释古"的转变。他说："其实顾颉刚本人亦了解，一味的辨伪有走入虚无主义的危险，所以他由疑古走向审慎释古的过程，并非突如其来，而有其学术发展之理路。"② 顾潮和顾洪也曾将顾颉刚的沿革地理考辨，置于"破坏"与"建设"语境中，提出："先生对于古代地理的研究，既是为了考订古文籍，也是为了建立真实的古史体系。"③ 这些说法，关系到顾颉刚"古史辨"理念是否发生转变。而在目前讨论顾颉刚古史观"转向"问题的文章中，或隐或显地

---

① 史念海：《顾颉刚创立禹贡学会及其以后的二三事》，载顾潮编《顾颉刚学记》，第372—373页。许冠三：《新史学九十年》，第202、215页。
② 彭明辉：《历史地理学与现代中国史学》，东大图书股份有限公司1995年版，第148页。
③ 顾潮、顾洪：《顾颉刚评传》，百花洲文艺出版社2010年版，第107页。

存在一种倾向，即只要证明了"转向"的存在，便坐实了顾颉刚疑古辨伪具有不可饶恕的"原罪"。因此，我们有必要考察顾颉刚沿革地理研究的旨趣及其与"古史辨"理念的关联，厘清其古史研究的"不变"与"改变"。

另外，顾颉刚创办《禹贡半月刊》的初衷、办刊旨趣的后期调整，及其与日本侵华所造成民族危机的关系，也是学界关注较多的问题。例如，民族危机是不是《禹贡半月刊》创刊的主要动机？如果是，那为什么该刊不是在创刊之初，而是在调整办刊旨趣后才重点关注边疆史地问题？如果不是，那民族危机对该刊产生过何种影响？①

第一节　顾颉刚沿革地理研究的缘起及实践

顾颉刚研究中国古代地理沿革的缘起，本相当明晰。过度搅入"破坏"与"建设"、"疑古"与"释古"等概念，反而容易使简单问题复杂化。

1923 年，"古史辨"方兴未艾，顾颉刚提出推翻非信史的四项标准，就包括"打破地域向来一统的观念"。他说：我们读了《禹贡》《尧典》《史记》，以为中国的疆域"四至"、地域一统，在黄帝时就确定了，却"不知道《禹贡》的九州，《尧典》的四罪，《史记》的皇帝四至乃是战国时七国的疆域，而《尧典》的羲、和四宅以交阯入版图更是秦、汉的疆域……中国人民的希望统一始于战国；若战国以前则只有种族观念，并无统一观念"。② 在此之前，顾颉刚批评前人为学"只看见'面'，不

---

①　目前，学界基本认同《禹贡半月刊》办刊旨趣存在后期转向。如施耐德认为"《禹贡》第一卷和第四卷（一九三五年）之间在论调和内容上均有显著的转变"（［美］施耐德：《顾颉刚与中国新史学——民族主义与取代中国传统方案的探索》，梅寅生译，华世出版社1984年版，第303—304页；彭明辉也认为"禹贡学会由研究古代中国地理沿革而转向边疆史地"（彭明辉：《历史地理学与现代中国史学》，第219页）。王江则明确提出不同意目前学界绝大多数人所提转向一说，认为是其研究范围的延伸和拓展（王江：《〈禹贡〉半月刊研究》，博士学位论文，中国人民大学，2007年，第65页）。这一差异出现的原因，主要因为不同论者对"转向"的界定标准不同。

②　顾颉刚：《答刘胡两先生书》（1923年6月20日），《顾颉刚古史论文集》第1卷，第202—203页。

看见'线'；只看见个别，不看见同异"①，也以此为例。显而易见，沿革地理研究是"古史辨"体系的一部分：顾颉刚要辨明《尧典》《禹贡》《史记》等文献中有关上古地域的记载实际是战国、秦汉疆域的反映，正符合其古史考辨的核心观念，即旧古史系统是战国、秦汉间人，出于"托古改制""整齐故事"等动机，于有意无意中"层累"造成。

同年，顾颉刚因胡适建议"重提《尚书》公案，指出《今文尚书》不可信"，而欲作《禹贡作于战国考》《尧典、皋陶谟辨伪》两文。就提纲内容看，前者主要是通过证明《禹贡》的"分州"等地理观念所反映的实际是战国时代的疆域，来考订《禹贡》出于战国。后者所涉问题虽不只沿革地理，但他考证《尧典》《皋陶谟》出于秦汉的凭借，如"'南交'即秦之象郡、交趾至秦始入版图"，"羲和四宅，惟西无地名，这因秦都咸阳，已在国境西偏了"，"巡狩封禅始于秦"，"秦以六纪，而此之山、州、师亦均以六纪"等，主要也是对古代疆域沿革与古人地理观念演变的比较。② 这就说明，研究沿革地理，包括稽考古代疆域沿革的演变和梳理前人对上古地域观念的演变，实际是顾颉刚古史辨伪的重要手段。

上述可见，顾颉刚研究地理沿革，本就是"古史辨"的题中应有之义。他要通过厘清并比较古代实际疆域的沿革和古人地域观念的演变，来证明古人关于上古地域的观念是随着战国、秦汉疆域的扩大而扩大的，"向来一统"是后人把战国、秦、汉疆域状况"层累"叠加到上古史说的结果，是不可信的。此即顾颉刚研究沿革地理的缘起与初衷。

顾颉刚专门研究沿革地理，并不是20世纪30年代才开始。1928年，他在广州中山大学，已经开设"古代地理研究"课程，并编写了《古代地理研究讲义》。有学者曾据此讲义提出：顾颉刚研究古代地理，既是为考订古籍，也是为建立真实的古史体系。③ 一般而言，辨伪本身即有为建设真古史奠基的作用，但此课程讲义的直接目的是不是建设真实的古史体系，应看其宏观旨趣如何。

---

① 顾颉刚：《红楼梦辨序初稿》，《宝树园文存》第2卷，第185页。
② 顾颉刚：《致胡适：论今文尚书著作时代书》，《顾颉刚古史论文集》第8卷，第1—5页。
③ 顾潮、顾洪：《顾颉刚评传》，第107页。

首先，顾颉刚设计该课程所依循的指导思想，是上述辨伪思路。如他阐述课程旨趣说：

> 这"古代地理研究"一个名词，甚不适当，实际上是"从故籍里看中国人对于古代的疆域观念和实际上汉以前的各时代的疆域我们所能够知道的"。只因这个名词太长，所以缩做了"古代地理研究"一名。①

显然，顾颉刚要研究的，就是前人对上古疆域观念的演变和古代疆域的沿革实际，而两相对照之下，"观念"与"实际"的冲突，便自然显现。如他所说："做了这一步工作，可以知道秦、汉一统的疆域是经历了多少阶段而成就的，这很整齐的分野、分州……的系统是如何造出来的，他们为什么要这样造。"② 因此，从课程旨趣看，1928年顾颉刚的"古代地理研究"与其"古史辨"一脉相承，重在"辨伪"而非"建设"。

其次，从《古代地理研究讲义》的实际内容看。《讲义》分甲、乙两种材料，甲种为"旧系统的材料"，主要集录《禹贡》《职方》《王会》《山海经》《淮南·地形训》等文，其重点不在考证古代地理实际，而是要厘清诸如"分野""分州""四至""五岳""四裔""五服"等地理观念，如何"从不同而变为同"，"从想象变为事实"。例如，《讲义》论"神农九州"的形成道：

> 九州之说始于《禹贡》……最先，邹衍凭其想像之力，扩大禹之九州，未遑详定其制也。越三百余年，纬书纷起，《河图·括地象》中为之一一补缀，于是此大九州之说乃得成为具体之记载。又越六百余年，贾公彦征引纬书，以作《周礼疏》，于是分画此大九州者乃得其主名。而神农氏之疆域亦可作一略图矣。至于王应麟，又以《淮南子》中之九州加之于神农，而神农九州之名目又有异同之

---

① 顾颉刚：《古代地理研究讲义》，《顾颉刚古史论文集》第5卷，第1页。
② 同上书，第2—3页。

争矣。①

这里分析"九州"说从邹衍的"想象"到被后人逐步坐实，并附会于古圣先贤的过程，所展现的是上古疆域如何在后世文献中"层累"扩张的现象。②

论"史记五帝本纪中之黄帝疆域"道：

> 凡汉人对于古代地理，永不能免除一统观念，亦永不能不将数百年中新辟之地，视作自古已然。司马氏生当如此环境之中，虽有考信之志而未能明辨，故无足怪……司马氏实以耳所及闻之各处长老所称之黄帝风教，定为黄帝巡狩所到之地；倘彼行更远，闻更多者，黄帝四至固当不止于是矣。③

这是以具体例证来说明上古疆域在后世文献中"层累"扩张的原因之一，即时代思潮的影响。

论"尧典、皋陶谟中所说之地理"说：《尧典》《皋陶谟》二篇记载唐、虞时代制度文物之美备，至矣尽矣。尧、舜之所以成为中天之圣，垂世万之宪者，翳此焉是赖。然此二篇实以秦、汉之一统为其背景："南交、幽都"为秦、汉疆域所至；"封十有二山"、巡狩四方，亦皆自秦始皇；使封建与郡县之两制并行不悖，则汉高之所优为者，以《汉书·地理志》与《高惠》《景武》两《功臣表》合观，其事甚明。故《尧典》、《皋陶谟》之著作时代，最早不能过秦，最迟当在汉武帝之世。自此而后，说经之家纷纷为尧、舜制度张皇幽眇，实皆痴人说梦耳。④ 这是通过厘清古人对上古地域观念演变，并和古代实际疆域沿革比较，来达到辨

---

① 顾颉刚：《古代地理研究讲义》，《顾颉刚古史论文集》第5卷，第4页。
② 所谓邹衍"扩大禹之九州"，不是顾颉刚相信《禹贡》的九州说，而是因为他认为"九州"本是姜姓民族的发源地，后才被逐渐演化为"禹迹九州"说。这一点，《讲义》中没有具体说明，但在后来《州与岳的演变》中，有详细论述，见《顾颉刚古史论文集》第5卷，第43—47页。
③ 顾颉刚：《古代地理研究讲义》，《顾颉刚古史论文集》第5卷，第5页。
④ 同上书，第7—8页。

伪目的。

《讲义》甲种其他材料，具体例证虽不相同，但旨趣皆与上述相类，不再赘言。

《讲义》乙种为"新系统的材料"，包括罗振玉《殷墟书契考释·地名篇》、余永梁《金文地名考》、王国维《三代地理小记·古诸侯称王》等9份。就内容言，这些材料均属考实性质，然而，顾颉刚的用意，却不是单纯的钩稽史料考证历代疆域状况，而是要借助历代疆域状况来推求"旧系统的材料"的年代，如其自述："从甲骨文中看商代地域；从金文、《诗》、《书》中看西周地域；从《春秋》、《国语》、《左传》中看东周地域；从《战国策》、先秦诸子中看战国地域；从《史记》、《汉书》中看秦、汉地域。就把这些材料和甲种相比较而推求甲种诸篇的著作年代。"① 例如，对于罗振玉《殷墟书契考释·地名篇》，他说：

> 甲骨发现……使历史界骤得认识无数之商代史迹，而前此以圣道王功为中心之古史乃不得不失其权威。即就地理一端言之……商末去东周仅数百年，而卜辞地名可用东周之地以征考之者几于无有，《禹贡》年代距战国绝远，乃所载地名转皆战国所习用者，其可信乎！夏之史迹，将来发得古物或可识其一二，今日则但知其为商以前之一大国耳。所谓"战甘野"，"畋洛表"，"征胤侯"，"都安邑"种种有关于地理之故事，俱战国以来随口编造，不足深稽。②

可见，顾颉刚的主要目的，是利用这些考实性文字来证明经典文献中关于上古地域的观念不可信。《讲义》中对余永梁文字的评价，具有同样特点，如说：

> 余永梁先生……汇合金文中地名与可以互证之古籍文字，以及前人考证之结果，分地录之，成《金文地名考》一篇。学者先读是篇，略备一系之智识，进而读王氏（王国维）等之专书，然批郤

---

① 顾颉刚：《古代地理研究讲义》，《顾颉刚古史论文集》第5卷，第2页。
② 同上书，第18页。

导窍，得其腠理；更持以与《职方篇》较，则面目全非，真伪立判，此支配学界二千年之旧系统已不待攻击而消灭矣。①

这表明，顾颉刚深知甲骨文、金文对于建设真实古史的价值，但此时，他更看重这些材料对打破旧有"地域向来一统观念"的价值，亦即他稽考真实古代地理知识的主要目的乃是辨伪。

《讲义》共选录王国维的文字 7 份，占乙种材料绝大比重，而且，"案语"中更是褒奖有加，这首先说明了顾颉刚对王国维学问的重视。不过，顾颉刚选录王国维文字的目的仍具有上述特点，而且还明确指出其中的不足。例如，对于王国维《三代地理小记·古诸侯称王》，顾颉刚说：

> 夫古代之国实为部落，而古代之王仅是自尊，非天下所共戴……静安先生此篇，根据金文……以证文王有称王事殷之可能。然则古代本无一统之制，亦无所谓"天无二日，民无二主"之信念，自可知矣。②

对于《鬼方昆夷猃狁考》，他说：

> 窃意苟欲举静安先生之代表作品，《殷周制度论》乃不及《鬼方猃狁考》。盖三代之礼制经战国、秦、汉间人之窜乱附会，非经吾人之长期研究，为之一一抉剔，实无供佐证之资格；静安先生过于信古，弗加考辨，遂取资焉，譬如筑室沙上，虽劳而弗固。至于边裔事迹，淆乱者鲜；即有淆乱，亦无圣道之大防在，析而破之，易易事耳……故此篇者全部用现代之眼光，现代之方法，现代之材料以及前人积累之功力组织而成，昭示吾人以最精确之治学之术者也。③

顾颉刚对《鬼方昆夷猃狁考》《殷周制度论》的一褒一贬，其反对"过

---

① 顾颉刚：《古代地理研究讲义》，《顾颉刚古史论文集》第 5 卷，第 20 页。
② 同上书，第 21 页。
③ 同上书，第 22 页。

于信古"的立场显而易见。在他看来,王国维"建设"古史之功虽高,但因其"过于信古",仍不免为战国、秦、汉间人之窜乱附会所迷惑。这一观点本身对错姑且不论,它至少表明在顾颉刚眼中,建设真古史必须首先打破伪古史。

最后,上述特点在"古代地理研究"课的学期试题中,也有明显体现。诸如"中国是怎样的积渐扩大的?试举其积渐扩大的层次说明之";"我们要考明古代地理,应当打倒哪几种偶像,然后不至被它们误了?请将关于这些偶像的书籍及制度名目举出来(如能依其发生次序排列之,见出它们的层累而成的状况,更好)";"九州之说起于何时?由于何种需要?后来人把这种制度尽往上面推去,推到了什么时代方才歇手?"等等①,显然是要考察传统地域观念是如何"层累"而成,符合"古史辨"的理念。

总之,1928年顾颉刚开设"古代地理研究"课程,开始考辨沿革地理,完全属于"古史辨"范畴,未见所谓转向"建设"的明显痕迹。

至于顾潮、顾洪在《顾颉刚评传》一书中,就《古代地理研究讲义》提出"先生对于古代地理的研究,既是为了考订古文籍,也是为了建立真实的古史体系"②说法。首先,我们并不否认顾颉刚辨伪的最终诉求,是建设真实的上古史。一般而言,"辨伪"本身即自带"考信"效果,"破坏"也有为"建设"扫清尘障之功。但是,我们不能因此就将"破坏"归于"建设",特别是围绕顾颉刚及其"古史辨",无论"辨伪""考信",还是"破坏""建设",都有其特定的时代内涵,绝不宜单纯取其字面意思。在《古代地理研究讲义》中,顾颉刚要考察古代疆域的实际状况,推求"甲种诸篇的著作年代",固然有一般意义上的"建设"味道,但其核心目标乃是要打破战国、秦、汉以来陈陈相因的旧说。因此,所谓"考察实际状况","推求著作年代",在当时,不过是顾颉刚推翻旧古史系的一个环节,其落脚点仍在"破坏",不必过多向所谓"建设"靠拢。

或许是有感于学界一直以来围绕"古史辨"之"破坏"与"建设"

---

① 顾颉刚:《古代地理研究讲义》,《顾颉刚古史论文集》第5卷,第29—30页。
② 顾潮、顾洪:《顾颉刚评传》,第107页。

问题的争论，抑或是受当时"走出疑古时代"思潮的影响，《顾颉刚评传》中才特别说明顾颉刚有建设真古史的目的。这也是不少为顾颉刚辩护的学者所共有的倾向。此类辩护虽是好意，但我们也应该清楚，辨伪是史学由传统走向现代的开路先锋，辨伪的自觉是现代史学的首要特征，中西皆然。而这也正是顾颉刚对20世纪中国历史学所作出的无可替代的贡献。因此，我们不必因一些尚未明朗的争论，去过多强调"建设"而刻意回避"辨伪"和"破坏"。

第二节　20世纪30年代顾颉刚沿革地理研究的旨趣

如果说《顾颉刚评传》一书，尚属于从辨伪中发掘"建设"因素，那彭明辉提出，顾颉刚因了解"一味的辨伪有走入虚无主义的危险"，因而在20世纪30年代的沿革地理研究中，由"疑古"走向了"审慎释古"①，则关涉其古史考辨的根本旨趣是否发生改变。因此，清理30年代顾颉刚研究沿革地理的历程和成果，以考察其旨趣，便有必要。

讨论顾颉刚在"疑古""释古"之间转变与否问题，我们应注意这两个概念有其特定的时代内涵，不应仅凭行文风格等表面因素便作出判断，当然更不能先望文生义地臆测一个"释古"内涵，再据之考察顾颉刚古史观念的转变问题。对此，正如张京华所指出："'信古、疑古、释古'三阶段说有其特定的学术背景……信古、疑古、释古三名虽异，起因都是由于疑古思潮的兴起……疑古一语无论切当与否，都是特指顾颉刚《古史辨》这一派，而信古、释古则特指相对于疑古派而言的其他二种治学倾向。"②

首先，就研究动机、取向看，20世纪30年代，顾颉刚集中精力研究沿革地理，是出于辨伪的需要，而不是防止因辨伪走向虚无。1930年，

---

① 彭明辉：《历史地理学与现代中国史学》，第148页。其实，"一味的辨伪有走入虚无主义的危险"说法的主要依据《秦汉的方士与儒生·序》，是顾颉刚为1954年的修订本所写，其中的自我批评，带有鲜明的时代色彩。该书于20世纪30年代以《汉代学术史略》首次出版时，并无序文。不过，彭明辉此说确实代表了一些学者的观点。

② 张京华：《古史辨派与中国现代学术走向》，第20页。

他在燕京大学的工作报告中说：

> 《尚书》中《尧典》、《皋陶谟》、《禹贡》三篇之著作时代……前人皆说为虞、夏时所作。近人虽断制较严，亦仍以为周人作。依颉刚意见，则《禹贡》尚是战国人作，而《尧典》、《皋陶谟》二篇直是汉初人作。惟以此中问题太多，全部古史悉为牵动，未易下笔，故拟于此二年中先行搜集材料，俟材料较充足时，即作《九州与十二州》、《四岳与五岳》、《五服与九服》、《战国疆域考》、《秦汉疆域考》、《封禅考》、《巡守考》、《帝号考》、《虞廷九官考》等篇；再汇为《禹贡考》、《典谟考》二书，在本所出版。①

这里，顾颉刚不仅要辨"前人"之伪，更要在"今人"基础上，将《尚书》三篇的著作时代进一步推后，可见其辨伪的理念与力度没有明显改变。而他为实现计划而撰写的诸篇论文，绝大部分都关涉古代地理知识，这就说明辨前人伪说、考订古书真实年代是目的，研究沿革地理是达成目的的手段，而不是相反。

其次，我们要合理认识顾颉刚沿革地理研究的旨趣，不仅要看他说了什么，更要看他做了什么。除去一些序、跋、按语等，20世纪30年代，顾颉刚独撰的著述主要包括《〈尧典〉著作时代考》《州与岳的演变》《两汉州制考》《古史中地域的扩张》《九州之戎与戎禹》《春秋时代的县》等。② 另外，他还和童书业合作发表《汉代以前中国人的世界观念与域外交通故事》一文；和史念海、杨向奎合作，和史念海署名出版《中国疆域沿革史》一书。这些作品总体规模宏大，有些论文实际不亚于一本专著，因此，下面主要考察顾颉刚独著作品，以见一斑。

(1)《〈尧典〉著作时代考》

《〈尧典〉著作时代考》初稿写成于1931年，是顾颉刚当时在燕京大学、北京大学"《尚书》研究"课程讲义的一部分，主要借助古代地理沿

---

① 顾颉刚：《研究员顾颉刚工作报告》，《宝树园文存》第1卷，第325页。
② 这里所举，主要是一些成系统的论著，其他尚有诸如《读〈周官·职方〉》《〈五藏山经〉试探》《读〈尔雅·释地〉以下四篇》《说丘》等。

革知识，考订《尧典》著作年代。① 该文大致可分为两部分：第一部分考证今本《尧典》写定于西汉武帝时期，第二部分说明今本《尧典》非出于一人一时。核心观点是，今本《尧典》所载乃汉武帝时疆域、制度的反映，主要证据包括四个方面：

第一，《尧典》一统之意味重，君主之势力厚，又封建、郡县两制并存，与西汉情况符合。

第二，自古言分州者，唯以九数。汉武帝时，开疆拓土，九州之数，不能满足实际需要，因而打破九州观念，合《禹贡》《职方》州名，又增朔方、交趾两部。《尧典》"肇十有二州"即由此而来。

第三，《尧典》"四宅"之地，东之"嵎夷"、南之"交趾"、北之"朔方"，皆汉武帝所置诸郡，只有西方称为"宅西"，这是因为"西域"之称，宣帝时才有，此前尚无固定称谓。因此，《尧典》"四宅"即汉武帝时疆域之反映。

第四，既论定今本《尧典》晚出，又从"经传之篇目""《史记》之收录""西汉人之征引""汉武帝之志愿及其时代潮流"四个方面，进一步断定今本《尧典》写定于汉武帝时期。

可见，顾颉刚考辨古代地理沿革，实际为了证明分州、四宅、四罪等关于上古地域的观念（具体论证中还包括封禅等制度），并非上古地理实际，进而考订《尧典》著作时代。

从四宅、封禅等观念入手考订《尧典》著作年代，本即顾颉刚在"古史辨"之初的心愿。如1923年他致信胡适，叙述欲撰写《尧典、皋陶谟辨伪》一文，提到"所以考定为秦汉时书之故"时就说："1 '南交'即秦之象郡、交趾至秦始入版图。2 羲和四宅，惟西无地名，这因秦都咸阳，已在国境西偏了。3 帝号的作为职位和称谓始于秦。4 巡狩封禅始于秦。5 秦以六纪，而此之山、州、师亦均以六纪。"② 只不过，当时

---

① 顾颉刚生前并未将《〈尧典〉著作时代考》全文发表。1935年，从中析出《从地理上证今本〈尧典〉为汉人作》，发表于《禹贡》半月刊第2卷第5期；1939年，又析出《〈尧典〉"二十有二人"说》，发表于《文史杂志》第6卷第2期；1985年，全文发表于《文史》第24辑。今收入《顾颉刚古史论文集》第8卷，第63—151页。相关情况，详见王煦华所写《后记》，载顾颉刚《顾颉刚古史论文集》第8卷，第151—153页。

② 顾颉刚：《致胡适：论今文尚书著作时代书》，《顾颉刚古史论文集》第8卷，第4页。

他认为《尧典》出于"秦汉时期",而此时则具体到了汉武帝一朝。

另外,1934年他在回应孟森、劳榦、叶国庆等人的相关质疑时,也说:

> 予……以种种因缘之凑合,乃决然以为夏以前无可征信;《尧典》等篇遂同时于我意识之中失其历史上之地位,知孔子即使确有"祖述尧、舜"之事,亦不过证明当孔子时已有此理想中最高模范之尧、舜存在耳,与邃古史实无与也。十余年来,恒闻人评我持论太悍,而不知既已吐纳现代之空气,即无法更接受传统之史说,此实时代精神之自然表现,既非某某个人之力所能创,亦非某某个人之力所得沮也。《尧典》既非真唐、虞书,则其著作时代顿成问题。①

这也证明顾颉刚的古史观念,并没有根本改变,《〈尧典〉著作时代考》稽考古代地理沿革知识,目的仍在"辨伪",仍属承续"古史辨"而来。

(2)《两汉州制考》

《两汉州制考》写定于1934年。该文首先梳理了《汉书·地理志》中关于西汉州制记载的矛盾和后人对"矛盾"的四种解释,并提出:《汉书·地理志》的矛盾说法,源于班固将东汉的制度混入《汉书》。随后,比较细致地辨析了西汉、新朝、东汉及其末年曹操掌权时期,州的建置的演变。最后得出结论:汉武帝模仿九州说,区划其王畿之外的疆土,置十三刺史部,为监察区域,后渐变为行政区域;王莽时,改立为十二州;光武帝时,采用王莽旧制而略有改动,将王畿纳入而为十三州。②

单就内容看,《两汉州制考》的"建设"色彩极为浓厚。不过,若讨论其宏观旨趣,我们还要考察顾颉刚撰写此文的思想脉络。1931年,顾颉刚在"尚书研究"课上提出,《尧典》"肇十有二州"之文乃"袭诸汉武之制"。对此,时为燕京大学研究生的谭其骧提出质疑,认为十二州为

---

① 孟森等:《尧典著作时代问题之讨论》,《顾颉刚古史论文集》第8卷,第435页。
② 顾颉刚:《两汉州制考》,《顾颉刚古史论文集》第5卷,第167—230页。

"东汉之制而非西汉之制"。① 顾、谭二人就此问题往复讨论数次，结果便促成了《两汉州制考》。② 如前所述，"肇十有二州"说法的由来，是顾颉刚考订今本《尧典》出于汉武帝时期的重要依据。因而，无论谁对谁错，顾颉刚都有必要考明两汉州制问题。那么，对于这场讨论，顾颉刚最终的态度如何？如他自己在《两汉州制考·附识》所说：

> "肇十有二州"为汉武帝十三部的反映，这一义并不因这回的讨论结果而失败，因为我们已寻得其显然窜改的证据。而且"羲叔宅南交，和叔宅朔方"，更分明是汉武帝立交趾朔方两部的记载。过几年……当细论之。③

因此我们可以说，顾颉刚依旧没有放弃"寻得其显然篡改的证据"，即其辨伪态度依旧。基于此，我们也可以说《两汉州制考》在一定程度上是为《尧典》年代辨伪服务，与"古史辨"具有一脉相承的关系。

(3) 《州与岳的演变》和《九州之戎与戎禹》

《州与岳的演变》和《九州之戎与戎禹》分别发表于1933年和1937年，从内容看，两文均以考辨古代地理观念、学说为主，间涉古代民族迁徙问题，可以视为一组。在《九州之戎与戎禹》一文中，顾颉刚也说过："四年前，曾作《州与岳的演变》一文……此数年中，时有新获，欲增入前文，而事物苦烦，未能如志……爰就九州之戎一题先草此篇，藉供鄙见于诸方家。"④

---

① 详见谭其骧、顾颉刚《关于尚书研究讲义之讨论·汉武帝的十三州问题》，《顾颉刚古史论文集》第8卷，第384—421页；另参见谭其骧《关于汉武帝的十三州问题讨论书后》，《复旦学报》1980年第3期。
② 当时，顾颉刚尚未开设"中国古代地理沿革史"课。1932年1月，顾颉刚南归探亲，因"一·二八"事变滞留杭州4个月，6月，回到北平。也就是说，1932年第一学期，顾颉刚实际未能开课。而这年9月，第二学期开学，他便在燕京大学、北京大学改任"中国古代地理沿革史"课。因此，顾颉刚在此时开设古代地理沿革史课程，这场讨论可能产生了一定的推力。参见顾潮、顾洪《顾颉刚评传》，第107页；顾颉刚《顾颉刚日记》第2卷，1932年10月9日，第571页。
③ 顾颉刚：《两汉州制考·附识》，《顾颉刚古史论文集》第5卷，第231页。
④ 顾颉刚：《九州之戎与戎禹》，《顾颉刚古史论文集》第5卷，第118—139页。

《州与岳的演变》主要讨论两个问题：一是"九州"如何由最初姜姓民族居住地的地名，演化为禹迹九州，再演化出具体的州名、疆界与分州说，又如何放大为十二州说；一是"四岳"如何由位于西方、姜姓民族的发祥地，逐渐演化，最终成为五岳制度。①《九州之戎与戎禹》主要论证禹和九州之所以发生关系，与戎族之移徙有关：九州本为戎族之区域，与诸夏相接，其间有四岳之地，由戎之先人所居住；随着戎族迁徙，九州、四岳观念随之散播，逐步演化为传统州、岳观念；禹本为戎之宗神，亦随戎族迁徙，逐渐演化为三代首君。②

　　与前述《〈尧典〉著作时代考》《两汉州制考》相同，《州与岳的演变》《九州之戎与戎禹》两文，虽然对州、岳、戎族迁徙路线等实际地理知识，进行了较为系统地考辨，但其出发点仍是要打破人们对上古地域观念的成见。如《九州之戎与戎禹》一文开头便提出："禹与九州何以发生关系？"这就说明，消解"禹划九州"观念，仍是此文的重要目的。这是其不变的一面。

　　同时，较之以往，这两篇文章中还有改变的观点，就是对禹的来源的判断。1923年，在《与钱玄同先生论古史书》中，顾颉刚认为禹是动物，出于九鼎③；随后，在《讨论古史答刘胡二先生》中，他又提出"禹是南方民族神话中的人物"④；此时，他又提出禹为西方戎族的宗神。但是，无论顾颉刚对禹的认识如何改变，他始终都不肯给予禹以人王的地位。从这一点，同样可以看出，顾颉刚的基本古史观念没有改变。

　　（4）《古史中地域的扩张》

　　《古史中地域的扩张》发表于1934年，相对以上诸篇，属于短文，但对揭示顾颉刚研究沿革地理的旨趣，却至关重要。该文首先概述当时可知的夏、商、周三代疆域实际状况，然后梳理文献中关于三代疆域的记载，以显示三代疆域是如何在古史记载中被"层累"扩张。最后说道："古史中地域的扩张是这样来的。我们不必攻击传说，我们且去寻出他的

---

① 顾颉刚：《州与岳的演变》，《顾颉刚古史论文集》第5卷，第43—74页。
② 顾颉刚：《九州之戎与戎禹》，《顾颉刚古史论文集》第5卷，第139页。
③ 顾颉刚：《与钱玄同先生论古史书》，《顾颉刚古史论文集》第1卷，第183页。
④ 顾颉刚：《讨论古史答刘胡二先生》，《顾颉刚古史论文集》第1卷，第230页。

背景。"① 所谓"背景",主要就是战国、秦、汉间中国疆域不断扩张的实际。在此,顾颉刚研究古代地理沿革史,旨趣在于考辨"古史中地域的扩张",打破"地域向来一统观念",表现得至为明显。而且,此文与前述1928年《古代地理研究讲义》的旨趣,一般不二,完全符合"层累"思路。因此我们说,20世纪30年代,顾颉刚的沿革地理研究,看似出现了一般意义上的"建设"现象,但其根本旨趣,与"古史辨"别无二致。

（5）《春秋时代的县》

《春秋时代的县》发表于1937年,分别考察了楚、秦、晋、齐、吴五国县制的出现时间、大小、建置、数量等,并分析了各国县制不同特点的原因。文后余论三则,分别为《县鄙的县和他种封土制度》《周官中的县》和《左传里两个伪县》。②

《春秋时代的县》是顾颉刚沿革地理研究中较为独特的一篇文章,既不像《州与岳的演变》等文考察古人地域观念的演变,也不像《两汉州制考》由《尧典》年代问题引出。关于此文的写作动机,我们只知道它是为《禹贡》半月刊"古代地理专号"而作③,至于为何选择"春秋时代的县"这个题目,顾颉刚只在引言部分对前人关于郡县制出现于唐虞时期、夏商时期、有史以来就有等说法略作批评,提出要"从真实的记载里重寻郡县制的演进史"。④

不过,考察春秋时代的县制和顾颉刚论证中国古史"层累"造成说,是存在学术关联的。对此,我们仍需回顾1923年顾颉刚提出四个"打破"中"打破地域向来一统观念"的论述:"我们读了《史记》……以为中国的疆域的四至已在此时规定了;又读了《禹贡》《尧典》等篇,地域一统的观念更确定了……中国的统一始于秦,中国人民的希望统一始于战国;若战国以前则只有种族观念,并无一统观念……自从楚国疆域日大,始立县制,晋国继起立县,又有郡;到战国时郡县制度普及;到秦

---

① 顾颉刚:《古史中地域的扩张》,《顾颉刚古史论文集》第5卷,第81页。
② 顾颉刚:《春秋时代的县》,《顾颉刚古史论文集》第5卷,第231—274页。
③ 参见顾潮《顾颉刚年谱》（增订本）,第311页。
④ 顾颉刚:《春秋时代的县》,《顾颉刚古史论文集》第5卷,第231—233页。

并六国而始一统。若说黄帝以来就是如此,这步骤就乱了。所以我们对于古史,应当以各时代的地域为地域,不能以战国的七国和秦的四十郡算做古代早就定局的地域。"① 从这里可以看出,通过"重寻郡县制的演进史",可以证明中国地域并非向来一统。

另外,顾颉刚在《州与岳的演变》中曾提出,九州由地名演变为区划,可能与春秋以降楚、晋、秦三国创立的县制和传说相混合有关。相关论述文字不多,但已包括了《春秋时代的县》一文的主要观点。②

因此我们说,就论题本身的学术关联而言,研究"春秋时代的县"是考辨中国古史"层累"造成的需要。但具体到顾颉刚当时撰写此文是因为考虑到"打破地域向来一统观念"需要,还是因为考察"九州"观念演变时重新注意到县制问题,抑或是仅仅因为当时他正在燕京大学和北京大学开设"春秋史"课程,又得到童书业的协助③,收集材料较为方便,笔者无法确定。不过,即便《春秋时代的县》与"古史辨"的宗旨没有直接关联,仅此一篇考实性文章,也证明不了顾颉刚的古史观念由"疑古"走向了"释古"。

最后,我们从顾颉刚古史研究的整体特点上,考察他是否出现了向"重建"或"释古"的转变。事实上,顾颉刚在古史研究上较成系统的著述,很多都完成于研究沿革地理的20世纪30年代。例如,《五德终始说下的政治和历史》(1930年)考辨旧古史系统在战国、秦汉间被"层累"造成,并定型于汉代的过程④;《三皇考》(1932年初稿,1934—1935年杨向奎续完,1936年发表)考辨"三皇"说法,确立于王莽时期⑤;《禅让传说起于墨家考》(1936年)考辨禅让说出于墨家编造,后才被写入《尧典》《大禹谟》等儒家经典。⑥ 另外,还有和《五德终始说下的政治和历史》论题相同的《汉代学术史略》,等等。⑦ 这些论题,无一不是旧

---

① 顾颉刚:《答刘胡两先生书》,《顾颉刚古史论文集》第1卷,第202—203页。
② 顾颉刚:《州与岳的演变》,《顾颉刚古史论文集》第5卷,第55—56页。
③ 顾颉刚:《顾颉刚日记》第3卷,1937年6月8日,第652页。
④ 顾颉刚:《五德终始说下的政治和历史》,《顾颉刚古史论文集》第2卷,第249—445页。
⑤ 顾颉刚、杨向奎:《三皇考》,《顾颉刚古史论文集》第2卷,第1—248页。
⑥ 顾颉刚:《禅让传说起于墨家考》,《顾颉刚古史论文集》第1卷,第423—498页。
⑦ 顾颉刚:《秦汉的方士与儒生》,《顾颉刚古史论文集》第2卷,第464—574页。

古史系统的核心问题，无一不可系于顾颉刚的"古史四考"之下，也无一不符合顾颉刚坚持的战国诸子托古改制、汉代学者通经致用而伪窜古史的观念。顾颉刚在辨伪事业上的这种整体推进，本身就说明这一时期他对传统古史的基本观念一仍其旧。

而综观顾颉刚的沿革地理研究也可见，其中对战国、秦汉间人的上古地理学说的批评，几乎俯拾即是。顾颉刚主要是透过经传典籍中"州""岳""四宅""四罪""四至"等关键概念，来解析前人对上古地域学说的建构过程。他通过对这些概念，循其流、溯其源，诠释它们是如何随着古代民族的迁徙、随着中国古代疆域扩大等因素而逐渐演变、扩大，以证明前人的上古地域观念实际在战国、秦汉间形成，是战国、秦汉疆域的反映。如在《州与岳的演变》一文中，顾颉刚就提出"九州的具体的地位和名称乃是战国时人的建设"，并对谷永、马融、郑玄、孔颖达等经学家批评说：

> 他们之所以这样"无中生有"，为舜立下这个州制，只为不肯说一声"《尧典》十二州无可征证"和不肯说一声"《禹贡》、《释地》、《职方》的九州名目互相冲突"之故。无可征证的，他们偏要证明它；互相冲突的，他们偏要讲得它不冲突；于是把这三篇硬属于夏、商、周三代，而把它们的不同处集合起来，一切归之于舜……这种整理方法最是汉人的长技，所以他们传给我们的纠纷也特别多。[1]

这正符合其古史考辨的核心理念，即旧古史系统是前人出于"托古改制""整齐故事"等动机，在战国、秦汉间"层累"造成。因此，顾颉刚的基本古史观念并无改变。

总之，这一时期，顾颉刚《两汉州制考》等文，固然带有一般所谓"建设"色彩，他对旧古史系统的构成也有自己独到的解释。但是，这种"建设"和"解释"，与傅斯年等人借重考古新材料重建上古信史，与唯物史观者从旧材料中解读出新信息，有着根本的不同。而在近代史学史上，针对"古史辨"出现的"重建""释古"概念，最初主要就是指以

---

[1] 顾颉刚：《州与岳的演变》，《顾颉刚古史论文集》第5卷，第68页。

傅斯年等人为代表和以唯物史观者为代表的两种古史研究取向,而不是后来被泛化的概念。20世纪30年代,顾颉刚沿革地理研究中的"建设"现象,所反映的不是其古史观念的改变,而且其辨伪方法视角的调整。

第三节 《禹贡半月刊》的创刊动机

《禹贡半月刊》因诞生于民族危机日益深重的1934年,所以学界论述其创刊动机,也多着眼于其中所蕴含的民族精神。① 就整体而言,《禹贡半月刊》确曾对民族危机作出过明显回应,但这并不意味着民族危机意识贯穿着《禹贡半月刊》的始终。忽略这一点,容易混淆《禹贡半月刊》创刊动机与其办刊旨趣的后期调整问题。

《禹贡半月刊》的创刊动机,顾颉刚在第1卷第1期《编后》中有明确交代,他说:

> 颉刚七年以来,在各大学任"中国上古史"课,总觉得自己的知识太不够,尤其是地理方面……因此我就在燕京和北大两校中改任"中国古代地理沿革史"的功课……同时,谭季龙先生(其骧)在辅仁大学担承"中国地理沿革史"一课……我们觉得研究学问的兴趣是应当在公开讨论上养成的,我们三校的同学如能联合起来……学业的进步一定很快速……所以我们决定办这个半月刊。②

从为弥补研究古史的不足而开设"中国古代地理沿革史"课程,到为选课学生学业进步而联合创办刊物,这一过程说得清晰明白。继之,顾颉

---

① 亲身参与过相关活动的学者,如杨向奎《回忆〈禹贡〉》、王树民《纪念禹贡学会》、朱士嘉《回忆顾老师对我的教导和禹贡学会》、史念海《顾颉刚先生与禹贡学会》、韩儒林《回忆禹贡学会》等(载王煦华编《顾颉刚先生学行录》,第122—123、124—125、135—139、140—152、156—159页),均将《禹贡半月刊》的创刊与日本侵华相联系。后来学者相关论述中,不少也延续了这种观点。

② 顾颉刚:《禹贡半月刊第一卷第一期编后》,《顾颉刚古史论文集》第5卷,第368—369页。

刚又说：这个刊物是以三校同学的课艺作基础的，是我们练习做研究工作的一个机关，希望读者不要用很严格的眼光来看，也不要对于我们最近的成就有太苛的责望。① 另外，1934年2月15日，《顾颉刚日记》记道："编《禹贡半月刊》第一期。"后来，他又补记说"想不到竟有些成就"。②

以上可见，顾颉刚对《禹贡半月刊》的最初定位，并不是很高，也没有为其注入急迫的学术救亡意识。否则，用学生不太成熟且是古代地理方面的"课艺"去救亡图存，是说不通的。至于《发刊词》中提到"这数十年中，我们受帝国主义者的压迫真够受了"③，更多是在当时的舆论环境中，为纯学术研究找寻一条合理依据。正如施耐德所说"给其极枯燥而深奥的论题添加一些引人注意的重要性和对读者的吸引力"④。因此我们说，顾颉刚等人在创办《禹贡半月刊》时，或许曾考虑到民族危机，但民族危机并非《禹贡半月刊》创刊的主要因素。

1934年下半年，顾颉刚因家事暂时无法回北京，请谭其骧代燕京大学和北京大学的"中国古代地理沿革史"课。他在《致两校选课同学》信中，更直接说出了研究沿革地理与其考辨古史的关系，即：

> 十三年前，我在《努力周报》上讨论古史问题，其中有一题是"《禹贡》是什么时代做的"……十年以来，常萦思虑……《禹贡》一篇牵涉的问题太多了，非把各个问题解决便不能把本干的问题解决，所以我开"古代地理沿革史"一课，好藉此搜集材料，提出问题，共同研究……但是，凡是古代的问题都牵涉到经学……我们真要作一番整理……非有若干人作一生的牺牲不可，所以与谭先生创办《禹贡半月刊》，藉此激起大家的兴趣，作切磋观摩。⑤

---

① 顾颉刚：《禹贡半月刊第一卷第一期编后》，《顾颉刚古史论文集》第5卷，第369页。
② 顾颉刚：《顾颉刚日记》第3卷，1934年2月15日，第161页。
③ 顾颉刚、谭其骧：《禹贡半月刊发刊词》，《顾颉刚古史论文集》第5卷，第363页。
④ ［美］施耐德：《顾颉刚与中国新史学——民族主义取代中国传统方案的探索》，第303页。
⑤ 顾颉刚：《致两校选课同学》（1934年9月25日），《顾颉刚书信集》第3卷，第20—21页。

这里，顾颉刚明确说出他创办《禹贡半月刊》是为了研究沿革地理，研究沿革地理则是为了解决"古史辨"所讨论的问题。

《禹贡半月刊》确实受到过民族危机的影响，但不在创刊动机方面，而在办刊旨趣的调整方面，对此，顾颉刚曾有多次提及。《禹贡半月刊》办刊旨趣的调整，后文将有详论，在此，仅略举两例，说明民族危机并非该刊的主要创刊动机，即：

> 同人发起禹贡学会，最初但就学校课业扩大为专题之研究，且搜集民族史与疆域史之材料，分工合作，为他日系统著作之准备耳。而强邻肆虐，国亡无日，遂不期而同集于民族主义旗帜之下；又以敌人蚕食我土地，四境首当其冲，则又相率而趋于边疆史地之研究，满、蒙、回、藏、南洋、中亚俱得其人。①

> 禹贡学会本是集合大学同人研究历代疆域沿革的一个团体，只因寇入愈深，自顾益危，不期然而然地注意起边疆问题来，因而《禹贡半月刊》里常有讨论边疆史地的文字。②

引文中"不期""不期然而然"等说法，正表明民族危机对《禹贡半月刊》的影响在于办刊旨趣的调整，而不在创刊动机方面。

至于有学者认为《禹贡半月刊》的创刊得益于中国社会史论战后重视史料的学术倾向，恐怕值得思考。社会史论战的弊病之一，就是轻视史料审查，所以社会史论战高潮过后，人们经过反思，社会史研究才有了重视史料的调整。但是，这种调整是社会史论战者的调整，顾颉刚自始至终都是重视史料审查的。而且，客观地说，社会史论战虽推动了唯物史观史学的兴起，但唯物史观史学并未成为当时史学界的主流，民国时期，占据史坛主流地位者，始终是立足史料考订的治史取向。所以，《禹贡半月刊》重视材料的搜集整理，不必专门等待时机，寻找学术合法性。

---

① 顾颉刚：《禹贡学会研究边疆学之旨趣》，《宝树园文存》第 4 卷，第 215—216 页。
② 顾颉刚：《序录（一）》，《宝树园文存》第 4 卷，第 16 页。

当然,《禹贡半月刊》的学术风格确实受到过唯物史观者较为尖锐的批评,如1936年,王毓铨曾致信顾颉刚,提出地理学的研究必须用"辩证法的唯物论的经济地理学",才是科学的;唯物史观出现以前的地理学都是"半身不遂的""无用的";若"专搜求材料而不讲方法",内容"干燥""贫乏",就"变成了技术的东西",这是一条"邪路"。① 但这种略显偏激的批评,代表不了当时史学界的立场,甚至可以说,连唯物史观社会史研究者的立场都代表不了,因为到1936年唯物史观社会史研究早已出现了重视史料的转变。

对于王毓铨的批评,顾颉刚回应说,"我们这个刊物,专事搜集材料,没有什么理论,实在是一个缺点。别人我不知,就我自己而论,对于这种缺点是知道的,是承认的,是希望改进的";然而"伟大的理论决不是不负责任的谈话,必须有事实的基础,这基础就是够干燥的";"我们不是不要理论,只是所要的为'在强制自然为他服役时,人们自身也在服从自然,追随自然'的理论。我们现在的机械工作为的是适合事实(就是服从自然和追随自然),我们将来的成就是要创造理论(就是强制自然为他服役)。'行远必自迩,登高必自卑',什么事情都不能躐等进行"。② 这一回应也彰显了顾颉刚的立场。

唯物史观社会史转向重视史料收集的代表性事件,是1934年陶希圣创办《食货》杂志。而事实上,陶希圣筹划《食货》杂志,重视社会史材料的搜集整理,正是受到《禹贡半月刊》的启发,而不是相反。这一点,顾颉刚曾明确说过:"自本会发行半月刊,搜集中国民族演进史及地理沿革史之材料,并讨论其问题,研究中国经济史者陶希圣先生视此为有效之方法,亦发起食货学会,刊行《食货半月刊》,搜集经济史料而讨论。"③ 陶希圣同样也有相应说明④。因此,我们说中国社会史论战过后,社会史研究出现了重视史料的转变是正确的,但说《禹贡半月刊》的创办得益于此,则与事实不符。

---

① 见《禹贡半月刊》第4卷第10期,"通讯一束",1936年1月。
② 同上。
③ 顾颉刚:《禹贡学会募集基金启》,《顾颉刚古史论文集》第5卷,第382页。
④ 参见陶希圣《搜读地方志的提议》,《食货》第1卷第2期,1934年12月。

第四节　顾颉刚古史考辨方法与视角的调整

一　关于"历史演进"的方法问题

20世纪20年代，顾颉刚发动"古史辨"，大刀阔斧地摧毁旧古史系统，所凭借的方法主要是受胡适启发所得的"历史演进方法"。这一方法能够发挥效力的重要原因，是其背后依托着历史进化观念，即历史现象遵循一定的进化层次，一时代有一时代的特点。如胡适《中国哲学史大纲》叙述审定史料之法时所说：一代人有一代人的文字；一个时代有一个时代的文体；大凡思想进化有一定的次序，一个时代有一个时代的问题，即有那个时代的思想。① 正因相信文字、文体、思想存在进化的次序，他们才会梳理其"历史演进"系统，进而就其"反常"处，展开考据辨伪。

就顾颉刚而言，不仅其以"层累"说为核心的古史考辨遵循着"历史演进"的观念，他还将之应用于民俗研究，写出《孟姜女故事的转变》等经典著作，流风所及，更被称为"历史的民俗学派的开创者"。② 可以说，20世纪20年代顾颉刚在古史学与民俗学领域开疆拓土，很大程度上是得益于"历史演进"的观念和方法。但到30年代，胡适在关于《老子》年代问题的争论中，却亲自披挂上阵，质疑了历史演进方法的有效性。

胡适和顾颉刚关于《老子》年代问题的争论，前文已有分析，下面再略述当时学界争论情况，作为考察顾颉刚辨伪视角调整的背景。老子其人其书年代问题，本是中国学术史上的公案。20世纪争论再起，缘于梁启超批评胡适《中国哲学史大纲》将老子置于首位，认为"《老子》这部书的著作年代，是在战国之末"。③ 随后，冯友兰、钱穆、顾颉刚等纷纷站到梁启超一边，主张"晚出"说。④ 胡适则"完全处于孤立的被

---

① 胡适：《中国哲学史大纲·导言》，第15—16页。胡适在《文学进化观念与戏剧改良》等文中，也有相似表述。
② 张好礼：《中国新史学的学派与方法》，载李孝迁编校《中国现代史学评论》，第82页。
③ 梁启超：《论〈老子〉书作于战国之末》，载罗根泽编著《古史辨》第4册，第305页。
④ 冯友兰、钱穆及其他学者相关文字，载罗根泽编著《古史辨》第4、6册。

包围状态，当时最优秀也最活跃的学者……全都起来反驳他的观点。梁文未平，钱文又起，钱文未平，而顾颉刚又起"。① 于是，1933年胡适发表《评论近人考据老子年代的方法》，予以回应。

就当时情况而言，学者无论主张"晚出"还是"早出"，实际都无法提供比对方更为直接有力的新证据。所以，胡适的回应避开了正面论证自己的主张，他是通过批评对方考据方法的"危险性"，以削弱对方"证据的价值"的方式，维护其"早出"主张。由于"晚出"论者的考据方法，几乎都集中在上述《中国哲学史大纲》所提文字、文体、思想系统诸方面，所以，胡适便起而否定了自己早前的方法主张。他提出利用文字、文体、思想系统等考证《老子》年代的做法，不能免除论者"主观的成见"。因为思想的演变并不必然遵循着从"幼稚"到"高明"的进程，同一种观念、信仰，可以出现在不同时代，所以，"思想线索是最不容易捉摸的"，试图为思想演变建构出一条严整的时代线索，是不可靠的，而试图利用《老子》书中某一种观念在这条线索中的有无来判断《老子》成书年代，就更不可靠；至于文字、文体、术语等，同样不具有整齐划一的时代性，既不易确定其起于何时，更不易知晓其演变的全部历史，所以，利用文字、文体的时代特征考证《老子》年代，同样不可靠。② 总之，胡适批评"晚出"论者的具体问题虽多，但归结到一点，其实就是梳理思想、文字、文体等"历史演进"系统的方法夹杂了论者的主观立场，因而其提供的证据缺乏客观性。所以，胡适在文末提出，除非"晚出"论者提供更有力的证据，否则，《老子》年代问题，只能"展缓判决"。

胡适的批评对解决《老子》年代问题，实际并未产生太多客观效果，如冯友兰随后便发表了《读〈评论近人考据老子年代的方法〉答胡适之先生》，钱穆后来也陆续发表有《三论〈老子〉成书年代》（1947年）、《〈老子〉书晚出补正》（1957年）等，方法观念，一仍其旧。③ 但是，

---

① 张京华：《古史辨派与中国现代学术走向》，第385页。
② 胡适：《评论近人考据老子年代的方法》，《胡适全集》第4卷，第117—139页。
③ 冯友兰文见罗根泽编著《古史辨》第6册，第410—417页。钱穆两文见氏著《庄老通辨》，生活·读书·新知三联书店2002年版，第94—101、269—292页。

胡适的批评却把顾颉刚推到了尴尬境地。《评论近人考据老子年代的方法》一文，基本否定了思想演变的历史进化特性，即便抛开"进化"因素而单纯梳理思想、文字、文体等的"历史演进"线索，其可靠性也因文献缺失而遭到质疑。这无疑是对"历史演进方法"釜底抽薪式的打击。而20世纪20年代顾颉刚考辨古史，几乎完全是对东周、秦汉以来人们的上古史观念、思想的"历史演进"研究。因此，对顾颉刚而言，胡适的质疑就不仅是单纯的《老子》年代问题，而是全盘性的，他同样应为其古史考辨提供更有力的证据。

此后，顾颉刚没有放弃《老子》晚出的主张[①]，也没有直接回应胡适的批评。但就在胡适提出方法批评的同一时期，他的辨伪视角出现了调整。1933年1月，胡适写毕《评论近人考据老子年代的方法》，随即托人转示顾颉刚[②]，5月，此文发表。而同年8月，顾颉刚便发表了《州与岳的演变》，这是20世纪30年代他研究沿革地理的第一篇论文。前文已述，此文和《九州之戎与戎禹》实际是一组。它们之所以被学者视为"建设"性论文，主要因其对古代民族迁徙和地理问题作出了征实性研究，考证出了"九州""十二州""四岳""五岳"等在各历史时期的实指。但是，顾颉刚古史辨伪的基本宗旨是没有改变的。他考证古代民族迁徙与古代地理沿革，实际是为其拆解传统古史说和客观上古史之间的纠葛、辨伪古书年代，提供一个较之"思想系统"更为客观、具体的证据体系。

以顾颉刚对"九州"说的考辨为例。传统古史说中的"九州"说，出于战国时期而非夏朝制度，是顾颉刚一直坚持的观点，但此前，他主要从思想、时势方面解释"九州"说出现的原因，对于古书中各种"九州"说法的差异，并未给予足够的重视。如1926年顾颉刚《秦汉统一的由来和战国人对于世界的想象》一文，重点强调的就是"九州乃是战国的时势引起的区划土地的一种假设"，对于古书中不同的"九州"说法，

[①] 如其晚年的读书笔记中，仍认为《老子》"出的最后"。见顾颉刚《顾颉刚读书笔记》第14卷，第129页。

[②] 顾颉刚：《顾颉刚日记》第3卷，1933年1月7日，第2页。

只是解释说"因为是假设,所以各人所说的不必一样"。① 而到1933年《州与岳的演变》一文中,顾颉刚对"州"的考辨,则表现出了明显不同。略举数例如下:

> 春秋时中原与西南的交通,至巴而止。蜀立国虽久,但因山林险阻,与诸夏隔绝……直至秦惠文王后九年……遣张仪和司马错伐蜀,把她灭了,那地才成了秦的郡县而为中原。现在《禹贡》里有梁州,正是蜀境,这又显然为张仪灭蜀后的记载。

> 在春秋时,鲁之南有徐,徐之南有吴,吴之南有越……如果九州之名由春秋时人定了,则徐国为徐州,徐州之南应为"吴州"才是……现在《禹贡》里,徐州之南为扬州……《禹贡》里的扬州无异说是"越州"。而淮水以南之地为越,这是春秋后的事情,那时离"西狩获麟"已八年了,离孔子卒已六年了。当孔子的时候,只知道鲁国的南面是吴国,决不会想到那边应该叫作扬州的,何况尧、禹呢!

> 《吕氏春秋·有始览》……把九州制为按照战国时国界而定的一个事实,说得再明白也没有了!禹的时候还没有这些国家,哪里来的这些州!②

以上三例,完全是通过实际地望来证明传统"九州"说法被建构于战国。这样,"九州"为夏朝旧制的传统观点,自然也就破除。这种考辨方法,要比单纯梳理"九州"说演变的"思想线索",更具说服力。

---

① 顾颉刚:《秦汉统一的由来和战国人对于世界的想象》,《顾颉刚古史论文集》第5卷,第36页。此文曾被张荫麟批评为"抹杀"证据(张荫麟:《评顾颉刚"秦汉统一的由来和战国人对于世界的想象"》,载顾颉刚编著《古史辨》第2册,第15—16页)。不过,张荫麟所举的证据,只是战国之前已有"九州"说法,和顾颉刚所说的传统古史说中具有"统一"意义的"九州",不是一回事,因此,张荫麟的批评又被于鹤年反驳(于鹤年:《致〈大公报文学副刊〉函》,载顾颉刚编著《古史辨》第2册,第17—18页)。

② 顾颉刚:《州与岳的演变》,《顾颉刚古史论文集》第5卷,第60—62页。

上述特点,在这一时期顾颉刚对古书年代的考订中,也有体现。如他在考订《尔雅》的作者为西汉人时,说道:

> 其一,《释地》列九州,而云"江南曰扬州"。然《禹贡》曰"淮海惟扬州",扬之北界为淮而非江。夺江北之地以与徐,自《尔雅》始。按西汉以临淮郡与广陵国属徐州,会稽与丹阳二郡属扬州,二州隔江相望,是正与《尔雅》之言契合也……其二,《禹贡》表荆州之界曰"荆、河",荆山在南郡临沮,若汉代之荆州则北超南郡而兼有南阳,山不复为其北界,故《尔雅》易之曰"汉南曰荆州",汉水西来,固过南阳郡者也。其三,《汉书·郊祀志》记武帝元封五年,"巡南郡,至江陵而东,登礼灊之天柱山,号曰南岳"。至宣帝神爵中,定岳渎常礼,"东岳泰山于博,中岳泰室于嵩高,南岳灊山于灊,西岳华山于华阴,北岳常山于上曲阳"。今《释山》亦曰"泰山为东岳,华山为西岳,霍山为南岳,恒山为北岳,嵩山为中岳",宛然符同……苟不出于武宣以后,何得有斯制度!①

这完全是通过比较《尔雅》中的地理观念和西汉实际地理状况,来证明《尔雅》作者为西汉人。

通过将古书中的地域观念和相应观念在各历史时期的实际状况进行比较,即便不能坐实某一文献的具体写定时间,也可借此梳理出一条相对可靠的文献写定的时代序列。比如,顾颉刚在厘清"岳"的演变后,以此为据说道:"从《禹贡》没有主山到《职方》的每州一个山镇,是变了一种样子。从《职方》的九个山镇到《尧典》的四岳,又是变了一种样子。从没有主名的四岳到各具主名的五岳,又是变了一种样子";"《礼记·王制》云:'五岳视三公,四渎视诸侯。'就从这一点看,这书的时代也够后了。《中庸》云:'载华岳而不重',则著作时必在华山已成为西岳之后亦可知";"《尔雅·释山》……'泰山为东岳;华山为西岳;霍山为南岳;恒山为北岳;嵩山为中岳。'则完全承受了汉宣帝所定的制

---

① 顾颉刚:《尚书研究讲义·尔雅释地以下四篇》,《顾颉刚古史论文集》第8卷,第282页。此文发表于《史学年报》(第2卷第1期,1934年9月)时,题为"读尔雅释地以下四篇"。

度。《尔雅》这部书出于西汉后期,这也是一个铁证。"①

以上可见,20世纪30年代,顾颉刚沿革地理研究中出现的"建设"现象,实际是在倚重思想等"历史演进"系统的基础上,增加了古代地理等更为客观具体、也更易"捉摸"的证据,但是,其"历史演进"的底色并没有改变。这是顾颉刚考辨古史方法视角的调整,而不是其古史观的改变。

顾颉刚这种调整,与胡适在《老子》年代问题争论后的变化相比,可以得到更明显的体现。胡适发表《评论近人考据老子年代的方法》一年后,又撰写了《说儒》,继续坚持其"早出"主张。从论证视角看,正如余英时指出:胡适因为对"思想系统"等方法的不足有深刻认识,因此,《说儒》首先重建比"思想系统"更为广阔,也更为具体的古代文化演进的历史图像,然后再把老子、孔子安置其中。这样,不但孔子问礼于老子的记载失去了怀疑的根据,而且《老子》一书中的主要思想也必不迟到战国晚期才能出现。②

可见,在《老子》年代问题争论之后,胡适和顾颉刚在古史观念上虽已分道扬镳,但在考据方法或视角上,都出现了相似的调整,即从依靠思想等"不易捉摸"的历史演进系统,开始寻找更为客观可靠的证据。

二 关于"以复古为解放"的进路问题

顾颉刚的古史考辨可以视为梁启超所提"以复古为解放"进路之一部分,如有学者认为,《五德终始说下的政治和历史》一文"运用了先秦的材料来揭露汉代的编造",是"一次'以战国诸子之学攘西汉'的精彩表现"③;也有学者认为,顾颉刚的古史考辨实际上属于"梁启超所说的第三步'复西汉之古,对于许郑而得解放'的今文家的工作。而'释古'与'考古'一派所对应的则为梁启超的第四步'复先秦之古,对于一切传注而得解放'"④。对于顾颉刚的古史考辨究竟属于哪一阶段,以及是否

---

① 顾颉刚:《州与岳的演变》,《顾颉刚古史论文集》第5卷,第73页。
② 余英时:《未尽的才情——从〈日记〉看顾颉刚的内心世界》,第40—41页。
③ 刘起釪:《顾颉刚先生学述》,第181页。
④ 张京华:《古史辨派与中国现代学术走向》,第430页。

有必要严丝合缝地安置于某一阶段,此不多论。这里,我们主要论述顾颉刚在其既有考辨基础上,继续向前推进所面临的史料不足的瓶颈问题。

以往我们对于顾颉刚的疑古辨伪给古史建设造成的困难关注较多,对于疑古辨伪本身同样面临的史料不足的困难,相对关注较少。1929年,顾颉刚在《孔子研究讲义》中曾说:

> 自梅鷟、阎若璩辨《古文尚书》以来,学者皆知攻击伪书之最好方法在于寻出其作伪之依据,并指出其割裂改窜之痕迹,使其无可抵赖……孙志祖、范家相以此种方法应用于《孔子家语》,而《家语》一问题又随手解决……诸君读此,当知王肃生年较晚,彼所引据之书今多得见,故虽弥缝甚工而终难掩蔽,《尚书》、《家语》两案一经发觉,遂成定谳。至于王肃以前,伪作之书无限,但以文献废阙,作者之名或不可知,其所依据或不可晓,故不能为完满之解决耳。①

1929年以后,正是顾颉刚逐渐进入对中国古史"层累"造成说展开"小心求证"的时期。在这一时期顾颉刚的古史考辨中,也表现出了将上述对清人辨伪方法的重视与运用,如他概述《尧典》写定于汉武帝时代的理由时所说:

> 南至交趾,北至朔方,为秦汉时之疆域,朔方之名又为武帝所定,一也。言十二牧,又言群后,郡县制与封建制并存,为汉初之地方制度,二也。《春秋》中郊祭率在四月,汉文帝从之,至景帝始于岁首郊天,至武帝始视为常典,而《尧典》言舜之摄政受禅,两次大祭皆在岁首,三也。《尧典》言巡守封禅同于文帝时所作之《王制》,言三载考绩同于董仲舒所作之《春秋繁露》,而彼皆不言引自《尧典》,转有《尧典》袭彼之嫌。至司马相如之《封禅文》,倪宽之《封禅对》,皆置《尧典》不言。其明引《尧典》者始于《史

---

① 顾颉刚:《孔子研究讲义》,《顾颉刚古史论文集》第4卷,第44页。

记》，宣、成以后乃大盛，其著作时代似不能早于汉武帝中叶，四也。①

顾颉刚对清人辨伪方法的重视，从他对自己文章的评价中也可看出。1935年，他曾应其夫人殷履安之问，指出自认为"有价值的文章"。其中，研究沿革地理的文章有三篇，分别为《州与岳的演变》《两汉州制考》和《读〈尔雅·释地〉以下四篇》。②《州与岳的演变》和《两汉州制考》前文已有分析，此不赘言。《读〈尔雅·释地〉以下四篇》之所以选出，则是因为该文先以实际地域、制度等证明诸篇作于西汉，然后，又如上述清人辨伪方式，考证出其材料来源。这样，四篇文献的年代问题，至少在顾颉刚看来，是得到了彻底解决。这一点，从顾颉刚提出的进一步希望也可看出，即："后之人倘能一一寻出其所自出，作《尔雅探源》以说明之，此亦学术界应有之事哉！"③

不过，随着对旧有古史观念、学说流变问题展开大规模清理，20世纪30年代，顾颉刚的古史考辨工作，也受到了"文献废阙"的较大阻碍。如1936年，他在《三皇考·自序》中说：

> 三皇问题……之所以能解决，全由于这传说起得晚，让我们看清楚其中的机构。五帝问题就没有这样容易。"五帝"的集合名词固然起得也不早，但这五位帝王各有其深长的历史，有的商代已有，有的两周已有，而且也许一人化作两人如（喾和舜），那时的史料零落不完，无法寻出其演变的系统，所以只能作为一个悬案。我以前作的《五德终始说下的政治和历史》，也只说秦、汉间的五帝而没有说殷、周间的五帝。④

这是说，因为"五帝"系统中各位帝王出现的时代较早，史料不足，所

---

① 顾颉刚：《顾颉刚本年工作报告》，《宝树园文存》第1卷，第349页。
② 顾颉刚：《顾颉刚日记》第3卷，1935年11月1日，第406页。
③ 顾颉刚：《尚书研究讲义·尔雅释地以下四篇》，《顾颉刚古史论文集》第8卷，第285页。
④ 顾颉刚：《三皇考·自序》，《顾颉刚古史论文集》第2卷，第25页。

以,无法彻底地穷其流变。同一年,顾颉刚在《尚书通检序》中也说:

> 民国二十年,我在燕京大学讲授"《尚书》研究"一门功课,第一期所讲的便是《尚书》各篇的著作时代,其中如《尧典》、《禹贡》等篇,因为出世的时代太晚了,所以用了历史地理方面的材料去考定它,已经很够。但到了《商书》以下各篇,因为它们的编成较早,要考定它们著作的较确实的时代便很费事,这是使我知道不能单从某一方面去作考证的。①

这同样是说,《商书》以下各篇出现年代较早,因为"文献废阙",造成了研究中的困难。因此我们说,无论顾颉刚的古史考辨属于"以复古为解放"的哪一阶段,他在既有考辨基础上再向前推进,确实遇到了"文献废阙"的瓶颈。

当然,遇到瓶颈并不代表顾颉刚的古史考辨在"以复古为解放"的进路上戛然而止。如后来杨宽在其《中国上古史导论》中引述顾颉刚关于先打破西汉之学、再打破战国之学的表述后,说道:"我这部《导论》,目的也就在利用新的武器——神话学——对西汉战国这最后两道防线,作一次突击,好让《古史辨》的胜利再进展一程的。我此后还想继续的向这方面推进,非达到最后胜利的目的,决不停止。"② 这表明,至少在当时人看来,沿着顾颉刚的路径仍可继续推进"以复古为解放"的工作。事实上,后来顾颉刚在杨宽所说"神话学"方面,确实有较为系统宏富的论著,只不过其时间在1949年之后。

---

① 顾颉刚:《尚书通检序》,《顾颉刚古史论文集》第8卷,第12页。
② 杨宽:《古史辨》第7册《杨序》,第2页。

第 六 章

民族危机影响下顾颉刚的治学
理念与古史观念

经世致用是中国史学的传统。20世纪初,梁启超提倡的"新史学",仍具有鲜明的经世色彩。"五四"时期,胡适、顾颉刚等人极力宣扬"科学"的历史学,秉持"为学问而学问"的理念,以平等的眼光看待经传典籍,以历史演进的眼光"整理国故",对"致用"观念一度淡漠。正如王汎森所说:"一切皆'历史'化、'学术'化之后,那些具有生活意味的、属于价值层次的东西,便不再是主要的关怀,或根本认为不应关怀,最重要的关怀是学术研究的卓越化。"[1] 不过,从20世纪20年代后期开始,随着中国国内外形势的变化,不重现实关怀的治学理念不断招致訾议,但顾颉刚依旧坚守着"为学问而学问"的理念。

到30年代,随着一系列日本侵华事件的发生,中国的民族危机日益加深,民族主义情绪空前高涨。为了挽救民族危亡,顾颉刚也逐渐调整"为学问而学问"的治学理念,走上了书生报国的道路。对于顾颉刚治学理念的调整,学界多从抗日战争的背景下进行解释,阐发其中蕴含的民族主义与爱国情怀;对于调整历程的分析,也多以"九·一八"事变、"七·七"事变等重要事件为节点,遵循着抗日战争史的叙事谱系。[2] 顾颉刚治学理念的调整,深受这场事关家国存亡的时代剧变影响,这一点毋庸置疑。不过,也因为这一时代背景的宏大,使我们在一定程度上忽略了顾颉刚作为个体的其他遭遇,进而造成在某些问题的认识上,不够

---

[1] 王汎森:《价值与事实的分离?》,《中国近代思想与学术的系谱》,第392页。
[2] 相关文章,可参看王煦华编《顾颉刚先生学行录》。

清晰。例如：第一，顾颉刚调整"为学问而学问"的理念，开始关注国计民生，是否直接由日本侵华引起，学界似无讨论。如果不是，这一调整如何发生在顾颉刚身上？第二，顾颉刚调整"为学问而学问"是否意味着必然会放弃学术客观性？对此，我们应注意，经世致用和曲学阿世是两个问题。第三，前文已述，日本侵华所造成的民族危机，不是《禹贡半月刊》创刊的主要动因，那么，二者之间是如何产生的关联？第四，"中华民族是一个"的提出，无疑具有强烈的经世色彩，但顾颉刚对中华民族融成"一个"的历史论证，是否如有学者所质疑，与其"古史辨"在"思路中存在着个没有解开的矛盾"？① 换句话说，顾颉刚为"求用"而强调的"一个"，是否与其坚持已久的民族"多元"起源观点存在冲突？本章即尝试对这些问题作出解答。同时需略作说明的是，本章所说"治学理念"主要就"为学问而学问"与经世致用等问题而言，"古史观念"则是就顾颉刚对中国古史的相关认识而言。

第一节　顾颉刚"为学问而学问"理念的坚持

较早对顾颉刚"为学问而学问"治学理念形成有力挑战的，是来自"科学"史学倡导者的胡适，而不是"九·一八"事变等日本侵华事件。

1928年，胡适《治学的方法与材料》一文中批评顾颉刚的《古史辨》"方法虽是科学，材料却始终是文字的"，"只不过故纸堆的火焰而已"。② 这已为学界所熟知，但仅此并不能准确、全面地反映胡适的笔锋所指。此文实际与顾颉刚《北京大学研究所国学门周刊一九二六年始刊词》（以下简称《始刊词》）的主张颇多对立，甚至有可能就是以《始刊词》为主要批评样本而撰写的。

首先，顾颉刚在《始刊词》中说："所谓科学，并不在它的本质而在它的方法，它的本质乃是科学的材料。科学的材料是无所不包的……污秽如屎溺，没有不可加以科学的研究。"胡适《治学的方法与材料》开篇便批评道："现在有许多人说：治学问全靠有方法；方法最重要，材料却

---

① 费孝通：《顾颉刚先生百年祭》，载王煦华编《顾颉刚先生学行录》，第245—249页。
② 胡适：《治学的方法与材料》，《胡适文集》第4册，第95、96页。

不重要……粪同溺可以作科学的分析……我们却不可不知道这上面的说法只有片面的真理。"这里，顾颉刚认为方法重要，胡适则反对，但所举例子"屎溺""粪同溺"都相同，似乎不仅是巧合。其次，顾颉刚说：钻故纸堆的国学"决不会腐败"，"也决不会葬送青年生命"；胡适则说："这条故纸堆的路是死路"，"现在一班少年人跟着我们向故纸堆去乱钻，这是最可悲叹的现状"。顾颉刚说：如果因为看重自然科学，"而回转身来便一脚踢翻国学……这人也势利得太过分了！"胡适则说：等到在科学实验室取得好成绩，然后在以余力整理国故，"一拳打到顾亭林，两脚踢翻钱竹汀，有何难哉！"① 两相比较，他们观点对立显而易见，而连措辞都颇为相似，不免让人怀疑顾颉刚《始刊词》是胡适批评的重要样本。

顾颉刚撰写《始刊词》的初衷是为了澄清一些人对"国学"的误解，该文主要阐述的仍是学术研究"只当问真不真，不当问用不用"，认为：中国"至于今日，思想学问一切空虚，社会国家一律衰败，可以说都是受了……徒知'以有用为用'的谬见的影响"。因此，他坚决主张学术研究"是纯粹客观性的，研究的人所期望的只在了解事物的真相，并不是要救世安民"，并要在中国造成"一个学术社会"。②

不过，顾颉刚也确实感觉到了民族主义思潮的存在，所以他在强调学术机关除学术研究"一切非当所问"的同时，又表示"学术机关中的个人是国民，他们迫于救国的热诚，为了国家而喊破了嗓子，而丢净了财产，而牺牲了生命，都是很可以的，但这与学术机关丝毫不发生关系"。③ 这种区分个人作为"研究人员"与"国民"不同身份的做法，是试图在救世安民的呼声中，给不重现实关怀的纯粹学术立场寻找一个立足的根据。不过，他根本上还是坚持了学问"只当问真不真，不当问用不用"的理念。

胡适《治学的方法与材料》虽然批评了《古史辨》，但其主要着眼点并不在"疑古"，而在对家国无利埋首故纸堆的学问。他说：

---

① 分别见顾颉刚《北京大学研究所国学门周刊一九二六年始刊词》，《宝树园文存》第1卷，第220—221页；胡适《治学的方法与材料》，《胡适文集》第4册，第94、102页。

② 顾颉刚：《北京大学研究所国学门周刊一九二六年始刊词》，《宝树园文存》第1卷，第222—226页。

③ 同上书，第222—223页。

> 我们的三百年最高的成绩终不过几部古书的整理,于人生有何益处?于国家的治乱安危有何裨补?虽然做学问的人不应该用太狭义的实利主义来评判学术的价值,然而学问若完全抛弃了功用的标准,便会走上很荒谬的路上去,变成枉费精力的废物。①

胡适激烈的措辞不仅与顾颉刚的立场相反,也与自己早前的主张不同。这主要是因为胡适"从纯粹的'为真理而真理'的非功利的治学观点,逐渐了解到学术研究与国计民生完全脱节,也有危险和荒谬的可能"②,因而离开了纯粹"为学问而学问"的道路。

顾颉刚如何看待胡适《治学的方法与材料》,笔者未发现直接材料。不过1929年,他在感慨研究学问得不到"一般人的最小限度的谅解"时,曾说:"我们为了研究古代历史而搜集了许多古书,龈龈作真伪异同之辨,旁人就说,这是正统派的学问,是故纸堆的工作,是开倒车的举动,是走死路的办法……"③"故纸堆""开倒车""走死路"完全是胡适文中的批评用语。所以在顾颉刚眼里,对他不谅解的"旁人"至少包括胡适。同时也可见,此时顾颉刚仍坚持着"为学问而学问"的理念。

第二节　辛未访古与顾颉刚"为学问而学问"理念的调整

顾颉刚调整"为学问而学问"理念,缘于其"民众"观的转变,而这一转变发生在"九·一八"事变之前。

1929年秋,顾颉刚为求得安心治学环境,不顾傅斯年诸人强烈反对,毅然入职燕京大学。④ 之后,他确实得到了容他读书的环境,在一年内,著述70余万字。⑤ 然而,"快慰之余,致力过猛,一年后遂得怔忡之疾。每一握管,胸懑心浮"。于是,便在1931年4—5月,与洪业、容庚等人

---

① 胡适:《治学的方法与材料》,《胡适文集》第4册,第100页。
② 周质平:《评胡适的提倡科学与整理国故》,《近代史研究》1992年第1期。
③ 顾颉刚:《中山大学语言历史学研究所年报序》,《宝树园文存》第1卷,第313页。
④ 详见余英时《未尽的才情——从〈日记〉看顾颉刚的内心世界》,第45—46页。
⑤ 顾颉刚:《顾颉刚自传》,《宝树园文存》第6卷,第358页。

组织旅行团,沿黄河流域"访古"。因为这年为旧历辛未,故称"辛未访古"。辛未访古本为调查文物兼调节身心①,然而途中见闻,却给顾颉刚带来了巨大刺激。一方面是途中所见黄河流域古物在"二三十年"中遭到急剧破坏,让顾颉刚痛言"一二千年之古刹古物不为黄巢李闯及辽金胡元所椎毁者乃悉销散于民国",发愿"宁毕世不见新出土之古物","不愿其今日显现而明日澌灭",慨叹"我辈真不肖哉,生不敢平视外人,死无以对祖宗于地下"②!但更重要的,则是途中所见民生之艰难,如其自述:

  雅片、白面、梅毒,肆其凶焰,直欲灭尽人类,而蕴集于斯。兵灾、匪祸,连结不解,人民不识正常生活为何事,而长期颠连于斯……即无伐者知必鱼烂而自亡矣……我辈旅行,所经不广,皆在铁路公路间,交通便,接触现代文化易,耳目多,人犹有所忌惮,而所见则既如此矣;若铁路公路所不经,尚得有天日之照临乎!③

这在顾颉刚思想上所造成的冲击,远远超过古物被破坏的状况。如他说:"这次旅行,所见的古迹古物残毁的情状,固然大可伤心,但真正最伤心的倒不是这些,而是国计民生的愁惨暗淡的实况。"④"我自作此旅行,常居明灯华屋而生悲,以为国人十之七八犹过其原始生活……自恨非基督徒,不能信末日之说,祝审判之早临,痛哉痛哉!"⑤ 而正是这种刺激,造成了其"为学问而学问"理念的调整。

辛未访古所见民生艰难,为何会给顾颉刚带来巨大刺激?对此,"国计民生的愁惨暗淡"固然是一方面,更重要的则是这种"愁惨暗淡"与顾颉刚既往的"民众"观念形成了强烈反差。

---

① 顾颉刚说:"旅行目标,一方面为校中图书馆及小型之博物馆搜购文物,一方面则以连年天灾人祸,历史文化之遗存必受摧残,将调查其损失及现状。"顾颉刚:《辛未访古日记》,《顾颉刚古史论文集》第5卷,第397页。
② 顾颉刚:《辛未访古日记》,《顾颉刚古史论文集》第5卷,第399页。
③ 同上书,第398页。
④ 顾颉刚:《顾颉刚自传》,《宝树园文存》第6卷,第358页。
⑤ 顾颉刚:《辛未访古日记》,《顾颉刚古史论文集》第5卷,第398页。

顾颉刚自幼生活于充满书香情调的苏州，由其祖母一手带大，如他曾对胡适说，自己"是一个'生于深宫之中，长于妇人之手'的人"。①这句话虽略带自贬，但他对底层社会的实际状况缺乏足够了解，则是事实。例如，1913 年，已经 21 岁的顾颉刚，还把农村视为可以避世隐居，招邀风月的"桃花源"。② 20 世纪 20 年代，更将"近于天真"的民众社会及其文化，视为挽救汉民族衰老的"强壮血液"。③此次旅行的黄河流域，在熟读古书的顾颉刚心里，更因"人物华贵""城市殷阗"，而"常活跃于梦想之间，若今日青年之遥企欧美"。④可见，在辛未访古前，顾颉刚因缺乏了解，对处于社会底层的民众生活，始终抱持一种浪漫的想象。

因此，当兵匪蹂躏，毒物猖狂，民众"三分像人，七分像鬼"等惨淡景象⑤，陆续展现在顾颉刚眼前时，浪漫想象与冷峻现实的巨大差异，才对他以往观念造成了如此巨大冲击。如在后来的抗战时期，他就曾断然表示：自己先前的民众观，"是一个错误的感觉"，是"中了旧诗和旧画的毒"，是"脱离实际的想象"。⑥所以我们说，是辛未访古扭转了顾颉刚的"民众"观念，使其认识从浪漫想象，逐渐回到了相对客观的现实。

而辛未访古带来的"民众"观的转变，正是顾颉刚调整"为学问而学问"理念的关键。如他当时致信胡适所说："本来我的精神是集中在学

---

① 顾颉刚：《致胡适》（1934 年 7 月 16 日），《顾颉刚书信集》第 1 卷，第 480 页。
② 顾颉刚：《我在北大》，《宝树园文存》第 6 卷，第 325 页。
③ 如在《妙峰山的香会》中，顾颉刚借着对"智识阶级"的批评说道："我们智识阶级的人实在太暮气了，我们的精神和体质实在太衰老了，如再不吸收多量的强壮的血液，我们民族的前途更不知要衰颓的成什么样子了！强壮的血液在哪里？这并不难找，强壮的民族的文化是一种，自己民族中的下级社会的文化保存着一点人类的新鲜气象的是一种。"（顾颉刚：《妙峰山的香会》，《顾颉刚民俗论文集》第 2 卷，第 359 页）在后来撰写的《妙峰山·自序》中，仍说"要想把中华民族从根救起的，对于这种事实无论是赞成或反对，都必须先了解了"（顾颉刚：《妙峰山·自序》，《顾颉刚民俗论文集》第 2 卷，第 323 页）。
④ 顾颉刚：《辛未访古日记》，《顾颉刚古史论文集》第 5 卷，第 398 页。
⑤ 顾颉刚：《田家读者自传序》，《宝树园文存》第 3 卷，第 310 页。
⑥ 顾颉刚：《农村卫生不可不严重注意——这是中华民族生死关头的大问题》，《宝树园文存》第 6 卷，第 276 页。

问上的，但从此以后，我总觉得在研究学问之外应当做些事了。"① 后来，他在回忆中也曾明确说道："我在《古史辨·自序》里曾说：我既不愿做政治工作，也不愿做社会活动，我只望终老在研究室里。这个志愿，在这二十余年中没有变过，然而却做了社会活动，也接近了政治工作。为什么会这样？再也想不到是作了一次旅行的结果。""从此以后，总觉在研究学问之外，应当做些救国救民的事，我要学范仲淹'以天下为己任'了。"②

可见，辛未访古所见民生艰难，与既往观念的巨大反差，是顾颉刚动摇纯粹学术立场，调整"为学问而学问"理念的主要原因，而不是我们常说的"九·一八"事变的影响。"九·一八"事变的发生，要晚于辛未访古，而且，救济生民也并不意味着一定要选择抗日。例如，数月后，面对"九·一八"事变的发生，他应《中学生》杂志征稿，撰写《贡献给今日的青年》，仍把青年"到民间去"，让民众"都能识字和明白世界大势，练习做公民"，作为"根本救国之计"。他说：

> 你如果问我，应开出怎样的路，我将答说："到民间去"……大家羡慕高车驷马的虚荣，大家沉沦金迷纸醉的肉欲，大家榨取乡村的血汗来满足自己高贵的生活标准。结果，弄得到处农村破产……照这样下去，就使别国不来亡我，我也鱼烂而自亡；不但亡国，并且灭种……你应该走到乡间去，作根本救国之计。大家从小地方做起，使这一个小地方的人民都能识字和明白世界大势，练习做公民；更使这一个小地方的田园能加增生产，慢慢儿富庶起来。③

可见，此时顾颉刚更为关注的，是农村破产、都市病态繁华等"鱼烂而亡"的内忧。其中虽也提到"抵抗"问题，但主要是借"抵抗"问题，说出自己"唤醒民众"的主张，这和他后来的抗日宣传工作，有着明显的不同。

---

① 顾颉刚：《致胡适》（1934年7月16日），《顾颉刚书信集》第1卷，第485页。
② 顾颉刚：《顾颉刚自传》，《宝树园文存》第6卷，第357、359页。
③ 顾颉刚：《贡献给今日的青年》，《宝树园文存》第3卷，第88—89页。

从反思纯粹学术立场,到将救国救民的思想具体落实到抗日活动,顾颉刚还经历了一段调整过程。在这一过程中,日本侵华因素确实产生了重要影响。

"九·一八"事变后,顾颉刚虽然很快就加入了燕京大学中国教职员抗日会,但其《日记》中却记有如下内容:

> 此次日军暴行事,希白极热心抵制,创设十人团,邀予加入……予为功课压迫,终日无闲,苟非放弃职务,势不能多尽力耳。①

> 自本日起,为救国运动周,停课一星期。每日讨论救国问题。学生不到者以缺席论。予为讲义等务所压迫,只得不去,甚惭也。闻吴校长及许多外国人均参加游行,更愧。②

这里,顾颉刚虽然"甚惭""更愧",但最终还是选择"讲义等务"优先,这说明在他心底,实际还是不愿因事废学。也就是说,虽然辛未访古及"九·一八"事变,使顾颉刚意识到调整纯粹学术立场,进行抗日救国的重要性,但让他当即放下学术研究,投入救国实践,仍有困难。

同年12月27日,他在《日记》中又写道:

> 与健常书曰,"在今日之时势中出《古史辨》,恐将为人所笑。但我以为如不能改变旧思想,即不能改变旧生活,亦即无以建设新国家。我编此书之宗旨,欲使古书仅为古书而不为现代知识,欲使古史仅为古史而不为现代政治与伦理,欲使古人仅为古人而不为现代思想的权威者。"③

顾颉刚对"古史辨"价值的解释,不无道理,但与时局相比,轻重缓急之间恐怕连他自己都已无十足把握,否则他不会专门向谭惕吾解释。谭

---

① 顾颉刚:《顾颉刚日记》第2卷,1931年10月12日,第572页。
② 顾颉刚:《顾颉刚日记》第2卷,1931年11月30日,第585页。
③ 顾颉刚:《顾颉刚日记》第2卷,1931年12月27日,第593—594页。

是顾倾慕一生的对象①,所以,因重视谭而担心谭也"笑"他只关心学术而不顾时局,显然是顾此举的动因。这正说明,在坚持学术研究与投入救国实践的选择上,顾颉刚已陷入进退失据的两难状态。

约一年后的1932年10月14日,顾颉刚《日记》中更记载有:

> 晨梦加入义勇军,杀敌人及汉奸,甚酣畅。②

这表明,与不能立竿见影的学术救国相比,直接参与抗日活动的情绪,在他心里日益酝积,正逐渐占据上风。

到1933年3月,日军攻占热河省会承德,顾颉刚在《日记》中写道:

> 承德于今日失守,汤玉麟于昨日先逃跑矣。闻此痛绝。我难道永远读书吗!大学教育非今日事,脱离了吧!③

也就是在这场再度激起国人抗日情绪的长城抗战中,顾颉刚向燕京大学中国教职员抗日会提出,要通过编刊通俗读物,宣传抗日,"以求深入民间",并于随后取"楚虽三户,亡秦必楚"之意,成立了专出宣传抗日通俗读物的"三户书社"。④ 三户书社的成立,标志着顾颉刚将"以天下为己任"的用世之心,具体落实到了抗日方面。

因此我们说,顾颉刚产生用世之心,调整"为学问而学问"的治学理念,是辛未访古所致,与日本侵华的直接关联不大;而推动他将"以天下为己任"的心愿具体落到实处的,则是诸多日本侵华事件影响的结果。

这里需特别说明的是,从"为学问而学问"到忧心家国存亡,进而投入抗日宣传活动,主要是顾颉刚将个人精力投入哪一个范畴的问题,

---

① 参见余英时《未尽的才情》,第106—153页。
② 顾颉刚:《顾颉刚日记》第2卷,1932年10月14日,第698页。
③ 顾颉刚:《顾颉刚日记》第3卷,1933年3月4日,第20页。
④ 顾颉刚:《致天津〈大公报〉书》(1934年7月25日),《顾颉刚书信集》第3卷,第12页。

与他是否要放弃学术的独立性和客观性,是两个不同的问题。"为学问而学问"理念背后是对现代学者在处理求真与致用方面一种身份职责的界定,它主张致用不应成为学者的责任,更不能作为学术研究的动因,而应排除在学术研究过程之外。不过,这一理念并非一概排斥致用,如前引顾颉刚在《北京大学研究所国学门周刊一九二六年始刊词》所说:学者"所期望的只在了解事物的真相,并不是要救世安民","学术机关中的个人是国民,他们迫于救国的热诚,为了国家而喊破了嗓子,而丢净了财产,而牺牲了生命,都是很可以的,但这与学术机关丝毫不发生关系"。① 这就是说,学者可以以"国民"身份去救世安民,但回到学者身份从事学术研究时,则必须抛开致用观念。所以,在求真与致用问题上,顾颉刚实际给学者赋予了双重身份。或者也可以说,他认为求真与致用是社会上不同身份的人分别应负的职责。如 1925 年他在论述民间信仰研究时曾说:"分别好坏与有用无用,期望改变现状,是政治家和教育家的事情。把它当作一种材料而加以种种的研究,期望说明真相,是科学家的事情。简单说来,一是求'善',一是求'真'。"② 按照这一思路,20 世纪 30 年代在民生关怀与民族危机影响下出现的经世意识及其实践,所反映的实际是顾颉刚无法再自限于单纯的"学者"身份,逐渐担当起了"国民"的责任。从上引他对胡适说"我总觉得在研究学问之外应当做些事了",也可看出他这种自我身份定位的调整。这种身份调整的体现,是把个人精力从"学者"的学术研究,转向了"国民"的经世济民,而不是放弃或否定了对"学者"身份与职责的定位,即"为学问而学问"。至于顾颉刚能否在他所界定的这两种身份之间自如转换,则是另外一个问题,而仅就这一时期的情况来看,他的抗日救亡活动主要在编刊通俗读物教育民众方面,在其史学研究中确实没有明显体现。

---

① 顾颉刚:《北京大学研究所国学门周刊一九二六年始刊词》,《宝树园文存》第 1 卷,第 222—226 页。
② 顾颉刚:《北京东岳庙和苏州东岳庙的司官的比较》,《顾颉刚民俗论文集》第 2 卷,第 492 页。

第三节　百灵庙之行与《禹贡半月刊》办刊旨趣的调整

前文已述，民族危机并非顾颉刚创办《禹贡半月刊》的主要动机。民族危机对《禹贡半月刊》的影响，集中体现在办刊旨趣的调整上。而这一调整的重要触机，是1934年七八月的平绥沿线旅行。

1933年，日本侵占热河后，策动内蒙古东部各盟旗王公"脱离中国"，察哈尔的德王趁机发起内蒙古高度自治运动。1934年8月，顾颉刚随吴文藻等组织的"平绥沿线旅行团"抵达百灵庙，与德王及其幕僚会谈三天。通过这次会谈，顾颉刚深切感受到德王等人刻意自外于汉族乃至中国的成见①，以及这种成见被日本人利用所造成中国边疆危机的严峻。例如，会谈结束后，他就对胡适说："从前未到蒙古，不知蒙古情形；现在去了一次，才知其危险，不独蒙古危险，即汉族亦将随之而危险。如果政府此后再不做有计划的措置，而听其自然，则数年之后，政府欲迁都西安而不得矣……感怀时局，郁伊难堪，顾瞻同类，尚复醉生梦死，真可痛也。"②

和前述"民众"观念发生转变时的情况类似，顾颉刚看到民族问题所造成严重边疆危机的事实，同样冲击了他以往对边疆少数民族的美好印象。20世纪20年代，受当时较为流行的汉民族衰老说法影响，顾颉刚把边疆少数民族视为可以挽救汉民族衰老的"新鲜血液"。例如，他在当时编撰的《现代初中教科书·本国史》中就表示，被称为"老大帝国"的中国，因为"常有浅化而强壮的异族血液渗透进去，使得这个已经衰

---

① 比如，德王"从小在归化城里读汉文"，账房里"满是汉文书籍"，说"一口北平话"，能"随便讲笑话"，能用京剧里的人物对对子，还有一个叫作"希贤"的别号，"受汉文化陶冶之深远高出一般读书不多的汉人"。然而，每逢到正式场合，必"一本正经地说蒙古话"。再如，"担任翻译的职员，虽然生长北平，也惺惺地作态道：'兄弟是蒙古人，汉话说不好，请诸位原谅！'"。参见顾颉刚《我为什么要写"中华民族"是一个》，《宝树园文存》第4卷，第113—114页。

② 顾颉刚：《致胡适》（1934年9月25日），《顾颉刚书信集》第1卷，第487页。

老的民族时时可以回复少壮"。① 再如，1924 年，"西藏班禅喇嘛为受达赖的压迫，避居北京"，引来大量蒙古人朝拜，顾颉刚有感而发，写下《我们应当欢迎蒙古人》，称赞蒙古朝圣者的宗教热情与强健体魄；相形之下，他觉得汉族人具有的则"是懒惰，是乖巧，是贪小利，是无信仰心"，"是天生的败类"，是体质的"怯弱"，"本来早已应该灭种"，"只因四围常有新起的民族更番侵入，使得他屡屡得到一种新血液，借此把他的寿命苟延下去"；进而提出"我们要改去这种颓废的精神，先须改去那种怯弱的体质；而要改去那一种体质，惟有鼓励与异民族通婚，使得我们的种族中可以吸受强壮的血液"。② 即便是"古史辨"的打破"民族出于一元""地域向来一统"，实际也在诠释着古代边疆少数民族不断地给以汉族为主体的中原民族注入"新鲜血液"，及其在中华民族形成过程中的贡献。③ 这是百灵庙之行以前，顾颉刚对边疆民族的基本态度。这种态度明显着眼于积极一面，且包含不少想象的美好，对于实际存在的民族问题，则相对缺乏切实的认识。因此，"百灵庙会谈"中客观展现的边疆与民族分裂危机，与既往观念的反差，无疑会放大顾颉刚的观感，强化问题本身的危机感和解决问题的急迫感。如会谈期间，他就在致其夫人殷履安的信中表示：

  我如果牺牲了自己，能使汉蒙感情融洽，能共御外侮，我也就牺牲的值得了。④

后来，他在回忆中也说："我看到这种情形，痛心极了，心想蒙古如此，他处不知，若干年后，不是把边疆送光了吗？于是就在《禹贡半月刊》

---

 ① 《现代初中教科书·本国史》由王钟麒（王伯祥）、顾颉刚合作，胡适校订，商务印书馆 1923 年 6 月—1924 年 2 月陆续出版，收入《顾颉刚古史论文集》第 12 卷，第 1—221 页。引文见顾颉刚《我为什么要写"中华民族是一个"》，《宝树园文存》第 4 卷，第 109 页。
 ② 此文于 1925 年 5 月刊于《猛进》第 9 期，署名铭坚。文见《宝树园文存》第 4 卷，第 24—27 页。
 ③ 参见施耐德《顾颉刚与中国新史学——民族主义与取代中国传统方案的探索》，第 253、247 页，及该书"导言"，第 17 页。
 ④ 顾颉刚：《致殷履安》（1934 年 8 月 13 日），《顾颉刚书信集》第 4 卷，第 646 页。

里讨论起边疆问题来,也讨论起民族史和文化史来。"①

"百灵庙会谈"发生在 1934 年 8 月,而《禹贡半月刊》办刊旨趣向边疆民族问题的明显转变,正出现于此后。

1934 年 2 月,顾颉刚撰写的《禹贡学会简章》中,对禹贡学会的定位是"集合同志,研究中国地理沿革史"②;《禹贡半月刊》则是"一班刚入门的同志的练习作品,说不到成绩和贡献"③。到 1935 年 3 月,他再刊布第二份《禹贡学会简章》时,便改为"集合同志,研究中国地理沿革史及民族演进史为目的",增加了"民族演进史"内容。④ "百灵庙会谈"正在其间。

1935 年初,顾颉刚让侯仁之翻译了美国学者欧文·拉铁摩尔《满洲的蒙古人》部分章节和《蒙古的王公、僧侣和平民阶级》一文,后发表于《禹贡半月刊》。顾颉刚刊发这些"分析'东满'的蒙、汉、满情况和夹杂在期(其)间的苏俄、日本等外部势力交织的复杂情况"的文章,目的即"引起国人对东北和满蒙问题的关注"。⑤

到 1936 年,顾颉刚撰写《禹贡学会研究边疆学之旨趣》,在"缘起"部分明确提出,当承平之世,学术不急于求用,固当采取"为学问而学问"之态度,及至国势陵夷,局天蹐地之日,所学必求致用。正文中则比较中外(英、法、德、日、俄)学者的"中国边疆学"研究,突出日本学者的侵略理论有多年筑下之根基,反衬中国学者在边疆民族研究方面的落后及其在应对边疆危机时的苍白无力,进而提出"我国研究边疆学之第二回发动"。⑥ 同年 7 月,自"西北研究专号"开始,《禹贡半月刊》陆续出版了"回教与回族专号""东北研究专号""河套水利调查专号""南洋研究专号""康藏专号""回教专号""察绥专号"等,直至 1937 年该刊因抗日战争爆发而停刊。一年内如此密集组织边疆与民族问

---

① 顾颉刚:《顾颉刚自传》,《宝树园文存》第 6 卷,第 365—366 页。
② 顾颉刚:《禹贡学会简章(一)》,《宝树园文存》第 1 卷,第 389 页。
③ 顾颉刚:《禹贡半月刊第一卷第二期编后》,《顾颉刚古史论文集》第 5 卷,第 371 页。
④ 顾颉刚:《禹贡学会简章(二)》,《宝树园文存》第 1 卷,第 391 页。
⑤ 侯仁之:《山高水长何处寻——追忆颉刚师二三事》,载王煦华编《顾颉刚先生学行录》,第 133 页。
⑥ 顾颉刚:《禹贡学会研究边疆学之旨趣》,《宝树园文存》第 4 卷,第 220—224 页。

题研究专号,《禹贡半月刊》办刊旨趣的调整,表现得再直观不过。

1937年,顾颉刚更在《禹贡学会工作计划》中明确提出,"深知抱'为学问而学问'之态度实未可以应目前之急","吾辈书生报国有心,而力有未逮,窃愿竭驽钝之资,为救亡图存之学"。① 公开表示"为学问而学问"不足以"应目前之急",可见民族危机已经深刻影响了顾颉刚的治学理念。

1938年,顾颉刚发愿已久的《中国疆域沿革史》终于出版。后来,其合作者史念海回忆说:"顾先生一再指出,必须详细论述疆域损益及其演变踪迹,藉以使国人具知创造祖国山河之匪易,寸土皆应珍视,不能令其轻易沦丧","上述指示,实为本书框架轮廓,大纲目录即依此制定。目录中特设《明代长城和九边》、《清代后期失地》等章节,亦有所指"。②

结合本书第5章所述可见,顾颉刚从为解决"古史辨"所讨论古史问题而研究沿革地理;到为推动沿革地理研究发展而创办《禹贡半月刊》;再到"百灵庙之行"切身感受到边疆和民族问题的严峻,转而调整《禹贡半月刊》的办刊旨趣,关注边疆和民族问题,这一演变过程是比较清楚的。当然,这里并不是说此前顾颉刚对边疆民族问题丝毫没有关注,但其程度前后有明显不同。

虽然顾颉刚明确调整了"为学问而学问"的治学理念,但他似乎并未放弃学术的客观性。比如《中国疆域沿革史》必求详细论述疆域损益及演变踪迹,以使国人具知寸土皆应珍视,其中虽因现实需要而着重突出了某些内容,但他并未歪曲史实以迎合现实。所以,调整"为学问而学问"的治学理念而注重经世致用,并不等于放弃学术客观性而曲学阿世。

在关于《禹贡半月刊》相关问题的研究中,有学者通过统计方法,为我们揭示出该刊不少的内在特征,值得我们关注。不过,若将统计方法运用于《禹贡半月刊》办刊旨趣调整的研究上,该刊物本身所具有的

---

① 顾颉刚:《禹贡学会工作计划》,《宝树园文存》第4卷,第227页。
② 史念海:《中国疆域沿革史·重排本前言》,载顾颉刚《顾颉刚古史论文集》第6卷,第2页。

第六章　民族危机影响下顾颉刚的治学理念与古史观念　/　181

一些特殊因素，应予以适当注意。《禹贡半月刊》前两卷主要是以"中国地理沿革史"课上"学生的课艺"为基础，第3卷以后，才"渐见活跃，投稿日众"①，这就决定了在该刊前期刊发论文中，沿革地理类势必会占绝大比重。从第6卷开始，边疆民族类文章所占比重出现显著上升②，这表明《禹贡半月刊》办刊旨趣的调整开始得到体现；然而，正当这一调整得到体现的时候，第7卷没有出全便因抗战爆发被迫停刊。这样，办刊旨趣调整和停刊两个时间节点的特殊性，肯定会影响边疆民族类论文在《禹贡半月刊》刊文总量中的比重。另外，边疆民族类论文在第7卷中的比重又出现回落现象，也有特殊情况。第7卷第1—3期为"三周年纪念"，第6—7期为"古代地理专号"，第10期后停刊，这是造成边疆民族类论文比重回落的原因之一。同时，如果《禹贡半月刊》继续发行，其比重很可能会进一步回落，因为当时顾颉刚正打算为纪念李晋华而刊行"明代地理专号"。③ 不过，应该说这些都属于特殊因素。除此之外，第7卷第4期为"回教专号"，第8—9合期为"察绥专号"，其余属常规刊行的便只有第5期，这一期共12篇文章（不包括"国内地理界消息"），分别为：《原始时代东北居民与中国之关系略识》《貂》《朝阳附近之新石器时代遗迹》《匈奴民族及其文化》《燕秦西汉与东北》《十三世纪前期的蒙鲜关系》《曾纪泽对朝鲜问题的主张记闻》《河北省行政督察专员之设置及其区域之划分》《国史与地方史》《纂修〈河北通志〉见闻录》《晋蜀掘骨记》《北平市回教概括》。其中边疆民族类论文所占比重，直观可见。因此，运用统计方法分析《禹贡半月刊》办刊旨趣的调整时，应适当重视这些特殊因素。

事实上，民族危机所激起的经世意识，不仅影响了《禹贡半月刊》的办刊旨趣，而且，也渗透了这一时期顾颉刚的古史研究中。这也可佐证《禹贡半月刊》办刊旨趣确实存在调整。下面略举两例，以作说明。

---

①　《本会三年来工作略述》《禹贡半月刊》，第7卷第1—3合期，1937年4月1日。
②　参见彭明辉《历史地理学与现代中国史学》图4—3—1《〈禹贡〉边疆史地研究统计》，第236页。
③　第七卷第四期顾颉刚提出以文字纪念李晋华的去世，第五期便提出拟为此出"明代地理专号"，并说"已收到不少名贵作品"。参见顾颉刚《禹贡学会启事》《禹贡半月刊启事》，《宝树园文存》第2卷，第163、167页。

首先，1933—1937 年，顾颉刚曾在燕京大学开设"春秋史"课程，并留下三部讲义，分别为《春秋战国史讲义第一编（民族与边疆）》（1933 年 9 月—1934 年 1 月）、《春秋史讲义》（1935 年 11 月—1936 年 6 月）、《春秋史讲义》（1936 年 9 月—1937 年 5 月，与童书业合作，分正、附两编）。其中，第一部《春秋战国史讲义》止于周公东征，暂且不论，而后两部讲义在对诸侯争霸的分析中，则明显表现出对霸主在乱世中保存中原民族文化的推崇和对"媚外"行为的贬低。

1935—1936 年的《春秋史讲义》中对保存中原民族文化的肯定，如评价"天王狩于河阳"说："实则晋侯召王，《鲁春秋》书曰'天王狩于河阳'，上下苟以相欺而已。虽然，齐、晋之霸主倘无尊王之口号，则其灭周也曾无以异于灭纪虢，而春秋时代将立陷于混战之局，中原文化或遂为秦、楚、戎、狄所摧残，此形式的尊崇未始非延长诸夏受命之术也。"[①]

对"媚外"的贬低，可从《春秋史讲义》中对"鲁之国际关系"的不同评价中看出。对于鲁与晋的关系，《春秋史讲义》说："鲁于春秋为二等国……幸也晋文挺起，累传而不失霸，仗其'姬姓之伯'以保卫昆弟之邦，鲁遂始终服事，凡晋之征伐会盟几于无役不从，而其颐指气使亦莫不忍受，乃得自存于争夺剧烈之世，不经震荡而蕴蓄为古文化之中心。"[②] 顾颉刚对鲁国能隐忍晋国的颐指气使，"不经震荡而蓄蕴为古文化中心"，是持肯定态度的。然而，对于鲁僖公二十六年，齐侵鲁，"公子遂如楚乞师"，《春秋史讲义》却评价说："是时中原无霸主，齐人侵略鲁疆，而鲁乃乞异族之师以报之，忘'荆舒是惩'之大义矣。"[③] 两相比较，《春秋史讲义》中称鲁"如楚乞师"为"乞异族""忘大义"，这和对忍受"姬姓之伯"颐指气使的评价，明显不同。从顾颉刚打破旧有古史的立场看，他对古代这种"文化""种族"偏见，应该是持反对态度的，所以，这里的评价应该是受了时局影响。当然，未必完全是日本侵华的单一因素。另外，对于面对强国霸主的诸小国，《春秋史讲义》中出

---

① 顾颉刚：《春秋史讲义》（1935—1936），《顾颉刚古史论文集》第 4 卷，第 136 页。
② 同上书，第 151 页。
③ 同上书，第 144 页。

现的"同等文化之国而仇怨如此,迄偕亡而始已,可畏哉",以及"兄弟之邦""兄弟之国"等说法,恐怕也是对时局的有感而发。

到 1936—1937 年的《春秋史讲义》中,上述特点得到更为明显、集中的体现。① 例如,《春秋史讲义》对于"尊王攘夷"评价说:

> 因为王室衰微,所以造成列国互相争胜的形势;因为列国互相争胜,中原内部不统一而更不安宁,所以又造成戎、狄交侵的形势。要"攘夷"必先"尊王","尊王"的旗帜竖起,然后中原内部才能团结;内部团结,然后才能对外。所以"尊王"与"攘夷"是一贯的政策。②

这里对"尊王""攘夷"关系的判断,无异于"攘外必先安内"。

《春秋史讲义》对齐桓公的评价,同样如此,如说:

> 他的功绩,约略说来,在安内方面,是有相当的成就的;对于攘外,却只做出一些空把戏。然而中原的所以不致沦亡,周天子的所以还能保持他的虚位至数百年之久,这确是他的功劳;至少可以说这个局面是他所提倡造成的。倘使没有齐桓公的创霸……周室固然不能免于灭亡,就是中原全区,也一定被异族践踏了……即此可见齐桓公与管仲两人对于保存中原民族和文化的伟大的功绩!③

这里对齐桓公霸业的分析使用了"安内""攘外",可以肯定是受了时局的影响,而其褒贬标准,就是能否保存"中原民族和文化"。

同样的,《春秋史讲义》对晋文公取得城濮之战的胜利,也说:

> 这个时代,真是所谓"南夷与北狄交侵,中国不绝如缕"的时

---

① 这部《讲义》系顾颉刚、童书业两人合作,但按童书业所说,其宗旨完全是秉持顾颉刚的。见顾潮《顾颉刚年谱》,第 290 页。
② 顾颉刚、童书业:《春秋史讲义》,《顾颉刚古史论文集》第 4 卷,第 248 页。
③ 同上书,第 260 页。

代……城濮一战，楚军败绩，南夷的势力既退出了中原，北狄的势力也渐渐衰微下去，于是华夏国家和文化的生命才得维持：这不能不说是晋文公的大功！①

这里仍是强调驱逐夷狄，保护中原民族与文化不受外族践踏的重要性。对于"晋的内乱与悼公复霸"，《春秋史讲义》认为晋国政出多门，不能统一，是其霸业受挫折的最大症结②，所强调的仍是"安内""统一"对于"攘外"的重要性。

与上述评价形成对照的，是对泓之战中楚国败宋救郑，郑文公慰劳楚军描述，即："楚兵凯旋回国，郑文公派他的夫人（楚王的姊妹）和姜氏（齐国的女儿）到柯泽的地方去慰劳楚王……礼数很是隆重。夜里楚王回劳，郑夫人又带了眷属相送，楚王好色，顺手拣了郑君的两个女儿带回国去，这可见谄媚敌国总是没有好结果的！"③ 这里，又把"楚国"说成"敌国"，强调郑国答谢楚国相救一事，是谄媚"敌国"总没有好结果。

概言之，在《春秋史讲义》的相关评价中，春秋不再是"无义战"，相反，齐桓晋文等霸主成了保护中原民族与文化不被异族践踏的中流砥柱，"安内"相对于"攘外"的重要性，也被频频强调。《春秋史讲义》对春秋局势的分析，或许不无道理，但其评价的取向，明显是受到当时国内外局势的影响。

其次，除对春秋局势的分析外，经世意识还体现在顾颉刚的沿革地理研究中。如1937年5月顾颉刚发表的《九州之戎与戎禹》，本是一篇讨论古代民族迁徙与地域观念演变的文章，但在文章结尾却写道：

古代戎族文化固自有其粲然可观者在，岂得牢守春秋时人之成见，蔑视其人为颛蒙棒昧之流乎？夫戎与华本出一家，以其握有中原之政权与否乃析分为二；秦汉以来，此界限早泯矣，凡前此所谓

---

① 顾颉刚、童书业：《春秋史讲义》，《顾颉刚古史论文集》第4卷，第272页。
② 同上书，第307页。
③ 同上书，第265页。

戎族俱混合于华族中矣。不幸春秋时人之言垂为经典，后学承风，长施鄙薄，遂使古史真相沈霾百世。爰就九州之戎一事寻索禹之来源，深愿后之人考论华戎毋再牵缠于不平等之眼光也。①

这几句话，看似与顾颉刚一贯坚持打破前人古史"成见"的立场相同，但其重点却已不是强调"打破民族出于一元"，而在于强调"戎"与"华"的"界限早泯"，"俱混合于华族中"，重点在"多元"如何"汇流"。这里透露出的实际是他已经开始思考后来所提出的"中华民族是一个"理论。至此，经世观念对顾颉刚的影响，已经从编刊通俗读物扩展到了史学研究领域。

第四节 "中华民族是一个"的历史论证与"古史辨"的学术关联

边疆与民族的历史问题，自始便是顾颉刚学术研究的一部分，但1939年他撰写《中华民族是一个》的出发点，却是非学术的，其目的很明确，就是要解决"如何可使中华民族团结起来"的现实问题。

一 "中华民族是一个"的提出

如果说1934年"百灵庙会谈"及之后《禹贡半月刊》办刊旨趣的调整，顾颉刚的着眼点主要在抵制外患，那"中华民族是一个"的提出则更多是为了解决内忧。这和1937年顾颉刚在西北考察中的见闻有关。

1. 西北考察与内向剖判

1937年9月，顾颉刚应中英庚款董事会聘请，任补助西北教育设计委员，与陶孟和等赴西北考察教育。此行原定考察青海、甘肃、宁夏三省，行期三个月，后因绥远陷落，取消宁夏之行。陶孟和等均如期结束行程，而顾颉刚则直到1938年9月才离开西北。他在考察甘肃、青海两

---

① 顾颉刚：《九州之戎与戎禹》，《顾颉刚古史论文集》第5卷，第139页。

省十九市县后①，从教育经费、学校教育、社会教育等方面，详细叙述了西北教育存在的问题，并设计出一份被称为"因时制宜与因地制宜"的改进教育方案。②不过，顾颉刚在西北考察中，并未局限于教育问题，而是把眼光投向了整个西北社会，如其自述："是行也，为欲认识西北社会之基本问题，故舍康庄之陇东南及河西不游，而惟游于公路尚未通达之陇西。"③也因此，他对中国边疆民族问题的成因，从之前专注于外患，开始注意到了内忧。

西北考察对顾颉刚较大的触动，除了普遍的贫穷④，便是边疆地区的民族与宗教问题。他认为，贫穷问题主要源于"人谋之未臧"，较容易解决，"最难下手的是种族与宗教问题的解决"。⑤对于"我们边疆人民同室操戈之烈"，顾颉刚有一段非常动情的描述，他说：

> 十年前……回汉间的大冲突……我只在报上看见，印象不深，以为事平后就回复原状了，万想不到这次车轮马迹所至，进一座城就见全城的颓垣断井，歇一个村就见满村的蔓草荒烟，这边是"白骨塔"，那里是"万人塚"，一处处的伤心裂胆，简直不忍张开眼睛来直视。在这般的创巨痛深之下，回汉间就划了鸿沟了……只要地方上起了一个小乱子，一定会转弯抹角讲作了回汉问题……造成一个恐怖的局面……岂但汉和回这样的不合作，无端又把番民掀入了漩涡……许多人不到西北，报纸上看不见多少西北的新闻，总以为那边是很平静的，哪知亲莅其境，竟是儳然不可终日……（这是我）

---

① 分别为甘肃兰州、临洮、康乐、渭源、陇西、漳县、岷县、临潭、卓尼、夏河、临夏、永靖、和政、宁定（今广河）、洮沙（今属临洮）、永登，青海省乐都、西宁、民和。见顾颉刚《西北考察日记·序》，《宝树园文存》第 4 卷，第 410 页。

② 参见李得贤《顾颉刚先生与西北》、汪受宽《顾颉刚先生 1937—1938 年在甘肃》等文（载王煦华编《顾颉刚先生学行录》，第 226—232、233—241 页），以及顾潮《我的父亲顾颉刚》（第 179—187 页）。

③ 顾颉刚：《西北考察日记·序》，《宝树园文存》第 4 卷，第 410 页。

④ 顾颉刚：《补助西北教育设计报告书》，《宝树园文存》第 4 卷，第 254 页。

⑤ 顾颉刚：《考察西北后的感想》，《宝树园文存》第 4 卷，第 84 页。

印象最深切的一次。①

耳闻与目睹的巨大反差，让顾颉刚觉得在边疆地区发展实业解决贫困问题尚易，弥合民族感情的裂痕却难。而这一裂痕不仅存在于边疆民众之间，更重要的是边疆民众与内地民众，甚至是与"中国"的疏离。他说："因为他们有这许多派别，有这许多隔阂，所以弄得只知道有教派，反而不知道他们是中华民国的公民，这真是太值得我们注意的一个问题了。"②

对于中国边疆民族问题的形成，顾颉刚提到过很多原因，大致可概括为以下三项。一是"中国过去的边疆政策"，尤以清政府为便于统治而采取的分化政策影响最为恶劣。比如"用文化政策牢笼汉人"，以消磨汉人的反抗精力；"用愚禁政策羁縻蒙藏"，凡可使汉蒙、汉藏间"发生文化的交流的便把它一律隔断"；"用残杀政策削弱回人"，而且，"他们不肯自己动手，偏借汉人的手去杀，自己既不结怨，又可激起汉回间的冤仇"，使得回汉民族矛盾成了西北地区最为严重的问题。结果，就造成"同一国家内本当休戚相关的诸民族便互相漠视或仇视"。总之，在顾颉刚看来，清政府应对近代中国遭遇的严重边疆危机负绝大责任，他甚至把"九·一八"事变的发生，都归罪于此，认为是清政府民族政策造成的内忧，才引来了外患。③

二是"帝国主义对我边疆的环攻"。在西北考察之前，顾颉刚已有此看法，西北考察更加深了他这种认识。他甚至因此而提出将外国传教士尽数驱逐出中国的主张。④ 不过，他同时也认为，帝国主义的"环攻"之所以奏效，归根结底还是中国自己的内忧所致，"边民的离心力都是我们政府不注意边疆的结果"。⑤

三是"边疆官吏与商人的自杀政策"，即内地去边疆的官吏和商人，利用边疆人民的淳朴，进行无节制的敲诈和欺骗，如商人用冥币、标签

---

① 顾颉刚：《我为什么要写"中华民族是一个"》，《宝树园文存》第4卷，第114—116页。
② 顾颉刚：《考察西北后的感想》，《宝树园文存》第4卷，第82页。
③ 顾颉刚：《中国边疆问题及其对策》，《宝树园文存》第4卷，第173—178页。
④ 顾颉刚：《顾颉刚自传》，《宝树园文存》第6卷，第371—372页。
⑤ 顾颉刚：《中国边疆问题及其对策》，《宝树园文存》第4卷，第181页。

纸冒充法币等。顾颉刚说:"边疆的官吏和商人这样的不讲道德,没有人格,无异慢性自杀!他们自杀不要紧,却使边民误以为汉人全是这样,连好的汉人的话也不敢信……强邻环攻于外,边民离心于内,这真是边疆的莫大危机!"①

总之,西北考察之后,顾颉刚开始把边疆危机形成的主要原因,归结于中国自己的"内忧"。因而,面对"强邻环攻于外,边民离心于内"的状况,他逐渐把关注重心放到如何解决内部的"离心"问题上。

2. 消释"汉族"巩固"中国"

顾颉刚在解决边疆民众"离心"问题上的努力,影响最大的,要属1939年在《益世报·边疆周刊》上发表的《中华民族是一个》一文。《中华民族是一个》的发表时间虽是1939年,但顾颉刚对这一问题的思考,却经过了较长时间。

"中国民族是一个"的论证思路与策略,源于顾颉刚在实地踏查中,对中国边疆民族问题形成的认识。他认为,由于历史遗留问题、多元宗教信仰等复杂原因,边疆各民族之间、边疆民族与汉族和中央政府之间,本就存在较为严重的隔阂,这是长期存在的事实;但是,近代西方的"民族"等概念传入,又被侵略者恶意利用,则给这种"隔阂"提供了重要理论依据;这样,在边疆民族中就形成了多元的民族观念,造成了强烈的"非汉族""非中国"的离心意识,给中国带来了严重的分裂危机;要消除分裂危机,就必须塑造一种新的民族观念,来消解多元观念,让边疆民众意识到"我们对内没有什么民族之分,对外只有一个中华民族"。这就是顾颉刚解决当时中国所面临的严重边疆分裂危机的基本思路,因此,他才会在《中华民族是一个》中,努力辨析外来的"民族"概念,根本不适合中国的历史与现状。如他说:

> 本来没有这个名词时,每次内乱只是局部的事件,这事件一解决就终止了。现在大家嘴里用惯了这个名词,每逢起了什么争执和变动,大家不肯先去批评哪一方面的是非曲直,只管说是某民族与某民族之争,于是身列于某民族的即使明知自己方面起衅的人是怎

---

① 顾颉刚:《中国边疆问题及其对策》,《宝树园文存》第4卷,第182页。

第六章　民族危机影响下顾颉刚的治学理念与古史观念　/　189

样的轻举妄动，也必为他的"民族主义"而努力，替这个起衅者回护或报仇，而私人的事就一转而成了团体的事，一星之火随时可以扩而充之至于天崩地裂……假使各方面确是单纯的种族……自然也还值得；无如血统之间早已混合……他们种族之间原无问题，不过被这个新传入的带有巫术性的"民族"二字所诱惑煽动，大家替它白拼命而已。唉，这是多么的可怜！①

在西北考察之前的1937年初，顾颉刚发表《中华民族的团结》一文，就已经开始辨析"种族"与"民族"概念，提出了"我们只有文化的自觉而没有种族血统的偏见"，"在中国的版图里只有一个中华民族"等说法。不过，从文中使用"国内各种族"说法，以及把"汉人"和"国内各族"对举等来看，当时，他尚未否认中国境内存在不同"种族"的事实。②

西北考察之后，顾颉刚意识到"只为各族人们的心中彼此存着：我和你的种族是不同的，我和你的文化是异样的"，因而造成中华民族不易团结，"处处貌合神离"。因此，1937年10月，他在兰州伊斯兰学会发表"如何可使中华民族团结起来"演讲时，便把"种族"说成"物质的""遗传的"，把"民族"说成"心理的""情绪的"，进而提出，中国自来只有"夷狄而进于中国则中国之"的文化观念，受此观念影响，国内各族经过几千年的融合，早已没有了纯粹的种族和文化，有的只是"一个中华民族"。③

顾颉刚这种论证策略，其实是要消释当时人们观念中"汉族"与"汉文化"的纯正性。因为在他看来，边疆民众之所以会疏离"中国"，一个很重要的原因就是他们把"中国"看作了"汉人的中国"。因而，将"汉族""汉文化"描述成历史上动态演进的存在，说成多民族融合的结果，消释掉纯正的"汉族"，"汉人的中国"也就成了多民族共同创造的

---

① 顾颉刚：《我为什么要写"中华民族是一个"》，《宝树园文存》第4卷，第115—116页。
② 参见顾颉刚《中华民族的团结》，《宝树园文存》第4卷，第49—52页。
③ 顾颉刚：《如何可使中华民族团结起来》，《宝树园文存》第4卷，第62页。

"中国"。如他在演讲中所说：

> 所谓汉族，实际不但含有满、蒙、回、藏的血液，而且含有马来人的血液（如闽广人）；所谓汉族文化，也是随时随地集合各族文化的结果，而不是数千年来一成不变的文化。说得彻底一点，世界上原无所谓汉族，所谓汉族乃是亚洲东部的各族逐渐融化的结果。汉族是已融化的各族，蒙、藏和缠回是融化未尽的各族（陕甘等地的回民原是汉人，不过信仰和别的汉人不同而已，决不能因此而称为回族）。等到将来融化工作完成时，我们国内就只有一个中华民族，而无所谓汉族等等勉强分别的族名了。①

不过，消释了"汉族""汉文化"的纯正性，还有"汉族"之外其他"民族"或"种族"的构成问题。所以，后来顾颉刚在"边疆问题""考察西北后的感想"等演讲中，又提出藏民与汉人原无甚鸿沟，只是因为宗教信仰不同而称为藏民；蒙、藏更早已融合成为一族，其信仰、服饰等都相同，一部分蒙人也说藏话；"陕、甘、青、宁之汉、回实为汉人（按："汉、回"中间似不应有顿号，应为"汉回"），并不能称回族"等。基于此，他进一步提出应以"文化集团"取代"民族"划分，即中国存在汉、回、藏三个文化集团，"断不能说是分为几个种族，更不能称为几个民族"。② 顾颉刚这种说法主要是针对边疆民众普遍以"汉教"、"回教"、"番教"等宗教信仰作自我身份识别的观念而发。

至此，"中华民族是一个"的主体思想已基本道出。所以，到1939年《益世报·边疆周刊》因讨论民族问题而受到傅斯年批评时，顾颉刚很快便写成了《中华民族是一个》，如其《日记》中所载："昨得孟真来函，责备我在《益世报》办《边疆周刊》，登载文字多分析中华民族为若干民族，足以启分裂之祸，因此写此文以告国人，此为久蓄于我心之问

---

① 顾颉刚：《如何可使中华民族团结起来》，《宝树园文存》第4卷，第62页。
② 顾颉刚：《西北问题》《考察西北后的感想》，《宝树园文存》第4卷，第75—79、80—87页。

题，故写起来并不难也。"①

《中华民族是一个》一文着重辨析的，正是"民族"和"种族"两个概念在被译为汉语时，其含义发生了偏差，人们把"民族"（顾颉刚认为其本意是"营共同生活，有共同利害，具团结情绪的人们而言，是人力造成的"）这一名词和"种族"的含义（"具有相同的血统和语言的人们而言，是自然造成的"），不恰当地结合在了一起，造成"血统和语言自成一个单位的"被称为"一个民族"，"宗教和文化自成一个单位的"也被称为"一个民族"，于是"同国之中就有了许多的民族出现"。因此，顾颉刚重申中国向来所持的，只有开放包容的"文化观念"，而决没有狭隘的"种族观念"。同时，他又论证了自春秋战国以降，中国境内的人民在血统上已错综万状，在文化上也已涵濡融合的历史事实，提出"'中华民族是一个'，这话固然到了现在才说出口来，但默默地实行却已有了二千数百年的历史了"，中华民族"只是在一个政府之下营共同生活的人"，"我们对内没有什么民族之分，对外只有一个中华民族"。②

《中华民族是一个》发表以后，费孝通看出了顾颉刚因"抗战建国的需要"而刻意回避血统、文化等差异，以求得民族团结的意图。所以，他在辨析state、nation、race、clan等概念的含义后，提出"在社会接触的过程中，文化、语言、体质不会没有混合"，但混合不一定会在政治上发生统一；要谋求政治上的统一，"不必否认中国境内有不同的文化、语言、体质的团体"，也"决不是取消了几个名词就能达到"。③ 此即抗战时期"中华民族是一个"相关讨论的基本观点。应该说，费孝通从理论上提出的批评，是有一定道理的。

抗战时期，顾颉刚想要解决边疆民族问题，受其西北考察的实地见闻影响，如他说，西北考察让他在边疆民族问题上形成了"排解不开的心情，一心要作曲突徙薪的谋画"。④ 不过，消释"汉族"巩固"中国"的策略，并非始于顾颉刚。比如，孙中山在诠释三民主义时，就提出过

---

① 顾颉刚：《顾颉刚日记》第4卷，1939年2月7日，第197页。
② 顾颉刚：《中华民族是一个》，《宝树园文存》第4卷，第94—106页。
③ 费孝通：《关于民族问题的讨论》，载顾颉刚《宝树园文存》第4卷，第133—140页。
④ 顾颉刚：《顾颉刚自传》，《宝树园文存》第6卷，第372页。

"汉族当牺牲其血统、历史与夫自尊自大之名称,而与满、蒙、回、藏之人民相见于诚,合为一炉而冶之,以成一中华民族之新主义"① 的主张。顾颉刚曾细读过《三民主义》,在其文章中有直观体现。所以,论证"中华民族是一个"在当时有现实需要,而顾颉刚的重要贡献,在于为这一命题提供了历史的依据和解释,正如白寿彝所说,"用事实来作证明的,这还是第一篇文字"。②

二 "中华民族是一个"的历史论证与"古史辨"的思路不存在解不开的矛盾

关于"中华民族是一个"讨论及其在"中华民族"理论形成过程中价值,学界已有较详尽研究。③ 我们要讨论的,是时隔半个世纪后,费孝通在《顾颉刚先生百年祭》中提及的另一问题,即"中华民族是一个"和"古史辨"之间,在"顾颉刚的思路中存在着个没有解开的矛盾"。费孝通认为:古人虚构民族同源古史系统的过程,密切联系着中华民族从多元形成一体的过程,正可作为"中华民族是一个"的重要证据;但在"古史辨"中,顾颉刚却将之"拆成一堆垃圾",视作"一片荒唐的虚妄传说",认为"古代真相不过如此,民族的光荣不在过去而在将来";所以,"中华民族是一个"和"古史辨"的思路是矛盾的,而矛盾的根源就在于顾颉刚"思想上存在着一个没有解决的问题,就是并没有重视一切思想在当时必然有它发生的历史背景"。④ 这种"矛盾"说法,实际包含了两个方面:第一,在史实层面,顾颉刚的"古史辨"一意辨伪,"中华民族是一个"又极力论证民族融合,但他却没有意识到古人伪造古史所反映的,正是民族融合的事实;第二,如果顾颉刚意识到"民族出于一元"的虚构象征着古代各族的"联宗",那"古史辨"将之"拆成一堆

---

① 孙中山:《三民主义》,《孙中山全集》第 5 卷,中华书局 1985 年版,第 187 页。
② 顾颉刚:《白寿彝先生来函及颉刚按》,载顾颉刚《宝树园文存》第 4 卷,第 106 页。
③ 参见周文玖、张锦鹏《关于"中华民族是一个"学术论辩的考察》,《民族研究》2007 年第 3 期;马戎《如何认识"民族"和"中华民族"——回顾 1939 年关于"中华民族是一个"的讨论》,《中南民族大学学报》2012 年第 5 期;黄兴涛《重塑中华:近代中国"中华民族"观念研究》,北京师范大学出版社 2017 年版,第 258—281 页;李帆《求真与致用的两全和两难——以顾颉刚、傅斯年等民国史家的选择为例》,《近代史研究》2018 年第 3 期。
④ 费孝通:《顾颉刚先生百年祭》,载王煦华编《顾颉刚先生学行录》,第 247—249 页。

垃圾",和他后来论证中华民族已经融成"一个",在取向上就存在矛盾。

这两方面的"矛盾",实际也是学界很多人的疑问,而其存在与否,对于认识顾颉刚的学术思想,同样至关重要。因为如果"矛盾"真的存在,那抗战时期,顾颉刚在治学理念上,就不仅仅是走向学术救国道路的问题,而是为了政治需要,改变了其根本的古史观念,放弃了学术独立的立场。

首先,在"古史辨"中,顾颉刚是否真的没有意识到伪古史系统这座"琉璃宝塔"所象征的古代各族的"联宗"?恰恰相反,顾颉刚不但意识到了,而且这正是他证明古人伪造古史的重要证据。例如,在《战国秦汉间人的造伪与辨伪》第六部分《种族融合过程中造成的两个大偶像》中,他先论述了春秋以降的"种族融合"现象,然后分析说:

> 他们为要消灭许多小部族,就利用了同种的话来打破各方面的种族观念……他们说:黄帝生昌意,昌意生颛顼,这是一支;黄帝生玄嚣,玄嚣生蟜极,蟜极生帝喾,这是又一支。靠了这一句话,颛顼和帝喾就成了同气连枝的叔侄。二千余年来,大家都自以为是黄帝的子孙,原因就在这里……(他们)把四方小部族的祖先排列起来,使横的系统变成了纵的系统……这样一来,任何异种族异文化的古人都联串到诸夏民族与中原文化的系统里,直把"地图"写成了"年表"。[①]

这里所要揭示的,正是战国、秦汉间人伪造古史,追认共同祖先的现象,乃当时"种族融合"的反映。可见,顾颉刚并非没有意识到伪古史系统所象征的古代各族的"联宗"。

事实上,通过古代民族融合的历史背景,来揭示伪古史成因,正是顾颉刚的常用手段。如他为考辨《尚书》中《尧典》《禹贡》诸篇年代,而对"州""岳""禹"等观念如何由具体地名、戎族宗神,逐渐演化为传统"九州""四岳""三代首君"的系列考证,所依托的就是随着戎族

[①] 顾颉刚:《战国秦汉间人的造伪与辨伪》,载吕思勉、童书业编著《古史辨》第7册上,第19—21页。

东迁而出现的"种族"融合的历史背景。① 此类例证尚多,无须过多枚举。②

概言之,在"古史辨"中,顾颉刚非但没有否认伪古史系统所象征的古代各族的"联宗",反而将之作为古人构造"民族出于一元"说法的动机和背景予以肯定。正是肯定了古人构造"民族出于一元"是为了适应当时民族融合的时势所需,他才能打破这一伪说,还原上古民族多元起源的真相。这里,顾颉刚否定的是曾被视为事实的"民族出于一元",而不是"民族出于一元"说出现和多元民族逐渐走向融合之间的关系,更不是多元民族逐渐走向融合的事实本身。诚然,此时顾颉刚没有像抗战时期一样,对中华民族如何从"多元"走向"一个",进行专门、系统的论述,但这并不是因为他没有意识到或不愿承认,而是因为这根本就不是"古史辨"的中心问题。对此,我们不应求全责备。

到抗战时期,当"中华民族是一个"成为问题,顾颉刚的关注点随之转移,中华民族如何从多元融成"一个"才成为中心问题。在顾颉刚对民族融合的历史论证中,存在一个重要的时间节点,即春秋战国。春秋以前民族融合也存在,但其大规模出现,则在春秋战国时期,到秦始皇统一,"中华民族是一个"的意识已"生根发芽"。至于春秋以前,他依旧毫不避讳地说"周国本是夷人""商和周……决不是一个种族""春秋时期许多蛮夷",等等。③ 这就说明,即便在抗战时期对"中华民族是一个"的历史论证中,顾颉刚也没有将"一个"的观念强加于上古中国,亦即他仍坚持着"古史辨"中"打破民族出于一元"的观点。

以上可见,顾颉刚在民族问题的认知上,本就包含两方面内容:一是史书记载上,多元起源的事实在东周秦汉间被伪造成"出于一元";一是客观历史上,多元民族在东周秦汉间逐渐走向融合。"古史辨"重在通过多元民族逐渐走向融合的历史事实,揭示古人构造"民族出于一元"的动因,进而打破伪说,还原上古民族多元起源的真相;"中华民族是一

---

① 参见顾颉刚《州与岳的演变》《九州之戎与戎禹》,《顾颉刚古史论文集》第5卷,第43—74、118—139页。
② 参见罗新慧《顾颉刚先生对古代民族融合的考察》,《史学史研究》2011年第2期。
③ 顾颉刚:《中华民族是一个》《我为什么要写"中华民族是一个"》,《宝树园文存》第4卷,第95—96、110页。

个"则重在论述多元民族如何融成"一个"。只有在"古史辨"打破"民族出于一元",还原多元起源真相的基础上,融成"一个"的论述才变得有意义,否则便是无的放矢。所以,二者相辅相成,在顾颉刚的思路中不存在冲突。

其次,"古史辨"打破"一元",和"中华民族是一个"建构"一个"之间,在取向上是否存在矛盾?要解决这一问题,关键是要厘清在顾颉刚眼中,促进民族融合、维系民族团结的精神资源是什么?对此,顾颉刚在《古史辨》第四册《顾序》中就有明确回答。《顾序》在指出"三皇五帝"的帝系乃古人伪造,古代各民族并非互相统属后,曾自我澄清说:

> 如有人说:中国人求团结还来不及,怎可使其分散。照你所说,汉族本非一家,岂不是又成了分离之兆。我将答说:这不须过虑。不但楚、越、商、周已混合得分不开,即五胡、辽、金诸族也无法在汉族里分析出去了。要使中国人民团结,还是举出过去的同化事实,积极移民边陲,鼓励其杂居与合作。至于历史上的真相,我们研究学问的,在现在科学昌明之世,决不该再替古人圆谎了。①

可见,在顾颉刚看来,维系民族团结所依靠的,应该是被"古史辨"所还原的历史真相,即多元民族逐渐走向融合的客观趋势,而决不应靠"替古人圆谎"。在《顾序》之前,1932年,顾颉刚致信牟润孙也曾说:

> 汉族本无这个东西,由许多小民族杂凑而成……我们说汉族是许多小民族团结而成,固然打破了"炎、黄神明之胄"的旧说,实际上却不会消失我们民族的自信力。何也?为了成就一个大民族,已经作了极大的牺牲,此牺牲即值得我们树立其自信力而为团结之张本也。且能知我们非炎、黄遗胄,则我们不必存虚愒之气矣。能知我们过去之牺牲,则知现在如不奋斗图存,即为我祖宗之不肖子孙矣。如此,不但不足以消失我们的自信力,实更足以激起我们的民

---

① 顾颉刚:《古史辨第四册序》,《顾颉刚古史论文集》第1卷,第111页。

族精神,而得理性之信仰。①

此处更为清楚地解释了为何维系民族团结的精神资源应是多元民族逐渐走向融合的历史真相,即让人们知晓古人为"成就一个大民族"所做出的"极大的牺牲","更足以激起我们的民族精神,而得理性之信仰"。此外,"汉族本无这个东西,由许多小民族杂凑而成"一句,实际也可看出,顾颉刚在"中华民族是一个"中刻意削弱"汉族"的存在感而代之以"中华民族",其思想苗头由来已久,并非完全是激于政治形势需要的应时之举。

1939年《中华民族是一个》的突出之处,是对"民族""种族"等概念随意使用的警醒。前文已述,在顾颉刚看来,这些概念的误传、误用,使边疆民众在民族现状问题上,形成了多元的观念,以及由此而来的"非汉族""非中国"的意识。所以,他化解分裂危机的策略,是通过论证"一个",来消释边疆民族心中的民族多元观念。但这里的消释多元观念,不是回复或重提"民族出于一元"的老调,"中华民族是一个"中的"一个",也绝不同于"民族出于一元"中的"一元"。"一个"是在肯定中国境内诸族起源多元的前提下,论证在历史发展过程中,多元的血统、文化早已涵濡融合,形成了客观存在的"同等一体"的民族意识,形成了先有"实"后有"名"的"民族"即"中华民族"。② 因此,"中华民族是一个"既是唤起民族团结的精神资源,又是客观历史事实,是从多元民族逐渐走向融合的历史事实中获取团结的意志。这种策略取向,和"古史辨"中主张通过历史真相而非伪古史说来维系民族团结的观点并无不同。也因此,顾颉刚才会在《中华民族是一个》中,批评那些认为谈民族历史问题会"召分裂之祸"的人是讳疾忌医,进而主张"向边地同胞讲实在的历史,讲彼此共同光荣的历史"。③

有些学者之所以认为"古史辨"和"中华民族是一个",在价值取向上存在冲突,大体不外两种原因。一是因为受"古史辨"属"破坏",而

---

① 顾颉刚:《顾颉刚读书笔记》第3卷,第328页。
② 顾颉刚:《中华民族是一个》,《宝树园文存》第4卷,第105—106页。
③ 同上书,第104—105页。

"中华民族是一个"属"建设"这一表面现象的影响。然而,"破坏"针对的是伪古史说,"建设"则依据客观历史事实,其对象本就不属同一性质。二是因为将"民族出于一元"的伪古史说,视为维系民族团结的重要资源,进而先验地认为既然"古史辨"破坏了伪古史说,自然也就破坏了"中华民族是一个"的根底。从刘掞藜等认为"古史辨"有损"世道人心",到戴季陶等的"动摇国本"说,再到费孝通认为民族光荣的重要根底被拆成"一堆垃圾"等,大致都有类似倾向。"民族出于一元"的伪说,能否作为维系民族团结的资源,是见仁见智的问题。但是,顾颉刚的立场则是,维系民族团结不应靠"民族出于一元"的伪说,而应靠多元民族逐渐融合的历史事实。这一立场,从"古史辨"到"中华民族是一个"始终没有改变。对此,我们不宜把自己先验的猜想强加于顾颉刚。

总之,我们并不否认"中华民族是一个",蕴含了强烈的经世动机。但如何"经世",还有一个路径选择问题。利用"民族出于一元"的说法来维系民族团结,可以视为一种选择,但不是唯一的选择。顾颉刚"中华民族是一个"是在打破"民族出于一元"的基础上,通过对中华民族从多元逐渐融为"一个"的历史论证,来维系民族团结的。这和"古史辨"之间,不存在解不开的矛盾:"古史辨"重在还原其多元起源的真相,"中华民族是一个"重在论述其由多元融成"一个"的历程;对于维系民族团结的精神资源,二者都认为应从民族融合的历史真相中寻求,而从未依靠过"民族出于一元"的伪说,更没有为了维系团结而虚构史实。

本节旨在说明"中华民族是一个"与"古史辨"在历史论证方面,不存在解不开的矛盾,但这并不意味着顾颉刚对"一个"的论述,在当时民族现状的认识上不存在问题。对于后者,当年费孝通的批评,即"在社会接触的过程中,文化、语言、体质不会没有混合",但混合不一定会在政治上发生统一;要谋求政治上的统一,"不必否认中国境内有不同的文化、语言、体质的团体",也"决不是取消了几个名词就能达到",仍是客观有力的。

第七章

20世纪40年代顾颉刚治学阶段的演进与其古史观念

在20世纪30年代大部分时间里,顾颉刚的古史研究仍处于领域拓展状态,这种拓展主要是基于"古史辨"的需要,其中虽出现某些具体调整,但并不足以说明其古史考辨的宏观旨趣发生了根本性转变。不过,大致以1940年前后为界,顾颉刚在古史研究上再未开辟崭新领域,这是探讨其古史观念变与不变的关键节点。对此,学界有两位重要史家不约而同地提出过"转变"说法:一是许冠三认为,20世纪40年代以后,顾颉刚开始"由辨伪向考信过渡","由破多于立徐徐移往破立兼顾,《史林杂议》便是反映此一转移的中介作品"[①];一是余英时认为,以1939年撰写《浪口村随笔》为界,顾颉刚治史"从绚烂归于平淡,论学文字转向'谨严精湛'"。[②]那么,此类变化是否出现在1940年前后顾颉刚的古史研究中?本章拟就此问题略作申述。

第一节 《浪口村随笔》的原初形态及其修订发表的思想背景

许冠三和余英时提出1940年前后顾颉刚古史考辨转变说法,都以《浪口村随笔》为主要证据。因此,我们首先需要考察这份证据的有效性。

1939年顾颉刚旅居昆明北郊浪口村时,确实撰写了题为"浪口村随

---

① 许冠三:《新史学九十年》,第200、207页。
② 余英时:《未尽的才情——从〈日记〉看顾颉刚的内心世界》,第33—34页。

笔"的读书笔记,并在1940—1941年,将其中一部分修订后发表于《责善半月刊》中。但这些笔记和后来正式出版的《浪口村随笔》一书并不相同。后者虽以1939年笔记为基础,但如顾颉刚自述,"始写于昆明,重理于成都,又续附于苏州"①,到1949年才在上海油印,早非原初形态。因此,我们今天常见的《浪口村随笔》一书,不宜作为考察1940年前后顾颉刚古史观念的主要证据。

一 《浪口村随笔》的原初形态

1940年前后《浪口村随笔》的原初形态如何?它能否证明顾颉刚古史观念存在变动?在《顾颉刚全集》中,共有两部《浪口村随笔》,分别载于《顾颉刚读书笔记》卷4和卷16。卷4所收即为1939年部分笔记,共3册,其中部分条目后来虽有修订,但大致保持了原貌,我们可据之窥测其原初形态。

首先,通览全部《顾颉刚读书笔记》可见,顾颉刚在一定时期内所记内容,多有一个大致相同的主题,即他在相应时期研究或关注的学术问题。1939年《浪口村随笔》则不具此特点,它更多是主题分散,而材料出处一致。如该笔记第1册"女子远丈夫"条以下,依次为"县公""秦谶""诅""长鬣""取他国器作己器""劳心劳力""明器""常隶""相术""'皇天后土'""史官氏礼""四国""晋所以大"等。② 这些条目所引材料全部出自《春秋》经传,但讨论的并不属同一主题。

其次,就各条笔记形态而言,大多也是抄录原始材料后,略附简单的解释说明。如"大司马固谏"条:

僖八年《传》"宋公疾,大子兹父固请曰,……(按:原文如此)"此足以证"大司马固谏曰"非公子固,即司马目夷也。③

"'伐'之客、主"条:

---

① 顾颉刚:《顾颉刚读书笔记》第16卷,第11页。
② 顾颉刚:《顾颉刚读书笔记》第4卷,第81—85页。
③ 同上书,第118页。

《公羊》僖十八《传》:"《春秋》伐者为客,伐者为主。"此不注音,简直太糊涂了。①

有些则直接记录一时想法,如"春秋初期事之茫昧"条:

子颓之乱,齐桓公不讨,《春秋经》不书,恐是当时东方诸侯不曾知道。春秋初期实在还是一个茫昧时代,大家拿着一部残存的《春秋经》瞎猜。自晋文公霸后,《左氏》书中始有详细之记载,不必费心思摸索矣。②

更简单的,如"工官"条:"公冶、漆雕诸氏,皆先世之为工官者";"许、曹班次"条:"许虽男爵而班在曹上,可见伯亦有甚小者";"八索"条:"'八索'二字,似仅见昭十二年《左传》及《郑语》"。③

可见,1939 年《浪口村随笔》多是顾颉刚读书过程中的随想随记,原初形态应如其自述"仅述所疑而止,未遑考核以归于一是"④,自然也就谈不上所谓"谨严精湛"。至于以这些不甚成系统的文字,证明顾颉刚古史观念发生转变,似乎也不适宜。至少从中仍可看出顾颉刚对战国秦汉间人古史学说的批判,如《浪口村随笔》第二条就是"古文家造伪之原动力"⑤;再如上引"春秋初期事之茫昧"条,也明显偏向"疑"。

二 《浪口村随笔》修订发表的思想背景

1940 年,顾颉刚开始整理《浪口村随笔》,并将之陆续发表在《责善半月刊》中。这是该笔记第一次修订。修订后的文字,确实体现出余英时所说"谨严精湛"特点,虽然"谨严精湛"并无客观标准。但是,该特点能否作为顾颉刚治学特点整体性转变的标志,值得思考。

---

① 顾颉刚:《顾颉刚读书笔记》第 4 卷,第 118 页。
② 同上书,第 116 页。
③ 同上书,第 89、98、103 页。
④ 顾颉刚:《浪口村随笔》,《责善半月刊》创刊号,1940 年 3 月。
⑤ 顾颉刚:《顾颉刚读书笔记》第 4 卷,第 74 页。

首先，就《责善半月刊》办刊旨趣而言。《责善半月刊》属齐鲁大学国学研究所，创刊于1940年，以刊发短小精悍的札记为主，意在示初学者以门径，以札记训练其沉潜之功。如顾颉刚在《责善半月刊·发刊词》中所说：

> 从学者初至，恒谓志学未逮，只缘不知所以入门……惮于个别指点之烦，鉴于借题示范之急，故为此刊以诱导之……斯刊固唯是不成报章之七襄尔。①

《责善半月刊》宗旨既如此，则刊发于其中的《浪口村随笔》系列札记，用意自然相同。如《浪口村随笔》的"序言"中所说：

> 责善半月刊将出版，义不当诿文责，而操觚实难，聊就是记抄出若干，冠以题目，分期登载……欲讽同学诸子，俾知读书时当如此留心，亦当如此用力，相期毋懈于平日而已。②

既然发表《浪口村随笔》的目的是示初学者以门径，则其文字工整，表现出"谨严精湛"特点，当属情理之中。这与顾颉刚整体的治学风格是否发生改变，直接关联不大。

其次，就《责善半月刊》中所发顾颉刚读书笔记内容看。以该刊第1卷第1—3期为例，第1期依次为：《旻天》《华山》《梁州名义》《书社》《贵族与平民之升降》《常隶》《隶农》《焚书》《女子服兵役》《蛋廉之时代》《虞幕》《蚩尤之善恶》《玉皇》《纸制明器》；第2期依次为：《春秋书法因史官而异》《朱圉》《要服荒服》《宦士宦女》《郑商》《西汉都会户口》；第3期依次为：《爨文》《邓隆》《甘肃密宗四大喇嘛传》《白教活佛》。可见，顾颉刚整理发表在《责善半月刊》上的《浪口村随笔》，并不限于中国古史问题，更无一贯主题。既如此，则1940年前后的《浪口村随笔》也就不足以证明顾颉刚古史观念的变或不变。

---

① 顾颉刚：《发刊词》，《责善半月刊》创刊号，1940年3月。
② 顾颉刚：《浪口村随笔》，《责善半月刊》创刊号，1940年3月。

最后，就 1940 年前后顾颉刚的心态而言。《浪口村随笔》发表于抗战时期，在此时顾颉刚的眼里，一切事务脱离常轨，中国学术命脉能否延续，成了一个亟待关注的问题。如 1940 年他在《齐大国学季刊》新第 1 卷第 1 期《后记》中所说：

> 自七·七事变发生以来……吾国数千年来之学术命脉，行有中绝之虞。学问事业，为一国文化之所寄托，民族思想之所钟寓，失此而不讲，其损失之重大，又何减于土地之沦丧乎？……本刊在此艰苦之期，所以继续出版者，其意即在乎此。①

1941 年，顾颉刚赴重庆主持《文史杂志》。对此，他也说：

> 我们在这时候来办这个杂志，并不是有什么闲情逸致，我们只是认为：战事不知何日终了，我们不知再可活几天，如果我们不把这一星星的火焰传衍下去，说不定我们的后人竟会因此而度着一个长期的黑暗生涯……这文化的蜡炬在无论怎样艰苦的环境中总得点着，好让孑遗的人们或其子孙来接受这传统。②

可见，维系中国学术命脉，是 1940 年前后顾颉刚主编各种刊物的一个重要动机。

这一点，在他对《责善半月刊》的解题中也有体现，即：

> 方今敌寇凶残，中原荼毒，我辈所居，离战场千里之遥，犹得度正常之生活，作文物之探讨，苟不晨昏督责，共赴至善之标，俾在将来建国之中得自献其几微之力，不独无以对我将士，亦复何颜以向先人！故取是为名，愿我同学咸铭之于心焉。③

---

① 顾颉刚：《后记》，《齐大国学季刊》新第 1 卷第 1 期，1940 年 11 月。
② 顾颉刚：《文史杂志复刊词》，《宝树园文存》第 2 卷，第 347 页。
③ 顾颉刚：《发刊词》，《责善半月刊》创刊号，1940 年 3 月。

既然维系中国数千年学术命脉不致中绝的动机如此强烈,那么,意在引导、培养学术新人的《浪口村随笔》,在文字风格上力求"谨严精湛",也属情理之中。这种变化,可以从一定程度上反映顾颉刚对民族危机的应对,但与其古史观念是否变动直接关联同样不大。

三 关于《浪口村随笔》与王国维

余英时在论述顾颉刚论学文字转向"谨严精湛"后,紧接着又说这是顾颉刚实践以王国维为"导师"心愿的开始,即"他从绚烂归于平淡,论学文字转向'谨严精湛',这确是以王国维为'导师',早年的向往,至此开始实践了"。① 顾颉刚是否以王国维为"导师",本无关余英时论述的宏旨。不过,因为顾颉刚和王国维常被视为20世纪中国古史研究不同取向的代表,所以,我们对此略作说明。

顾颉刚一生都敬佩王国维治学的"细针密缕"。不过,如果《浪口村随笔》对前人有所取法,其对象很可能是清人,特别是顾炎武。理由如下:

第一,在修订发表《浪口村随笔》的时期,顾颉刚眼中读书笔记的典范之作,是顾炎武的《日知录》。如他在《浪口村随笔·小序》中,表达了欲借《随笔》指示同学治学门径后,说道:

> 至于诸君求自得师,取法乎上,则亭林《日知》一编最为矩矱之选,必当精意以识其指归,颉刚琐屑之书但作飘风鸣鸟观焉可也。②

后来,在油印《浪口村随笔·序》中,顾颉刚在概述"笔记"在清代以前的发展状况后,又说:

> 至吾宗亭林先生出,萃毕生之力于《日知录》一编,致广大而尽精微……三百年来,守其矩矱,以笔记方式作考证文字者不可殚

---

① 余英时:《未尽的才情——从〈日记〉看顾颉刚的内心世界》,第34页。
② 顾颉刚:《浪口村随笔·小序》,《顾颉刚读书笔记》第15卷,第407页。

数……①

显然，顾颉刚眼中读书笔记的典范之作，是顾炎武的《日知录》，而且，这都是在《浪口村随笔》相关"序言"中说出的。所以，如果《浪口村随笔》对前人确有取法，那《日知录》自然应是首选对象。

第二，从内容构成看，以西北、西南实地考察的见闻"证之故籍"，是《浪口村随笔》的突出特点。如汪宁生曾说：《浪口村随笔》"专用民族学和民俗学材料印证古代习俗和名物制度，而且所用材料大部分得自自己的所见所闻"。②对此，《浪口村随笔》的整理者顾洪有更为具体的说明，即："考察西北、西南水道山脉的'朱圉'、'桓水'、'岷江'、'梁州名义'等篇，以考证《禹贡》的记载；考察西北、西南民族风俗习惯的'造舟为梁'、'中霤'、'被发左衽'、'氐羌火葬'等篇，以考证《诗经》、《左传》、《礼记》及子书等记载。由于直接深入边疆地区，还写出论述其地历史和风俗的'明初西北移民'、'河洮间之明边墙'、'吹牛拍马'、'抛彩球'等篇。为了对古代制度、史事以及古文籍加以考辨，又写出'畿服'、'职贡'、'古代兵刑无别'、'女子服兵役'、'蚩尤'、'高宗谅阴'、'彭咸'、'风雅颂之别'、'六诗'、'左丘失明'等篇，其中亦不乏结合实地考察所得以证诸古籍者，如'歌诵谱牒'、'夫妇避嫌'、'赘婿'等篇。"③而这也是顾炎武治学的显著特点，如全祖望《亭林先生神道表》中评述《日知录》道："《日知录》三十卷，尤为先生终身精诣之书，凡经史之粹言具在焉……凡先生之游，以二马二骡载书自随，所至阨塞，即呼老兵、退卒，询其曲折，或与平日所闻不合，则即坊肆中发书而对勘之，或径行平原大野，无足留意，则于鞍上嘿诵诸经注疏，偶有遗忘，则即坊肆中发书而熟复之。"《清史列传》记《天下郡国利病书》："《天下郡国利病书》百二十卷，遍览诸史、图经、文编、说

---

① 顾颉刚：《浪口村随笔·序》，《顾颉刚读书笔记》第16卷，第7页。
② 汪宁生：《略谈民族考古学》，转引自沈颂金《考古学与二十世纪中国学术》，学苑出版社2003年版，第114页。
③ 顾洪：《浪口村随笔·本书说明》，载顾颉刚《顾颉刚读书笔记》第16卷，第4—5页。

第七章　20世纪40年代顾颉刚治学阶段的演进与其古史观念　/　205

部之类，取其关于民生利病者，且周游西北，历二十年其书始成。"①

在多年后的思想改造中，《浪口村随笔》被斥责为落后，对此，顾颉刚曾说："予之书苟能步武亭林，于愿足矣，即万千人斥我以落后，亦甘受之矣。"② 1957年，他在《汤山小记》中叙述自己无暇整理考察广西的见闻，涉及《浪口村随笔》等，又表示：

> 予性好远游，从实生活中发见可以纠正前人成说者不少，于是超出都市而入农村，超出中原而至边疆，以今证古，足以破旧而立新，较之清人旧业自为进步。③

以上均可见，若《浪口村随笔》对前人确有取法，那很可能是顾炎武。

第三，20世纪40年代，顾颉刚在其他方面同样表现出承续顾炎武学术的想法。如他在1946年立册的《纯熙堂笔记》中"研究中国古史必由经学入手"条，说道：

> 中国古史问题，予能发难而不能竟事，盖学力与材料俱受限制也。惟今古文问题，则旷观宇内尚无视予为更适宜于作结算之工作者……必为此事，然后清代学术有一归宿……予如能为，则谓清学开于顾亭林而终于我，可也。④

总之，如果《浪口村随笔》确实存在某一具体效仿对象，那这个对象是顾炎武的可能性要更大一些。

综上所述，今天我们常见的《浪口村随笔》一书，经顾颉刚多次修订，到1949年才出版，不能作为考察其1940年前后古史观念的证据。实际上，即便是1949年的《浪口村随笔》，六部分中仍有两部分是"衍

---

① 乔治忠、朱洪斌编著：《增订中国史学史资料编年（清代卷）》，商务印书馆2013年版，第104页。
② 顾颉刚：《顾颉刚读书笔记》第5卷，第3页。
③ 顾颉刚：《顾颉刚读书笔记》第8卷，第42页。
④ 顾颉刚：《顾颉刚读书笔记》第4卷，第268页。

《古史辨》之绪。① 至于1939年撰写的《浪口村随笔》，则多是"仅述所疑而止，未遑考核以归于一是"的随想随记，所讨论问题也不足以证明顾颉刚的古史观念出现变动。1940—1941年修订发表的部分，虽在文字上表现出所谓"谨严精湛"特点，但文字风格本身与古史观念并无必然联系，而且，这一特点的出现，受到特殊的时代背景和思想动机影响，并非其古史观念改变所致，二者并不属同一层面。因此，考察1940年前后顾颉刚的古史观念到底有没有变动，我们还需参照其同时期的其他著述。

第二节　顾颉刚古史观念的不变

因为境况改变而偏离先前学术轨迹，是抗战时期较为普遍的现象。当时学者出于现实需要而作出改变，多属暂时而非永久的。我们可以通过这些改变，考察抗战对当时学者的影响，但不应以此证明他们放弃或否定了自己先前的学术观点。相应的，"七·七"事变后，顾颉刚将绝大部分精力转移到抗战宣传和边疆民族问题，给人一种日渐远离了古史考辨的印象。但这种工作重心的转移，发生在两个不同领域之间，而非古史研究内部，因而，并不意味着他放弃或改变了先前的古史观念。1940年前后顾颉刚的古史观念是否改变，我们应以其古史研究相关文字为据。

首先，从顾颉刚未写完的《古史辨》第7册《序》看，其古史观念并未改变。该《序》写于1940年2月，正是顾颉刚修订发表《浪口村随笔》时期，因而也可为上述《浪口村随笔》不宜证明1940年前后顾颉刚古史观念发生改变，提供佐证。

在这篇序文中，我们可以明显感受到顾颉刚带上了几分情绪。他不仅直截了当地批评"骂'顾颉刚说禹为虫'，'《古史辨》太过火了'"的人是"贵耳贱目"，即便在学理分析中，也像是在一吐久被误解、批评的压抑，如说：

> 我曾在《古史辨》第三册《自序》中说："我深知我所用的方

---

① 顾颉刚：《顾颉刚读书笔记》第16卷，第11页。

法（原注：历史演进的方法）必不足以解决全部的古史问题；但我也深信我所用的方法自有其适当的领域，可以解决一部分的古史问题，这一部分的问题是不能用他种方法来解决的。"现在这第七册出版，这类的论文合编在一起，大家看了可以想想，研究传说的演进是不是只能用这一种方法？①

要了解顾颉刚当时的心境，有必要对他此前的境遇略作回溯。"层累"说的核心观念是：中国旧有古史系统乃在后世古人特别是战国、秦、汉间人有选择的传承与弥缝中，逐渐层累叠加而成。"古史辨"的主要目的，就是要打破这一陈陈相因的旧系统，为建设客观、可信的新古史扫清尘障。"古史辨"初兴之时，除了极个别的学者，如柳诒徵提出了一些无关宏旨的苛责外②，即便是偏于保守的刘掞藜、胡堇人等，都不否认旧有古史系统应当打破，他们所争论的，主要是应"破"到何种程度。③ 换句话说，无论赞同与否，当时的争论基本都是围绕打破旧古史展开，大体保持在了"层累"说的范畴之内。

但是，到1930年前后，随着现代考古学在中国的发展，和唯物史观社会史研究的兴起，中国上古史研究的焦点，逐渐转向了如何建设可信的上古史，不再是如何打破旧古史。围绕"层累"说、"古史辨"的主要争议，也随之从批评其疑古过激，逐渐转向责难其方法、材料不敷建设新古史之用。这中间存在一个对象转换问题，实际已越出了"层累"说"扫清尘障"的主旨，多少有些"求全之毁"。

前文已述，顾颉刚在《古史辨》第2、3册序言中（分别写于1930、1931年），对此曾有明确回应。如在破坏与建设问题上，他说"古史的破

---

① 顾颉刚：《古史辨第七册序》，《顾颉刚古史论文集》第 1 卷，第 145—146 页。
② 柳诒徵曾发文批评顾颉刚不懂"《说文》之谊例"，但从文章内容看，他似乎并不了解顾颉刚等人讨论的问题是什么，随后便被顾颉刚、钱玄同、魏建功、容庚等人所反驳。参见柳诒徵《论以说文证史必先知说文之谊例》、顾颉刚《答柳翼谋先生》、魏建功《新史料与旧心理》、容庚《论说文谊例代顾颉刚先生答柳翼谋先生》等文，载顾颉刚编著《古史辨》第 1 册，第 217—264 页。
③ 参见刘掞藜《读顾颉刚君"与钱玄同先生论古史书"的疑问》、《讨论古史再质顾先生》，胡堇人《读顾颉刚先生论古史书以后》，载顾颉刚编著《古史辨》第 1 册，第 82—92、151—186、92—96 页。

坏和建设,事情何等多,哪里可由我一手包办"①;在方法方面,他说:我深知我所用的方法必不足以解决全部的古史问题,但我也深信我所用的方法自有其适当的领域②;在材料问题上,他说:书本上的材料诚然不足建设真实的古史,但若要考明尧、舜、禹的故事在战国、秦、汉间的发展的情状,书本上的材料还算得直接的材料,唯一的材料呢,等等。③但这种自我澄清,并未得到学界谅解。在方法方面,1933年胡适《评论近人考据老子年代的方法》一文,基本否定了"历史演进方法",亦即顾颉刚所说"我所用的方法"的可靠性,而且,该文的主要批评对象之一就是顾颉刚④;在材料方面,直到1937年卫聚贤仍批评说,《古史辨》"多在书本子上找材料,闹来闹去,没有什么结果","这是他不知考古之故"⑤,这显然是对顾颉刚的自我澄清置若罔闻。学界的不谅解,导致顾颉刚论学存在一个非常明显的特点,即在考辨古史的同时,不断地进行自辨。这一点,在他为各册《古史辨》所写序言及其他古史著述的序跋中,有明显体现。所以,至少在顾颉刚自己看来,当时学界对"层累"说、"古史辨"的批评,始终存在误解,即便他屡屡自我澄清,也无济于事。

同时,我们也应看到,《古史辨》第3册《自序》中所说"适当领域"内分量较重的论文,在当时尚未出现。例如,杨宽的《中国上古史导论》到1938年才写成,顾颉刚独著或与人合著的《三皇考》《禅让传说起于墨家考》《夏史三论》等,均是1936年完成或发表,而《鲧禹的传说》更迟至1939年才完成。所以,顾颉刚当时的自我澄清,主要在说理层面,缺乏研究成果的支撑。

因此,到1940年,当他看到以考辨夏以前传说人物为主题,收录上述论文的第7册《古史辨》目录时,便在《序》中一吐长久以来被误解、被批评的压抑,说出了诸如"贵耳贱目"等带有情绪的话。在类似"现

---

① 顾颉刚:《古史辨第二册自序》,《顾颉刚古史论文集》第1卷,第94页。
② 顾颉刚:《古史辨第三册自序》,《顾颉刚古史论文集》第1卷,第104页。
③ 顾颉刚:《古史辨第二册自序》,《顾颉刚古史论文集》第1卷,第94页。
④ 胡适:《评论近人考据老子年代的方法》,《胡适全集》第4卷,第114—139页。
⑤ 卫聚贤:《十年来的中国考古学》,载中国文化建设协会编《抗战前十年之中国》,第637页。

在这第七册出版……大家看了可以想想，研究传说的演进是不是只能用这一种方法"等话语中，我们能够看出的，是他对"历史演进方法"的坚持，而不是转变。

在古史研究材料问题上，同样如此。在《古史辨》第2、3册《自序》中，顾颉刚就批评那些认为舍考古材料不足以言古史的观念，是对过去"只取经书而不取遗物"观念的"阳违而阴袭"。在《古史辨》第7册《序》中，他继续申说：

> 固然，要建设真古史必须借重田野考古工作的发现。但这工作的结果只能建设史前的历史系统……却不能建设有史时期的古史传说的系统……我们要建设其古史传说的系统，经子乃占极大部分的材料。能有新材料可用，我们固然表示极度的欢迎，就是没有新材料可用，我们也并不感觉触望，因为我们自有其研究的领域，在这领域中自有其工作的方法在。①

这里我们可以看出的，同样是顾颉刚对古史"层累"理念、方法自有其适用领域的坚守，而不是改变。

总之，从《古史辨》第7册《序》来看，1940年前后，顾颉刚的古史观念并未出现根本转变。

其次，从顾颉刚的古史研究成果看，其古史观念也未改变。除《古史辨》第7册《序》外，1940年前后，顾颉刚还发表有与童书业合著的《鲧禹的传说》（1939年），以及独著的《古代巴蜀与中原关系说及其批判》（1941年）等论文。这些论文是考察其古史观念的重要材料。

《鲧禹的传说》讨论鲧、禹由"天神"演变为"伟人"的可能，认为这一传说由西方九州之戎的活动区域，逐渐传到中原，其故事情节因战国时势的激荡而发生转变：鲧、禹本是各自独立的人物，受墨家尚贤、禅让说的影响，才与尧、舜等人发生了联系。② 此文和《三皇考》《夏史三论》等文同属一个系列，都是对古史人物来源的考辨，都符合顾颉刚

---

① 顾颉刚：《古史辨第七册序》，《顾颉刚古史论文集》第1卷，第146—147页。
② 顾颉刚、童书业：《鲧禹的传说》，《顾颉刚古史论文集》第1卷，第499—552页。

在"古史辨"之初提出的"打破古史人化的观念"。① 这显然是古史"层累"理念的延续。

《古代巴蜀与中原关系说及其批判》意在拆解巴蜀与中原自开天辟地以来就有不可分割关系的旧说,认为古蜀国的文化是独立发展,它与中原文化的融合是战国以来的事。此文实际可以视为"层累"理念在区域古史研究中的实践,文中更明确说道:"从前人搭架得很像样的一个历史系统,现在给我们一分析之后,真是个'七宝楼台,拆卸下来,不成片段'……这是在'求真'的目的之下所必有的收获,大家不必替它惋惜。历史是一个破罐头,罐已经破了,无论用什么好的泥土补上去,总是补的而不是原的。破处让他破着","没有彻底的破坏,何来合理的建设!"② 因此我们说,1940 年前后顾颉刚的古史研究中,依旧遵循着中国古史"层累"造成的基本理念。

最后,从顾颉刚的治学计划看,其古史观念也未改变。如前所述,抗战时期,很多学人因为境况改变而偏离了先前学术轨迹,顾颉刚也不例外,他甚至一度以为古史考辨的志业不得不就此搁浅,如其自述:"抗战军兴,三年来如沸如汤,我自己也以为只得停止了。"③ 不过,当 1939 年他在童书业的信中看到第 7 册《古史辨》拟目,得知《古史辨》"在上海销路甚好",便立即表示"有自编古代地理考证文字为一册之意"。④ 此后,他又表示"继续由我或请他人编纂,希望在我世中能出至二十册"⑤。到 1943 年,他在《日记》中更拟定了各册《古史辨》要讨论的主题,摘引如下:

> 拟编《古史辨》:第八册——古地理;第九册——《春秋》三传、《国语》;第十册——三礼、制度;第十一册——民间传说;第

---

① 《三皇考》见《顾颉刚古史论文集》第 2 卷,第 1—242 页;《夏史三论》见《顾颉刚古史论文集》第 1 卷,第 553—611 页。"打破古史人化的观念",见顾颉刚《答刘胡两先生书》,《顾颉刚古史论文集》第 1 卷,第 203 页。

② 顾颉刚:《古代巴蜀与中原关系说及其批判》,《顾颉刚古史论文集》第 5 卷,第 343—344、292 页。

③ 顾颉刚:《古史辨第七册序》,《顾颉刚古史论文集》第 1 卷,第 147 页。

④ 顾颉刚:《顾颉刚日记》第 4 卷,1939 年 3 月 1 日,第 204 页。

⑤ 顾颉刚:《顾颉刚日记》第 4 卷,1939 年 6 月 30 日,第 245 页。

十二册——《尚书》；第十三册——诸子（三）；第十四册——天文历法；第十五册——研究古史之方法论、辨伪史；第十六册——禹及他种神话；第十七册——《竹书纪年》、《史记》……等古史籍；第十八册——古器物①

可见，1940年前后，续出"古史辨"始终是顾颉刚关心的问题，此其一。其二，从这一主题清单看，如果顾颉刚的计划得以付诸实践，那后续的"古史辨"仍是围绕古书、古史与神话传说展开，亦即顾颉刚古史研究的重心，在短期内不会有较大转变。顾颉刚曾自述："《古史辨》是出不完的，只要中国古史方面有问题在讨论，就有续出《古史辨》的可能。《古史辨》不是一人的书，也不是一世的书，而是一种问题的讨论的记录。"②按照这种说法，"古史辨"的主题和顾颉刚的研究重心，不是没有转变的可能，但从他拟定的各册"古史辨"主题看，这种转变要等到"层累"说范畴内的问题辨明结清之后。

第三节　顾颉刚对中国古史"层累"造成叙述体系的调整

1940年前后，顾颉刚对中国古史"层累"造成的叙述体系，确有一次较大调整，但其基本古史观念，并未因此改变。这在他当时编撰的云南大学《中国上古史讲义》（以下简称"云大《讲义》"）中，有明显体现。

首先是"有史时代"的提前。在云大《讲义》中，顾颉刚明确提出商朝为中国"有史时代的开头"，如说：

> 不知什么时候，在渤海和黄海的西岸上住着一种文化较高的人民，因为他们后来建都在商丘，所以称他们作"商人"；因为他们的国家后来成为东方最大的王国，作诸小国的共主，所以称他们的全

---

① 顾颉刚：《顾颉刚日记》第5卷，1943年3月7日，第38页。
② 顾颉刚：《古史辨第七册序》，《顾颉刚古史论文集》第1卷，第147页。

盛期为"商朝"。这是我们的有史时代的开头,我们该得大大地注意。①

这一调整的重要性在于,20世纪20年代"古史辨"初起之时,顾颉刚和胡适曾提出过"东周以上无史"说法。如胡适《中国哲学史大纲》中曾说:"以现在中国考古学的程度看来,我们对于东周以前的中国古史,只可存一个怀疑态度。"② 顾颉刚在《古史辨》第1册《自序》和《自述古史观书》中也提出"把伪史和依据了伪书而成立的伪史除去,实在只有二千余年,只算得打了一个'对折'","照我们现在的观察,东周以上只好说无史"等说法。③ 对此,民国时期,就有学者批评这些说法是抹杀中国历史,如徐旭生说"我们的历史因此就被砍去一截";李济说"中国的革新者对过去的记载和关于过去的记载全都发生怀疑,也怀疑历史本身"。④ 时至今日,仍有学者坚持这种看法,并指责顾颉刚面对考古学的发展仍抱残守缺,不肯改变。但事实上,无论从民国时期的史学语境,还是从胡适、顾颉刚的文本内容看,所谓"无史"都不是指没有客观的历史,而是指没有可信的历史记载。就当时的史学语境而言,"无史"更像是一种约定俗成的说法。比如20世纪初,梁启超在对旧史学的批判中,较早提出"无史"说法,随后得到同时代诸如陈黻宸、邓实、曾鲲化等人的响应。⑤ 后来史家如何炳松、翦伯赞等,也有类似说法。⑥ 他们的立论视角虽有不同,但没有一人把"无史"解作没有客观历史。就胡适和顾颉刚的文本内容而言,胡适《中国哲学史大纲》中的说法,是在讨论"审定史料之法"时提出的;同样的,顾颉刚也是在讨论"伪书"

---

① 顾颉刚:《中国上古史讲义》(云南大学),《顾颉刚古史论文集》第3卷,第468页。
② 胡适:《中国哲学史大纲·导言》,第18页。
③ 顾颉刚:《古史辨第一册自序》,《顾颉刚古史论文集》第1卷,第37页;《致王伯祥:自述古史观书》,《顾颉刚古史论文集》第1卷,第176页。
④ 李扬眉:《"疑古"学说"破坏"意义的再估量——"东周以上无史"论平议》,《文史哲》2006年第5期。
⑤ 俞旦初:《二十世纪初年中国的新史学思潮初考(续)》,《史学史研究》1982年第4期。
⑥ 何炳松:《历史研究法 历史教授法》,上海古籍出版社2012年版,第60页;翦伯赞:《历史哲学教程》,第51—53页。

"真书"时提出的,他们的说法针对的都是古史记载。实际上,即便在所谓疑古最为"猛烈"的时期,顾颉刚也并未对东周以前的古史一味"抹杀",对于哪些记载可信,哪些不可信,他是有一个大致标准的。① 由此也可看出,"东周以上无史"指的是无可信的历史记载。因为东周以上历史记载多属神话传说,所以只能存疑,"以俟将来史料的发现"。至于认为该说是抹杀或否认东周以前存在客观历史的认识,显然是一种误会。

"无史"之"史"指客观历史记载既已清楚,那么,顾颉刚为何会在1940年前后将中国的"有史时代"提前?这和当时的考古发现有关。在"层累"说提出后的十数年中,中国考古学取得了较快发展:在史前考古活动中,中国史前文化的丰富内涵被逐渐揭示出来,改变了1920年以前中国"无石器时代"的认知②;在历史考古活动中,1928年史语所开始的殷墟发掘,很快便证明了商朝的存在,处于铜器时代,否定了在此前学界较具影响力的商代处于石器时代的说法。③ 因此,到1940年前后顾颉刚编纂云大《讲义》时,就把"有史时代"提前到了商朝。如他说:"因为他们始创文字,记出了他们的事迹,所以我们称商朝为有史时代的开头。"④ 这里的"史"仍是指历史记载。

将中国的"有史时代"提前到商朝,对于最初以东周为信史起点,建构起来的古史"层累"的叙述体系而言,显然是一次重要调整。这一调整,又是吸收考古学成就的结果,书中大量征引李济、傅斯年、董作宾、郭沫若、徐中舒等学者利用考古新材料研究古史的著述,即为明证。⑤ 因此,面对考古学的发展,顾颉刚并非如今天某些学者所言,仍对"东周以上无史"说法抱残守缺,而是践行了早前先"缩短"再"拉长"的主张。

---

① 顾颉刚:《答刘胡两先生书》,《顾颉刚古史论文集》第1卷,第201页。
② 陈星灿:《中国史前考古学史研究(1895—1949)》,第107页。
③ 李济:《安阳的发现对谱写中国可考历史新的首章的重要性》,《李济文集》第4卷,第503—509页。
④ 顾颉刚:《中国上古史讲义》(云南大学),《顾颉刚古史论文集》第3卷,第473页。这里需略作说明的是,在云大《讲义》之前,顾颉刚在燕京大学《春秋史讲义第一编》(1933年)和《春秋史讲义》(1936—1937年)已经肯定了商朝"有史",但相对而言,云大《讲义》叙述更为系统。
⑤ 参见《中国上古史讲义》(云南大学)各章注释。

其次，关于夏朝存在与否的问题。云大《讲义》第 1 章为"中国一般古人想象中的天和神"，第 2 章为"商周间的神权政治"。这种篇章布局首先就说明，顾颉刚依然不相信在经传典籍中作为黄金时代的夏朝的存在。不过，他并不反对在传说中夏朝存在的历史时期内，中国疆域内曾存在一定程度的文明。云大《讲义》并未过多涉及夏的历史，但在顾颉刚这一时期的其他讲义中，涉及了这一问题。例如，1933 年《春秋史讲义第一编》，他就怀疑仰韶时期文化可能是有关夏朝传说的来源。① 到 1942 年，他把这份讲义改写为《中国古代史述略》，其中，将考古发现的信息称为"科学的古史"，以区别"传说的古史"。② 1945 年《春秋史要》又将之区别为"史前时期"和"历史时期"。③ 但无论"科学的古史""史前时期"具体说法如何改变，顾颉刚都认为，夏的历史茫昧无稽，只能依靠考古发现来建立，而仰韶文化很可能就是传说中夏文化的遗留。如《中国古代史述略》对"茫昧的夏王国"的论述，就是先指出：根据文献材料可以知道"夏王国的政治中心在河南，他们的势力范围大部分在山东，小部分在河北、山西，他们享有了黄河流域的下游和济水流域的全部"，至于其种族来源、如何发展等问题，"没法回答"。然后，又将仰韶文化与传说中的夏朝相比较，认为"这十余年来新石器时代末期遗物的大发现，或者就是给我们看一部夏的历史"。④

顾颉刚观点的对错姑且不论，仅从他这种尝试中我们可以看出，随着考古学的发展，他对与传说中夏朝相应的历史时期内，曾存在一定程度的文明，是持肯定态度的，但他依然不相信作为黄金时代的夏朝的存在。由此我们也可看出，在"疑古"和"考古"问题上，顾颉刚并非如有些论者所说，有意排斥考古学成果。他区分"传说的古史"和"科学的古史"，主要是不愿将二者强为牵合、混为一谈：传说的古史，可以考定自当相信，不可相信自当扫除；科学古史的建设，则应以考古发现为主，考古发现不足则当阙疑，而不应用古史传说补齐。

---

① 顾颉刚：《春秋战国史讲义第一编》，《顾颉刚古史论文集》第 4 卷，第 112—120 页。
② 顾颉刚：《中国古代史述略》，《顾颉刚古史论文集》第 4 卷，第 413—416 页。
③ 顾颉刚：《春秋史要》，《顾颉刚古史论文集》第 4 卷，第 423—424 页。
④ 顾颉刚：《中国古代史述略》，《顾颉刚古史论文集》第 4 卷，第 415—416 页。

最后，顾颉刚在将"有史时代"提前的同时，也将古史成伪时代提前，这一点足以证明其古史观念没有根本改变。云大《讲义》在介绍中国古代政治历史之前，先以两章的篇幅介绍了商周间政治思想的转变。大意如下：商周间盛行神权政治，上帝具有无上权力，人王则主要代上帝管理人间事务，要受上帝与祖宗的监督。但是，殷周革命让周公产生了"天命不永存"的意识，于是提出"德治"以维护统治，即政权能否维系在于统治者是否"敬德"。[1] 这一观点并非顾颉刚原创，而是取自郭沫若《先秦天道观之进展》，但顾颉刚在此说基础上，进一步引申到了古史成伪问题上。他认为：正是周初"德治"观念在后世的宣传鼓吹，才"使得我们的古代名人个个受了德的洗礼，许许多多的古史也涂上了德的粉饰"，如禹征三苗故事，由《墨子·非攻》中的杀伐，转变为《伪古文尚书·大禹谟》中的感化等。"德治"观念发展到战国，就逐渐形成了五百年必有王者兴的道统，古史人物也随之逐渐被修饰成千篇一律的形象。如文末所说：

> 我们现在，一想到古帝王，总觉得他们的面目是一例的慈祥，他们的政治是一例的雍容，就为他们的故事都给德治的学说修饰过了，而德治的学说是创始于周公的……二千数百年来的思想就这样的统一了，宗教文化便变作伦理文化了。[2]

可见，顾颉刚把周初"德治"思想的产生，当成了古史成伪的重要因素。我们之所以说这是把古史成伪时代提前，是因为在顾颉刚此前的论述中，中国古史的成伪时代主要集中于战国秦汉间。例如，1935年《战国秦汉间人的造伪与辨伪》，就把伪古史的成因，归纳为有意造伪和无意成伪，有意造伪以战国诸子托古改制和汉代学者通经致用最为明显，无意成伪则由前人好古与整齐故事的习性造成，它们集中出现在战国和

---

[1] 顾颉刚：《中国上古史讲义》（云南大学），《顾颉刚古史论文集》第3卷，第452—467页。

[2] 同上书，第466页。

汉代两个时期。① 因此,云大《讲义》把古史人物被修饰为千篇一律形象的原因,追溯至"德治的创立和德治学说的开展",实际也就是把中国古史的成伪时代,提前到了周初。

综上所述,随着中国考古学的发展,顾颉刚在1940年前后不仅调整了"东周以上无史"说,将中国的"有史时代"提前到商朝,肯定了传说中夏朝存在的历史时期内中国疆域内曾存在一定程度的文明,而且将中国古史的成伪时代提前到了周初"德治"思想的产生,并继续以之分析中国旧有古史学说中的"层累"现象。因此我们说,1940年前后,顾颉刚调整了中国古史"层累"造成的叙述体系,但这一调整,并没有否定他对"层累"造成的基本判断。

第四节　1940年前后顾颉刚治学阶段的转变

上述诸多调整为何会出现在1940年前后？我们认为,这是顾颉刚治学阶段自然演变的结果。

"层累"说是试图从根本上颠覆旧有中国古史系统,这一工作的繁难艰深学界早有论述。为了推进这一工作,顾颉刚不仅计划遍读魏晋以前的古书,作"春秋战国秦汉经籍考",而且,要研究古器物学、民俗学以及沿革地理,等等。② 在新旧史学嬗变之际,后者实际都是尚待开辟的新领域。20世纪20—30年代,顾颉刚不断开辟新的研究领域,即受此影响。今天看来,他在古史、民俗、沿革地理等领域辗转探索,对20世纪中国学术发展可谓贡献良多,但就其个人而言,研究领域的不断迁转,却造成他提出的很多观念未能及时阐明,很多问题未能细致清理。例如:

(1) 掀起"疑古"思潮的"层累"说,实际只是顾颉刚在一封随意性较大的信中提出的,而他打算撰写的严谨、系统的学术论文"层累地

---

① 参见顾颉刚《崔东壁遗书序一》,《顾颉刚古史论文集》第7卷,第51—110页。《战国秦汉间人的造伪与辨伪》经王煦华续作,收入《顾颉刚全集》时,又改题《崔东壁遗书序一》。

② 顾颉刚:《我的研究古史的计划》《古史辨第一册自序》,《顾颉刚古史论文集》第1卷,第291—296、51—52页。

造成的中国古史",却始终未能写成。

(2) 辨伪之初,顾颉刚便要作"《尧典》著作时代考",到 1931 年,虽大致写成,但"以牵涉问题尚多,拟暂缓发表",结果直至去世都未能发表。

(3) 意在说明中国旧有古史系统定型于汉代的《五德终始说下的政治和历史》,对于求证"层累"说不可谓不重要,而且,顾颉刚一度因此文而被贴上经今文家的标签。但该文实际也只是"半成品",发表部分 24 节,计划撰写而未能完成部分也是 24 节,同样始终未能完成。

(4) 本欲"把二三千年中造伪和辨伪的两种对抗的势力作一度鸟瞰"的《崔东壁遗书序》,只写成《战国秦汉间人的造伪与辨伪》,待续部分同样始终未能完成,直到去世后,才由王煦华续成。

(5)《三皇考》《夏史三论》《鲧禹的传说》《禅让传说起于墨家考》等文,都是揭示旧有中国古史学说如何"层累"造成的重要著述,但其完成都到了 20 世纪 30 年代后期。《夏史三论》《鲧禹的传说》是在童书业的协助下完成,而《禅让传说起于墨家考》的完成,同样得益于童书业提供材料的便利。《三皇考》虽着手于 1932 年,但直到 1935 年才在杨向奎的帮助下完成并于 1936 年发表。这些文章的选题立意,顾颉刚早已有之,但如果没有杨向奎、童书业等人的协助,他能否在 20 世纪 30 年代后期从容写就,则是问题。

(6)《州与岳的演变》《九州之戎与戎禹》是顾颉刚研究沿革地理时期的重要著述,意在揭示"州""岳"等中国古代核心地理观念的源流,并借此考定《尚书·尧典》诸篇的年代,都没有离开"层累"命题。但其中不少重要观念,顾颉刚并未展开论述。例如,1933 年他在《州与岳的演变》前记中说:"仓促编成,前后多不相关照。请读者千万以初稿的眼光看它,而勿以正式的论文的眼光看它。如果这三年以内能让我多读些书,三年以后又有整段时间给我作研究,那么这正式的论文当可于五年中贡献于读者之前了。"[①] 而 4 年之后,等来的却是"问题既复杂,材料尤多而且乱,非短时间所能整理就绪,将来有暇必当重撰"。[②] 结果同

---

① 顾颉刚:《州与岳的演变》,《顾颉刚古史论文集》第 5 卷,第 43 页。
② 顾颉刚:《九州之戎与戎禹》,《顾颉刚古史论文集》第 5 卷,第 139 页。

样是直至去世都未得重撰。

（7）孟姜女故事系列研究，虽至今仍被民俗学界视为经典之作，但顾颉刚仍不断搜集材料，以待来日修改，而等来的却是在其晚年政治运动中大量材料遗失这一无法挽回的局面。

可见，20世纪20—30年代顾颉刚在古史、民俗、沿革地理等领域披荆斩棘，辗转探索，开辟之功固多，但对自己提出的重要观念、命题的彻底解决，却多是等待"将来有暇"。而顾颉刚意识到不应再等待"将来"的转折点，正出现在1940年前后。例如，1939年6月30日，《顾颉刚日记》中写道：

> 近日在床无事，或中夜忽醒，每思年已如许，苟学不确立，便将终身无成矣。述作之事，预计如下……如均能完成，则我易箦时当含笑而逝，否则死了口眼也不闭的。①

"预计"内容包括"撰著"和"编辑"两类，"撰著"又分"古史论文集""古史材料集"等，"编辑"分"古史辨""辨伪丛刊""古籍汇编"等。可见，顾颉刚是要清理、总结既有考辨成果，以"确立"自己的学问系统。也就是说，这一时期，顾颉刚在治学方面，开始产生了从领域拓展转向清理、总结阶段的意识。

20世纪40年代的中国，并未给顾颉刚从容治学的环境，而随着时间的推移，其"苟学不确立，便将终身无成"的担忧，也表现得越发强烈。到1948年，他在兰州大学开设"上古史研究"课程，讲义开篇就提出："我从事中国古代史的研究工作，已近三十年，这次来兰大，想把三十年来研究的心得，作一番系统的讲述与检讨。"② 在致其夫人张静秋的信中，他更称之为"苦处"，说道：

> 我一生勤学，而始终没有建立学问的系统。所以然者何？在三十多岁的时候，觉得来日方长，深恐建立越早就越脆弱，所以只作

---

① 顾颉刚：《顾颉刚日记》第4卷，1939年6月30日，第244页。
② 顾颉刚：《上古史研究》，《顾颉刚古史论文集》第7卷，第275页。

专篇论文,并未构成一大的系统。自从三十九岁遭遇了九一八事变,要起而救国,精神就分散在民众读物上。抗战之后,东奔西走,年年搬家,生活不安定,就难得读书,而且物价飞腾,非兼做几件工作不可,而一经兼差,无法从事学问……自九一八到现在,已经十八年了,年纪愈长,就觉得平生所学愈有系统化的必要。这次兰大授课,就要实现这个愿望。①

可见,自1940年前后顾颉刚意识到"苟学不确立,便将终身无成"后,清理、总结既有成果,以"建立学问的系统"的思想,贯穿了整个20世纪40年代。

需略作说明的是,这里并不是说直到1940年前后顾颉刚才有了"建立学问的系统"的愿望或计划,而是说顾颉刚明确意识到已经有必要把这种愿望或计划付诸行动,不能再等待"将来有暇",是在1940年前后。"建立学问的系统"愿望他早已有之,比如20世纪20年代在回应学界对古史讨论结果的追问时,他就表示"我并不是没有把我的研究构成一个系统的野心……我到老年时一定要把自己的创见和考定的他人之说建立一个清楚的系统",但当时他觉得"现在还谈不到此"。②1930年,他也表示"很想在《古史辨》之外更作两部书,一是《古史材料集》,一是《古史考》。《材料集》是把所有的材料搜集拢来,分类分时编辑,见出各类和各时代中包孕的问题;《古史考》则提出若干大的问题,作为系统的研究"。这和上述1939年日记内容极为相似。但当时他同样表示"这两部书的完工很不容易,恐怕要迁延到我的垂老之年吧"。③而到1940年前后,顾颉刚的心态则变成了必须将之提上日程。

那么,这里的"建立系统"是否如有些学者所理解,是由"破坏"转向了我们一般所说的"古史建设"?或者说,在这一转变过程中,顾颉刚是否改变对旧有中国古史乃"层累"造成的基本认知?

首先,就上述1939年日记中"预计"的"述作之事"看,顾颉刚将

---

① 顾颉刚:《致张静秋》(1948年8月22日),《顾颉刚书信集》第5卷,第249页。
② 顾颉刚:《古史辨第一册自序》,《顾颉刚古史论文集》第1卷,第3页。
③ 顾颉刚:《古史辨第二册自序》,《顾颉刚古史论文集》第1卷,第93页。

"撰著"类中的"古史论文集"和"古史材料集"视为"学问本业",其中,"古史材料集"又是"古史论文集"的基础,所以,"古史论文集"是其一生学问的重中之重。对此,他说:

> 此为予精力之所集中,亦为本行职业,当将已发表诸篇……逐渐修改,使各单篇能成一个大系统。尤以前所拟作之"古史四考"(帝系考,王制考,道统考,经学考)"古籍四考"(尧典考,禹贡考,王制考,月令考)为其中心。①

拟作"古史四考"的想法,是顾颉刚在《中国上古史研究讲义》(燕京大学)、《古史辨》第2册《自序》、第4册《序》中逐渐提出的。作"古史四考"的目的,如其自述:"这四种,我深信为旧系统下的伪史的中心;倘能作好,我们所要破坏的伪史已再不能支持其寿命。"② 1939年日记中仍视之为"学问本业"之"中心",可见其古史观念并未改变。

其次,就1948年兰州大学"上古史研究"课程看,顾颉刚自述其旨趣道:

> 我这次所讲分两部分,一部分是古史的材料,把古书分析,认识其真伪与先后,作研究的凭借;一部分是古史上的学说,中国古史之所以难研究,即为史实与学说的混杂,弄不清楚,造成了许多纠纷,如今我把战国秦汉间的许多学说的头绪理了出来,使人懂得这是诸子百家的臆想,不是真的史实,然后一部真的"中国古代史"可以出现。这是我一生工作的归宿,必有了这归宿,方如"百川朝宗于海"似的,为古史学立一个究竟。③

可见,顾颉刚此时的研究重心仍是扫除"诸子百家的臆想",至于我们一般所说的"古史建设"则是"然后"的事。

---

① 顾颉刚:《顾颉刚日记》第4卷,1939年6月30日,第244页。
② 顾颉刚:《古史辨第四册序》,《顾颉刚古史论文集》第1卷,第109页。
③ 顾颉刚:《致张静秋》(1948年8月29日),《顾颉刚书信集》第5卷,第254页。

就兰州大学《上古史研究》的内容看,现存讲义共6章,分别为《序论》《中国古代史料概述》《诗经研究》《楚辞研究》《禹贡上的二大问题》《尧典内的二大问题》等。在各章相关问题中,顾颉刚的某些具体观点虽有所调整,但就整体而言,他的古史观念并没有根本性改变。例如:(1)顾颉刚将中国学术思想分为"王官时代""诸子时代""经学时代""史学时代"四个时期,然后提出:诸子时代"以自己的思想指导时代,修改旧日传统材料"①;经学时代标榜通经致用,"在没有可资证明的材料时,就凭着想象,自己创造出一些材料来"②。(2)对于《左传》和《国语》的关系,顾颉刚依然坚持着康有为、崔适等人的观点,认为《左传》是刘歆从《国语》中析出来传《春秋》的。③ 当然,顾颉刚对《左传》的质疑,主要在经学或传统意识形态方面,对其作为春秋史史料的价值,他始终都没有否定过。④ (3)对《禹贡》和《尧典》的讲授,其主导思想仍是战国、秦、汉疆域反映说,基本延续了《尧典著作时代考》和《州与岳的演变》等文的观点。

前述顾颉刚对中国古史"层累"造成叙述体系作出调整的云南大学《中国上古史讲义》,正是在这一背景下出现。既然顾颉刚要清理、整合多年疑辨古史的具体成果,以考订结论,建立系统,那他吸收古史研究的新成果,对先前论断作出调整,当属情理之中。这种调整并不意味着顾颉刚基本古史观念的改变。事实上,对于云南大学和兰州大学两部讲义在其学术演进历程中的定位,顾颉刚是有明确论述的,如1949年油印《浪口村随笔·序》所说:

> 予自毕业大学,立志从事古史,迄今垂三十年,发表文字已不止百万言,而始终未出一整个系统……年已老大,苟不早从考索之功进于独断之学……则此生终有一大事未了……两大学中所讲(按:即云南大学和兰州大学),特粗引其绪,至于确然立一系统,示后学

---

① 顾颉刚:《上古史研究》,《顾颉刚古史论文集》第7卷,第276页。
② 同上书,第289页。
③ 同上书,第302—303页。
④ 参见顾颉刚《古史辨第四册序》,《顾颉刚古史论文集》第1卷,第121—122页。

而无疑，其事尚远。①

由此亦可看出，从1939年云南大学《中国上古史讲义》到1948年兰州大学《上古史研究》，都是顾颉刚治学阶段转向"建立学问系统"的结果。序文中所说"从考索之功进于独断之学"，正是这一转变的主要特征，也是上述诸多调整的根源所在。但无论"考索"还是"独断"，其背后的核心观念都是中国古史"层累"造成说，这一点，是不曾改变的。

---

① 顾颉刚：《浪口村随笔·序》，《顾颉刚读书笔记》第16卷，第12页。

结　　论

旧有中国古史系统、古史学说，乃在后世古人特别是战国、秦汉间古人有选择地传承过程中逐步"层累"造成，是顾颉刚"层累地造成的中国古史"说的基本观点。1923年《与钱玄同先生论古史书》中提出的"层累"说的三个意思，即"时代愈后，传说的古史期愈长"，"时代愈后，传说中的中心人物愈放愈大"，"我们在这上，即不能知道某一件事的真确的状况，但可以知道某一件事在传说中的最早的状况"，主要是顾颉刚对旧有古史中存在的"层累"造成现象的大致描述，而非严整细致的论证；随后，《答刘胡两先生书》中提出的对旧有古史系统具有根本颠覆意义的四个"打破"，即"打破民族出于一元的观念"，"打破地域向来一统的观念"，"打破古史人化的观念"，"打破古代为黄金世界的观念"，则是顾颉刚考辨古史的基本理念和立场。"层累"说和四个"打破"所针对的，都是有关中国古史的观念、学说，而不是上古历史本体。顾颉刚要做的，就是考辨这些观念、学说如何流变，解释旧有中国古史系统如何构成，亦如其所自述"不立一真，惟穷流变"。

20世纪20年代，顾颉刚考辨古史的重要阶段特征，是大胆假设、提出问题，亦即这一时期，顾颉刚主要是发抉旧有古史系统、古史学说中存在的问题，至于问题的解决，则是留待将来的长期工作。这一阶段特征，是其古史考辨给人以"破坏"有余而解决问题不足印象的重要原因之一。

随着"层累"说的提出，"古史辨"应声而起。对于这场讨论，顾颉刚并无充足的学术准备，"古史辨"最初的走向也并非全由顾颉刚主导。当时，不少学人主要是被"层累"说的"破坏"所震动或吸引，因而，提出的一些批评，不免偏离了顾颉刚考辨古史的主旨。顾颉刚对于自己想要探究的问题,虽有着较为明确的自觉,但却没有或无法为这一问题提供一个相对精准的学术定位("层累"主要属于现象的描述,是顾颉刚对旧有古史系统和学说展开系统考辨之前,抛出的先期结论)。通览其相关文字,我们很容易发现,顾颉刚在考辨古史的同时,也在不断地进行自辨,反复向学界阐述自己所要探究的问题是什么、不是什么。这种反复"自辨"的现象,从一定程度上,正可说明顾颉刚对自己所要探究的问题缺乏相对精准的定位。当然,这也说明当时人对顾颉刚的古史观念,确实存在误解。顾颉刚虽曾屡屡提及自己考辨古史的旨趣,在于"解释古史的构成""解释各时代的传说中的古史""解释古代的各种史话的意义"等,但"解构"一词不是当时学术条件下能够产生的,虽然他所做的实际工作与此极为相似。

  在提出"层累"说的同一时期,顾颉刚也在进行着民俗探索。民俗探索常被视为"层累"说的思想来源,如果将戏剧、歌谣、民间故事、民间信仰等研究,笼统地归于顾颉刚的民俗探索,那么,说民俗探索是"层累"说的思想来源,有其合理性。因为无论对于戏剧、歌谣,还是民间故事、民间信仰,顾颉刚所关注的重点,最终都集中于它们所承载的故事情节的演变方面。至于其中哪一项对顾颉刚提出"层累"说影响更为直接、更为重要,在没有可靠证据之前,贸然肯定其中之一,并不可取;断然否定、割裂某一项与"层累"说形成的关联,或调整彼此关系,也欠妥帖。因为一种思想、观念的萌生,和当事人对某种促成因素接触时序的先后、接触时限的长短,并没有绝对必然的关系。但是,具体就孟姜女故事和民间信仰等探索而言,它们则是顾颉刚在提出"层累"说之后,为了进一步获得解释古史演变的眼光、方法,以辅助其古史考辨而展开的探索,不能简单视为"层累"说的思想来源。

  较之古史考辨,在民俗探索中,顾颉刚把"层累"理念发挥地更为淋漓尽致,对相关问题的解释,也更为灵活、圆熟。他不仅丰富了对故事传播路径的认识,注意到了故事情节在流传过程中的"分化""剥除"等现象,而且直接放弃了对"本真"的追求。顾颉刚为什么没有将这些认识全部运用于后来的古史考辨,我们可以讨论,但是,我们不应说他没有注意到上述现象。将"不立一真,惟穷流变"的理念、眼光运用于民俗探索,让顾颉刚获得了较大赞誉;但将同样的眼光运用于古史考辨,却让他遭到颇多批评。故事本身就具有流动不居的特性，一般没有或少有真相问题的束缚，因而，顾颉刚能够直接干脆地声明放弃对真相的探寻，不将故事"定于一"，对此，人们也比较容易接受。但是，不将古史诸说"定于一"，人们则不容易接受。无论古史传说如何荒诞不经，人们总是愿意相信其中存在着真实历史的影像，希望考订其中的唯一真相。所以，将"不立一真，惟穷流变"运用于古史考辨，在当时即为颇多学者所不解和批评，而这种不解至今仍有存在。当然，"不立一真，惟穷流变"并不是放弃对历史真相的终极追求，它们是两个不同层面的问题。

20世纪20年代后期，顾颉刚在执教于厦门大学、广州中山大学、燕京大学等高校期间，通过编纂授课讲义，逐渐搭建起论证旧有中国古史乃"层累"造成的史料体系。因而，到1930年前后，其古史考辨逐渐进入一个新的阶段，即由20年代的大胆假设、提出问题，逐渐进入小心求证阶段，也进入了其古史考辨的重要收获期。顾颉刚考辨古史的重要论著，如《论易系辞传中观象制器的故事》《五德终始说下的政治和历史》《从吕氏春秋推测老子之成书年代》《三皇考》《汉代学术史略》《战国秦汉间人的造伪与辨伪》等集中问世，便是证明。这是顾颉刚治学阶段的演进。

同样是在1930年前后，随着现代考古学和唯物史观社会史研究的兴起，中国上古史研究出现新的材料、视角和方法，对顾颉刚的古史考辨形成一定冲击。殷墟发掘提振了人们重建上古历史的信心，唯物史观社会史研究也为古史重建提供了新的视角和方法，特别是面对相同材料，唯物史观者可以得出与顾颉刚截然不同的结论。在这种背景下，顾颉刚提出"收缩阵线"说法。不过，这种"收缩"是相对于整个古史学界的"阵线"不断拉长而提出的，至于顾颉刚所关注的领域、研究的旨趣本身，则是没有改变的。所以，"收缩"不是"退缩"，而是顾颉刚对自己所探研的古史问题有了更为明确的定位。

20世纪30年代，顾颉刚又展开了沿革地理研究。沿革地理研究是顾颉刚古史考辨的题中应有之义，他为考辨古史而研究沿革地理，为推动沿革地理研究而创办《禹贡半月刊》，这一线索比较明晰。综观其沿革地理研究的重要成果也可看出，顾颉刚主要是透过经传典籍中的重要地域概念及其所承载的地域观念的演变，诠释它们是如何随着古代民族的迁徒、随着中国古代实际疆域的扩大等因素而逐渐"层累"扩大,证明前人对于上古地域的传统认识,实际形成于战国、秦汉间,是战国、秦汉疆域的反映。其中,有些考辨固然表现出某种所谓"建设"现象,但其本身并非目的,而主要是顾颉刚"辨伪"的手段,是为"辨伪"提供更客观、可靠的证据。这种所谓"建设"现象,和傅斯年等人借重考古新材料重建上古信史,和社会史研究者借助唯物史观从旧材料中解读出新信息,有着根本的不同。总之,在20世纪30年代的沿革地理研究中,顾颉刚的古史观念是没有根本改变的。

围绕顾颉刚的古史考辨而出现的诸如"信古""疑古""破坏""建设""重建"等概念,多有其特定内涵。大致而言,"信古""疑古""破坏"等针对的是旧有古史系统、古史学说,"建设""重建"等针对的则是客观、可信的新古史。我们在讨论顾颉刚古史观念的变与不变时,常将之置于"疑"与"信""破坏"与"建设"等二元对立的框架中。这些框架,可以适度采用,但不宜简单套用。在"古史辨"的语境中,"疑古"与"信古"可以视为对立关系,但"疑古"与"建设"则不可,它们是两项维度不同,但目标一致的工作。"疑古"并不意味着不能"建设"新古史,而"建设"新古史,也不意味着不能"疑古"。事实上,在"古史辨"之后,从事中国上古史研究的多数学者都承认"疑古"的必要性,只是怀疑的程度或有不同,这二者之间应属前后相继的关系。如果不明确这些概念在当时语境下的内涵及关系,很容易造成"破坏"与"建设"对立不相容的认识,甚至出现类似顾颉刚由"疑"转"信"的说法。

随着民族危机日益加深,20世纪30年代,顾颉刚逐渐调整"为学问而学问"的治学理念,走上书生报国道路。从坚持"为学问而学问"走到抗日救亡,顾颉刚的治学理念或立场,实际存在两次调整。第一次调整由1931年4—5月的辛未访古所造成,途中所见所闻的刺激,让他产生了经世济民之心,开始调整"为学问而学问"理念。但是,当时顾颉刚眼中的"根本救国之计",是号召知识分子"到农村去",教育民众"做公民",这与日本侵华直接关联不大。第二次调整是将经世济民之心真正付诸实践,并落实到编刊通俗读物宣传抗日的具体活动中,这才是"九·一八"事变及之后系列日本侵华事件所致。从研究古史到编刊通俗读物，主要是顾颉刚个人精力在不同领域间的分配问题，抗日救亡意识尚未明显影响到他此时的史学叙事。

民族危机意识对于创办于同一时期的《禹贡半月刊》，确实产生过影响，但这种影响并不在其创刊动机，而在其办刊旨趣的调整上。1934年3月，顾颉刚创办《禹贡半月刊》的初衷，是研究沿革地理；同年7—8月间的百灵庙之行，让他切身感受到当时中国边疆与民族问题的严峻，《禹贡半月刊》的办刊旨趣随之调整，边疆与民族问题的讨论，才在其中得到大量呈现。此后，抗日救亡意识在顾颉刚的史学叙事中，逐渐得到体现。

1939年《中华民族是一个》一文，虽蕴含强烈的经世动机，但顾颉刚对中华民族一体性的历史论证，与其"古史辨"的基本理念并无矛盾。在顾颉刚看来，"民族出于一元"的伪说，和春秋以降多元民族走向融合的事实相伴而生。"古史辨"重在利用民族融合的事实，揭示"民族出于一元"伪说的成因，还原民族多元起源的真相；"中华民族是一个"则重在论证中华民族从多元融为"一个"的历程，并没有利用"民族出于一元"的旧说。所以，二者在历史论证上并不存在矛盾。在"古史辨"中，顾颉刚就曾多次提出，激起民族精神、维系民族团结，应靠中华民族从多元逐渐走向融合的历史真相，而不应靠替古人圆"出于一元"的谎；在"中华民族是一个"的论述中，顾颉刚仍是以多元民族逐渐融合的历史事实，来论证"一个"的客观合理性。所以，二者在策略取向上，也不存在矛盾。

1940年前后，顾颉刚的治学阶段，再次出现变化，即开始有意识地清理、整合先前考辨古史的具体成果，"使各单篇能成一个大系统"，以"建立学问的系统"，亦即其所自谓"从考索之功进于独断之学"。此后，整个20世纪40年代，顾颉刚都在为这一目标努力。在这一背景下，他吸收当时古史研究的新成果，对中国古史"层累"造成的叙述体系，作出一些调整，如将中国的有史时代和古史的成伪时代提前等。但是，无论叙述体系如何调整，学问系统如何建构，其背后的核心理念都是旧有中国古史系统、古史学说乃"层累"造成，亦即其基本古史观念并未改变。

附录一

唯物史观与 1949 年后顾颉刚的古史研究

以往我们探讨 1949 年后，民国时期成名的非马克思主义史家对唯物史观的态度，多将关注重点置于"接受"或"排斥"的基本立场上。这当然是一项重要课题，不过，若仅局限于这种二元标准，可能会造成如下问题。首先，民国时期的非马克思主义史家，即便是所谓"史料派"学人，对唯物史观也并非全然排斥。对于这些学人，单纯地"接受"或"排斥"标准，便不再完全适用。其次，1949 年后接受唯物史观的史家，因为秉性、处境的不同，对唯物史观的认同方式，实际也存在差异。忽视这些差异，则不利于认清 1949 年后中国史学界的实际状况。因此，我们有必要在学界对"接受"和"排斥"问题的研究基础上，进一步探讨接受者对唯物史观的具体认同方式。[①] 下面即拟以顾颉刚古史研究具体成果为依据，分析其运用唯物史观的特点，以作为探讨"认同方式"问题之一例。

一 1949 年后顾颉刚的学术困境及其应对

考察 1949 年后顾颉刚的学术困境，首先应明确 1949 年前他对唯物史观的态度；而要了解他在 1949 年前的态度，则不应太过局限于当下史料

[①] 目前，学界已有相关研究，如陈其泰《新历史考证学与史观指导》，《中国史研究》2012 年第 2 期；张耕华《吕思勉与唯物史观》，《华东师范大学学报》2013 年第 6 期；张峰《张政烺的学术道路与治史风格》，《中国史研究》2015 年第 2 期；张越《选择与坚守：新中国建立初期的顾颉刚（1949—1954）》，《清华大学学报》2015 年第 5 期等。

（学）派与史观（学）派"各趋极端""尖锐对立"的认知模式。① 因为作为所谓"史料派"重要代表的顾颉刚，在1949年前已充分肯定了唯物史观的学术价值。

1933年，顾颉刚在《古史辨第四册序》中"决不反对唯物史观"的表态②，常被学者征引。但实际上，至迟在1926年，他已经表现出对唯物史观的兴趣。③ 1928年，在广州中山大学时期，更将唯物史观视为一种新学术范式，积极介绍给学生。例如，在《中国上古史讲义》中，顾颉刚就把程憬、梅思平等受唯物史观影响写成的论文，置于自己"预备建立上古史新系统之研究文字"中，认为程憬《商民族的氏族社会》一文对商史的研究继王国维等之后"更上一层"，梅思平《春秋时代之政治及孔子之政治思维》更指出了"二千余年来历史学家所不曾指出的大势"，"是研究春秋时代的政治的最好一篇论文"。另外，还建议学生以此为"引论"，思考如何借助新的"手段""工具"，开辟古史研究的"新境界"。④ 在《日记》中，他更说：

> 梅思平先生《春秋时代之政治及孔子之政治思想》一文，极好，能将予欲说而不能说的话说出。⑤

程憬在清华国学研究院求学时，即信奉唯物史观，被同学戏称"马

---

① 该说较早由余英时提出（参见余英时《中国史学的现阶段：反省与展望》，《文史传统与文化重建》，生活·读书·新知三联书店2004年版，第363—364页），后又被学者进一步发挥。民国时期，周予同虽也提出"史观派""史料派"的说法，但其内涵与余英时等人说法，有根本不同（参见周予同《五十年来中国之新史学》，载朱维铮编《周予同经学史论著选集》，上海人民出版社1996年版，第513—573页）。

② 顾颉刚：《古史辨第四册序》，《顾颉刚古史论文集》第1卷，中华书局2011年版，第124页。

③ 参见顾颉刚与程憬、傅斯年围绕"孔子学说何以适应于秦汉以来的社会"问题的往还书信，载《顾颉刚古史论文集》第4卷，第13—27页。

④ 顾颉刚：《中国上古史讲义》（中山大学），《顾颉刚古史论文集》第3卷，43—44、41页。

⑤ 顾颉刚：《顾颉刚日记》第2卷，1927年2月21日，联经出版事业公司2007年版，第19页。

列学者的怪物"①；梅思平则直接参与了中国社会史论战。他们或许不属于纯正的中国马克思主义者，但其学术理论在当时人眼里，则属于唯物史观范畴。因此，如果说1917年顾颉刚感慨胡适讲授的"中国哲学史"都是他"想说而不知道怎样说才好的"，属于一种全新学术"典范"的震动②；那此时他说梅思平"能将予欲说而不能说的话说出"，同样可以视为对另一种史学范式即唯物史观的肯定。

既然顾颉刚如此推崇唯物史观，那他为何没有及时将之用于历史研究？1932年，他在《日记》给予了解答，他说：

> 此事予非不愿，予亦知许多历史现象，非用此说明之不可。然予现在无法研究，若不成熟而惟取宠于人，则"画虎不成反类狗"，内疚神明矣。③

可见，顾颉刚是愿意接受唯物史观的。他没有及时将之用于历史研究，主要是受客观条件、个人精力所限。

到1936—1937年，顾颉刚得到童书业帮助后，便写出一部带有浓厚唯物史观色彩的《春秋史讲义》。《讲义》"附编"先分析"春秋时的农业生活与商工业"，后分析各种社会组织关系，这种篇章布局本身就体现了"经济基础决定上层建筑"的思想。而且，《讲义》中还明确提出："无论哪种社会组织，都逃不了被经济状况所决定。'经济为历史的重心'这个原则，是近代东西史家已经证明了的。"④

以上可见，民国时期顾颉刚就已经充分肯定了唯物史观的学术价值。因此，1949年后，要他接受唯物史观，自然不是难事。实际情况也是如此，这一时期，他虽曾在具体问题上表示过疑问，但学习并尝试在研究

---

① 陈泳超：《程憬先生学术年谱考述》，《国学学刊》2014年第4期。
② 余英时：《重寻胡适历程：胡适生平与思想再认识》，上海三联书店2012年版，第172、188页。
③ 顾颉刚：《顾颉刚日记》第2卷，1932年1月10日，第600页。
④ 顾颉刚、童书业：《春秋史讲义》，《顾颉刚古史论文集》第4卷，第352页。

中运用唯物史观的主观意图,则十分明显。① 不过,虽然接受唯物史观对顾颉刚不算困难,但在阶级属性作为学派、学说划分标准的重要性已远超学术本身的时代背景下,他至少还面临如下问题:一是在阶级差异不易弥合的情况下,他如何论证自己考辨古史的正当性,以获得对方认同;二是如何处理他曾力主的"为学问而学问"理念与主流学术价值观的差异。这才是1949年后顾颉刚的学术困境。

顾颉刚的应对方式,是集中精力解决第一个问题。例如,1952年童书业等站在阶级立场,痛批"古史辨派"的阶级本质是"坚决抵抗无产阶级","在考据学上说,也没有什么价值"。② 顾颉刚后来虽曾表示"浪得浮名卅余年,今当社会根本改变之际,分当打倒"③,但在被批判后不久,他在《读书笔记》"疑古思想之由来"一条中则说:

> 列宁说:"无产阶级文化应当是人类在资本主义社会、地主社会、官僚社会压迫下所创造出来的全部知识合乎规律的发展。"我想:疑古思想就是在地主社会和官僚社会的压迫下所创造出来的知识。……(省略内容大意为:古人的辨伪工作,是对列朝统治者为建立、巩固专制统治而托古改制伪造古史行为的反抗)他们的自觉或不自觉的方向总是朝着反地主社会和反官僚社会走去的……我生在他们之后,想把他们的成绩集个大成……《古史辨》是地主社会和官僚社会压迫下所创造出来的知识总汇发展的结果……是无产阶级的文化。④

紧随其后"整理古籍目的在批判接受"条又说:

> 《古史辨》的工作确是偏于破坏的,所要破坏的东西就是历代皇

---

① 参见张越《选择与坚守:新中国建立初期的顾颉刚(1949—1954)》,《清华大学学报》2015年第5期。
② 童书业:《"古史辨派"的阶级本质》,载陈其泰、张京华主编《古史辨学说评价讨论集》,京华出版社2001年版,第5、6页。
③ 顾颉刚:《顾颉刚日记》第7卷,1955年3月12日,第198页。
④ 顾颉刚:《顾颉刚读书笔记》第4卷,中华书局2011年版,第497—498页。

帝、官僚、地主为了巩固他们的反动政权而伪造或曲解的周代经典。这个反动政权是倒了，但他们在学术和历史上的偶像还没有倒，虽然将来批判接受总可去毒存粹，但批判接受的前提就是要作一回大整理，使得可以以周还周，以汉还汉，以唐还唐，以宋还宋，表现出极清楚的时代性，然后可以与社会的发展相配合，所以《古史辨》的工作还该完成。①

可见，顾颉刚既没有承认《古史辨》在考据方面"没有什么价值"，也没有抵制阶级学说，他所努力为之的，只是在阶级标准中为《古史辨》的正当性辩护。

顾颉刚的努力虽然收效甚微，但在持续不断的压力面前，他仍执着坚持。例如，在1955年3月5日胡适思想批判会上，他因主张"考据学是反封建的"，又遭"尖锐激烈之批判"。② 但此后，他在《读书笔记》中仍坚持说：

考据学之目的在求真，纵从事者无反封建之主观愿望，而工作之客观效果，必使封建统治者之所篡改涂附尽归扫荡。只恨考据大家曾不能将此工作理论化，遂使一般人无从认识其意义耳。予略识其义，而理论水平不高，无以折服人心，此则予之过也。③

不久，他又发现文澜阁《四库全书》本《鸡肋编》中有一段文字"视原文多出三字"，随即指出："本是民族斗争之文字，经此一改，竟变成了贬斥人民起义……《四库全书》既为统治阶级服务，即已失却考据学之目标与立场、方法，以考据学与偷改文字恰成对立之两极端也。"进而引申出"考据学不为封建统治阶级服务"④ 的结论。

顾颉刚之所以坚持论证考据学的反封建性，显然是想在持续不断的

---

① 顾颉刚：《顾颉刚读书笔记》第4卷，第499页。
② 参见顾潮《我的父亲顾颉刚》，人民文学出版社2010年版，第257—259页。
③ 顾颉刚：《顾颉刚读书笔记》第7卷，第87—88页。
④ 同上书，第92—93页。

压力中，维护考据学的学术地位与价值。但从维护手段看，他始终都没有怀疑考据作为一种学术方法，其本身是否具有阶级性，而是直接把阶级标准默认成了立论前提。也就是说，在反复地批判与辩护中，顾颉刚在某种程度上已经接受了主流的学术价值观，而偏离了曾经"为学问而学问"的理念。

无论动因为何，1949年后，顾颉刚对马克思主义史学的接受都是真实的。例如，1955年，他的《读书笔记》"史料学任务"条全文摘录《苏联百科全书》，并在文末写道："此予今日治学之标的也，因录存之，俾时时省览。"①《读书笔记》在当时仍具有非公开性质，顾颉刚在其中作出将"马克思列宁主义的史料学"作为"治学之标的"的表态，说明他对马克思主义史学的接受是真实的。

再如，1958年，顾颉刚读到陈健伟在《光明日报》（1957年10月13日）发表的《邹衍的终始五德说的政治意义》一文后，在《读书笔记》中写道："三十年前，予作《五德终始说下的政治和历史》一文，冥思甚苦，然以未治马列主义，能言其然而不能言其所以然。陈君……大足补予之不逮。用抄于此，以为他日改作之准备焉。"②在顾颉刚学术思想的演进脉络中，《五德终始说下的政治和历史》是一篇具有标志意义的论文。他能就此文说出"以未治马列主义，能言其然而不能言其所以然。陈君……大足补予之不逮"，更显示其态度之真诚。

总之，1949年后，顾颉刚的主要学术困境并不是要不要接受唯物史观，而是如何论证史料考订工作具有正确的阶级性和革命性，以获得主流认同。也因为在持续不断地压力中，急于为史料考订工作的正当性辩护，所以，他很快便把阶级标准默认成了立论前提，并逐渐接受。也就是说，"为学问而学问"理念与马克思主义史学价值观之间的差异，实际并未给顾颉刚造成实质性困扰。

二 1949年后顾颉刚基本古史观念的坚持

既然顾颉刚对1949年后的马克思主义史学是接受的，那他考辨古史

---

① 顾颉刚：《顾颉刚读书笔记》第7卷，第11—12页。
② 顾颉刚：《顾颉刚读书笔记》第8卷，第371页。

的基本理念是否因此发生改变？这是考察 1949 年后顾颉刚对唯物史观认同方式的重要问题。

顾颉刚考辨古史的基本理念是：中国古史材料在战国、秦汉间人"托古改制"的思想背景下，经历了"有意造伪"和"无意成伪"的过程，传统古史系统即在这一过程中被层累叠加而成。因此，要建立科学的上古史，必须先按时间顺序还原这一"层累"序列，在方法理念上，体现为"不立一真，惟穷流变"的历史演进观念。1949 年后顾颉刚的著述仍可谓丰硕，下面仅择要举例，以证其基本古史观念的不变。

（一）就其对中国古史"层累造成"的整体认识看

1935 年，顾颉刚曾出版《汉代学术史略》一书，1955 年他将此书修订后，改题《秦汉的方士与儒生》出版。其弟子刘起釪依据修订内容、新增序言提出："这部书的修订，最具体地和较全面地反映了他思想认识各方面的变化"，是顾颉刚"在思想和学术上的进步"[①]体现。与《汉代学术史略》相比，《秦汉的方士与儒生》确实存在不少词句的改动，比如注意到应用阶级分野的概念，调整"封建""民众""群众"等用法。[②]这些改动或许可以说明，顾颉刚在逐渐接受马克思主义史学的话语规范，但却不能说明他改变了中国古史"层累造成"的基本认识。上文已述，古史记载在战国、秦汉间被大规模篡改，是顾颉刚基本的古史观。《汉代学术史略》重点论述的，正是秦汉的方士、儒生与统治者之间相互利用、各取所需，进而伪篡并型塑旧古史系统的过程。这一主旨，在修订后的《秦汉的方士与儒生》中，没有丝毫改变。

在新增的序言中，顾颉刚批评自己"没有学习马克思列宁主义，不能从两汉社会的经济基础来分析当时的政治制度与学术思想"，并表示要"好好地学习马克思列宁主义并继续从事于两汉史的研究……发掘现在所不注意的材料，寻出现在所看不出的问题"。[③]而实际上，修订后的《秦

[①] 刘起釪：《顾颉刚先生学述》，中华书局 1986 年版，第 252—257 页。
[②] 日本学者小仓芳彦有详尽的对照表，载顾颉刚《顾颉刚古史论文集》第 2 卷，第 577—589 页。
[③] 顾颉刚：《秦汉的方士与儒生·序》，群联出版社 1955 年版，第 14、15 页。

汉的方士与儒生》既没有增加新材料，更没有改变原来的解释。最为显著的，将禅让传说归于墨家的编造，认为"层累造成"的古史系统是王莽篡政时期定型下来，是顾颉刚1949年前的一贯见解。到20世纪50年代，这些看法已大为边缘化，而另有不同解说，如禅让学说就被解释为原始公社制度的反映。① 但《秦汉的方士与儒生》第九章、第十四章都畅言墨家造作禅让之说；第十六章《古史系统的大整理》更坚持了原书所有见解，指出："王莽在政治上固然失败，但这个杜撰的古史系统却已立于不败之地……谁敢不奉为典则？谁会想到这是王莽骗局的遗留？"② 显然，顾颉刚并没有改变中国古史"层累造成"的观念。

再如，1965年末至1966年初，由顾颉刚口述，何启君记录的《中国史学入门》，开篇便提出要打破中华民族出于一元的错误观念；在"经书漫谈"部分，也强调"从汉代到清朝对于经书的迷信必须打破"，等等。③ 由此，也可看出顾颉刚对传统古史记载信实与否的整体衡估。

（二）就史料考订来看

1955年，顾颉刚将民国时期编辑出版的《辨伪丛刊》改题《古籍考辨丛刊》出版。在序言中，他概述历代学者考辨古籍的成就后，再次征引了1931年《古史辨第三册自序》中提出的"移置"说，并说："清代的考据学的主流无疑是要把从战国到三国的许多古籍的真伪和它们的著作时代考辨清楚，还给它们一个本来面目"，"我们做这考辨的工作……是要逐一决定它的时代，使后一时代的仿作和伪作不再混乱了前一时代的真相"。④ 这种说法，显然就是胡适倡导"整理国故"时提出的，以周还周，以汉还汉，各还它本来面目。⑤ 所以，顾颉刚虽然将"辨伪"改称"古籍考辨"，但其基本理念仍然是通过考明古籍文献产生的时间序列，来实现辨伪存真的目的。

---

① 参见范文澜《中国通史简编》第1编，人民出版社1949年版，第92—95页。
② 顾颉刚：《秦汉的方士与儒生》，第102页。
③ 顾颉刚：《中国史学入门》，《顾颉刚古史论文集》第12卷，第454、483页。
④ 顾颉刚：《古籍考辨丛刊第一集序》，《顾颉刚古史论文集》第7卷，第27—29页。
⑤ 胡适：《〈国学季刊〉发刊宣言》，《胡适文存二集》第1卷，外文出版社2013年影印本，第12页。

《尚书》研究是1949年后顾颉刚最引人注目的工作之一。不少学者即以此为据提出顾颉刚古史观发生转变的说法。① 与早年相比，顾颉刚对《尚书》的校、释、译、论，确实表现出从"大刀阔斧"到"细针密缕"的变化。但这种变化主要属于考据的风格特点，并不足以证明其古史观发生了改变，因为"细针密缕"并不专属于"考信"，同样可用于"辨伪"。

至于顾颉刚在《尚书》研究中是否改变了古史观？以1959年顾颉刚《尚书禹贡注释》中对"五服""九州"制度的讨论为例，他说：

> 五服制是在西周时代实行过的，到战国而消亡；九州制是由战国时开始酝酿的，到汉末而实现。又可以说：五服制似假而实真，由真而化幻；九州制似真而实假，由假而化真。《禹贡》篇里把落后的制度和先进的理想一齐记下，虽然显出了矛盾，可是它也就在这里自己说明了著作时代。②

"由真而化幻""由假而化真"的说法，表明他的重点仍在于辨明学说的流转演变，以还其本来面貌。而且，他在文中还明确表示《禹贡》中的齐整说法不可信，而坚持这些都是"假想的纸上文章"。所以，相比1949年前，顾颉刚在《尚书》研究中"存真"的成分有所增加，并不就意味着他放弃了"辨伪"，须知"存真"是以"辨伪"为前提的。

（三）就其晚年著述中的古史观看

1979年，顾颉刚发表《周公制礼的传说和〈周官〉一书的出现》一文，肯定了周公制礼的存在，认为《周官》出现于战国时期。与早年辨伪力度相比，此文更趋平缓，因此，在不少学者眼里，这篇文章很有顾颉刚"晚年定论"的味道。实际上，此文原为1955年顾颉刚写的《周官辨非序》，只是到1979年才修订发表③，而且，其考辨古史的基本理念，

---

① 如许冠三就认为：这一时期顾颉刚"完全以立为宗"，并提出"始于疑终于信"的说法（见许冠三《新史学九十年》，岳麓书社2003年版，第207页）。该说有合理之处，不过，其所谓"信"绝不等同于20世纪20年代"信古"之"信"，而更接近于30年代的"建设"。

② 顾颉刚：《尚书禹贡注释》，《顾颉刚古史论文集》第9卷，第111页。

③ 参见王煦华所写《后记》，载顾颉刚《顾颉刚古史论文集》第11卷，第468页。

也没有根本改变。

从结论看，顾颉刚仍强调今本《周官》曾被古人严重篡改。他说："这原是一部战国时的法家著作，在散亡之余，为汉代的儒家所获得，加以补苴增损，勉强凑足了五官；然而由于儒、法两家思想的不同，竟成了一个'四不像'的动物标本！这就是我写这篇文字的结论。"①

从考据方法看，顾颉刚首先指出《周官》记载和周初实际状况不符，然后以"战国时代的统一希望""孟子口中的周代'王政'说""荀子的'法后王'说""管子书的出现及其六官说和组织人民的胚胎思想"，这样一条思想线索为依托，比较《周官》思想特征，确定其出现于战国，与《管子》是"孪生子"。先按时代顺序梳理思想演进的脉络，再在其中寻找思想特征相符的节点，以断定古书年代，是典型的依托"历史演进"观念而来的方法。在20世纪30年代老子年代问题争论中，顾颉刚曾因使用这种方法而被胡适严厉批评②。可见，顾颉刚考辨古书年代的方法理念依然如故③。

《"圣"、"贤"观念和字义的演变》与《"夏"和"中国"——祖国古代的称号》两文，才真正属于顾颉刚晚年之作，也是他除《尚书》研究文字外，较为重要的学术论文。④《"圣"、"贤"观念和字义的演变》主要通过考辨"圣""贤"观念在各历史阶段的具体内容及其产生条件，来展示古人、特别是春秋战国时期的诸子，如何在托古改制的驱动下造作伪古史系统。

以其对"圣（人）"分析为例，首先，顾颉刚指出：春秋以前，"圣"只是"聪明"的意思，"圣人"本是"最高级的君子"；春秋至战国，因结束兼并战争，实现大一统的时势所需，"圣人"逐渐被诸子描述

---

① 顾颉刚：《周官辨非序》，《顾颉刚古史论文集》第11卷，第463页。
② 参见胡适《评论近人考据老子年代的方法》，《胡适全集》第4卷，安徽教育出版社2003年版，第114—139页。
③ 这一点，已有学者指出。如李零曾说：虽然顾颉刚把《周官》定为战国作品，"但他论证的方法却并没有改变，仍然是要找出一种'思想运动'作为造作之由"。见李零《待兔轩文存·读史卷》，广西师范大学出版社2011年版，第6页。
④ 《"圣"、"贤"观念和字义的演变》1979年3月据王煦华代作稿修改，载于《中国哲学》1979年第1辑；《"夏"和"中国"——祖国古代的称号》1979年1—6月与王树民合作，载于《中国历史地理论丛》1981年第1辑。

为能够统一、治理天下，开创历史新局面的伟人；因为"圣人"具有非同一般的能力，后来，又被古人逐渐赋予种种神秘色彩。其次，顾颉刚又指出：春秋、战国诸子赋予"圣人"新含义，目的是阐发各自的政治主张，论证手段则是征引历史材料；在文献无征的情况下，他们便只有靠神话、传说来杜撰古史，于是，伪古史便不断被编造出来。该文对"贤（人）"的分析，也是先厘清其观念在各时代的流变，然后指出诸子为证明自家主张正确，都采取编造历史事实的手段。①

可见，顾颉刚此文的目的，不单是清理"圣""贤"观念和字义本身的演变，更在于以此来揭示古人因应时势需要而伪造古史的事实。如该文所说："弄清楚了各个历史阶段里的'圣''贤'观念的内容及其产生的条件，不仅可以揭示'圣''贤'观念本身演变的过程，而且可以根据它来推断一些有关'古圣先贤'的不同记载出现的时代，从而说明后人为了适应时代的需要是怎样地编造古史系统的。"② 这种做法，和他1926年所写《春秋时代的孔子和汉代的孔子》如出一辙③，正符合其通过"不立一真，惟穷流变"的方式，来揭示"层累地造成的中国古史"现象的宗旨。因此我们说，直至晚年，顾颉刚考辨古史的基本理念都没有改变。

《"夏"和"中国"——祖国古代的称号》一文，与《"圣"、"贤"观念和字义的演变》问题取向基本一致，只是考辨对象不同，此不赘述。④ 总之，1949年后，顾颉刚虽然对某些具体问题的论断存在一定变化，考据风格也更趋谨严，但其基本的古史观没有变化。

三 唯物史观在顾颉刚古史研究中的体现

1949年后顾颉刚主观上是接受唯物史观的，同时，他又没有改变传

---

① 参见顾颉刚《"圣"、"贤"观念和字义的演变》，《顾颉刚古史论文集》第1卷，第626—642页。
② 顾颉刚：《"圣"、"贤"观念和字义的演变》，《顾颉刚古史论文集》第1卷，第626页。
③ 《春秋时代的孔子和汉代的孔子》就是通过考辨春秋至东汉间，孔子形象从"君子"到"圣人"再到"教主"，最后又成为"圣人"的演变过程，来揭示"层累造成"现象的。载《顾颉刚古史论文集》第4卷，第5—12页。
④ 文见《顾颉刚古史论文集》第1卷，第643—658页。

统中国古史系统乃"层累造成"的基本看法。这就形成了如下问题，即他对唯物史观的接受，仅仅是一种愿景，还是在具体研究中有所落实？这种分别，实际也是我们认识1949年后整个非马克思主义史家群体对唯物史观认同方式的重要问题。

事实上，唯物史观不仅在顾颉刚1949年后的古史研究中有所体现，而且还呈现出新特点，即（一）唯物史观的构成要素，得到了更为全面的体现；（二）唯物史观主要以服务于顾颉刚古史考辨宏观主旨的方式体现，并确实对其古史考辨产生了裨益。

第一个特点的形成，与唯物史观在20世纪中国的传播特点相关。较早在中国传播唯物史观的学者，多将之视为"经济史观"，或者说更看重其经济基础对社会发展起决定作用的理论。[①] 1949年前，唯物史观在顾颉刚的著述中集中体现为经济基础的决定理论，如前述《春秋史讲义》中对"经济为历史重心"原则的强调，就是受这种传播特点影响。1949年后，随着政治环境的改变，唯物史观得到更为全面的传播，顾颉刚对唯物史观的认识也随之出现变化，并在其古史研究中有所体现。此点较易说明，试举数例如下：

1951年，考证《尚书·无逸》系伪作，说道：

> 当西周初年，分割土地，封建诸侯及贵族，那时的农民非奴隶即农奴，无法自由挣得产业。这篇说："相小人，厥父母勤劳于稼穑，厥子乃不知稼穑之艰难，乃逸，乃谚"……恐怕必须到了战国才会有这种现象；若在西周，则农民附着于土地，如何会说出这般轻松的话来！[②]

1959年，在《尚书禹贡注释》中，论证五服、九州两说不该并融于《禹贡》中，说道：

[①] 参见［美］德里克《革命与历史：中国马克思主义历史学的起源，1919—1937》，翁贺凯译，江苏人民出版社2008年版，第26页；冯天瑜《唯物史观在中国的早期传播及其遭遇》，《中国社会科学》2008年第1期。

[②] 顾颉刚：《尚书无逸校释译论》，《顾颉刚古史论文集》第9卷，第100—101页。

> 九州说是君主集权制下产生的，五服说却是在最高领主和大小封建领主占有土地的制度之下产生的……五服说的时代比较九州说为早。①

1961年，在《尚书大诰今译（摘要）》中，又说：

> 殷商以前似乎还没使用文字（有了阶级就有国家，统治阶级压迫被统治阶级，文字是一种工具，熟练文字技巧以为统治阶级服务的是史官。夏为一个大国是无疑的，夏代该有简单的文字，但现在尚未发现过）……②

"文化大革命"期间，顾颉刚的《读书笔记》中记有：

> 从周公到孔子，都以礼和乐作为统治的工具，礼是严峻的、阶级分明的社会秩序，乐是融和的，使人忘掉了阶级压迫的麻醉剂……这是周公、孔子的政治妙用。③

以上材料可见，除经济基础的单向决定作用外，生产力和生产关系、经济基础和上层建筑及其相互关系，以及当时流行的社会发展形态、阶级斗争学说等，都在顾颉刚的著述中有所体现。因此我们说，相比1949年前，唯物史观的构成要素在顾颉刚的著述中得到了更为全面的体现。

关于第二个特点，我们可以1965年顾颉刚《由烝报等婚姻方式看社会制度的变迁》一文为例。首先，顾颉刚在该文中明显运用了唯物史观。例如，解释春秋后期，为后世礼教绝难容忍的"烝""报"等婚姻制度的消失，说：

> 这不是一个偶然的现象，应该看出，这是社会制度在起变

---

① 顾颉刚：《尚书禹贡注释》，《顾颉刚古史论文集》第9卷，第109页。
② 顾颉刚：《尚书大诰今译（摘要）》，《顾颉刚古史论文集》第9卷，第269—270页。
③ 顾颉刚：《顾颉刚读书笔记》第14卷，第79页。

化……春秋前期奴隶制的色彩比较浓厚，但由于社会生产的发展和阶级关系的变化，到了春秋后期就逐渐由量变而进展到质变，奠定了战国、秦、汉以下封建制的基础……有了这封建的经济基础，自然会反映到上层建筑……①

解释"齐国妇女的独立生活和浪漫风俗"时，说：

这个意识形态一定有它的社会基础。②

解释鲁庄公为齐国的"社祭"所吸引，却不能在鲁国推行，说：

这因鲁国的生产不同于齐国的生产，鲁国的社会风气不同于齐国的社会风气，他是号召不起来的。③

《由烝报等婚姻方式看社会制度的变迁》一文中，类似例子非常之多，可见顾颉刚在该文中确实运用了唯物史观。除此之外，该文对唯物史观的运用，还有其他特点。

该文首先分析了《礼记》《春秋公羊传》《白虎通》中关于古代天子、诸侯婚制的记载，指出这些"整齐""系统"的说法，多出于汉儒"托古改制"的想象，与实际状况不符。如说：汉儒抱着浓重的主观见解，要求古代的制度都有极整齐的一套，反而弄得彼此说法触处抵牾，经不起覆勘；他们这种"表面上为古人而实际为今人出主意"行为，是"托古改制"的显明例证，等等。④ 然后，又分析了"烝""报"等在古人观念中"不正常"的婚姻形式产生、发展、消亡的过程及其原因。从整体的篇章布局看，此文的宗旨实际仍未脱离顾颉刚对传统古史记载的一贯看法，即经典记载中的齐整系统说法，多是古人"托古改制""整齐

---

① 顾颉刚：《由烝报等婚姻方式看社会制度的变迁》，《顾颉刚古史论文集》第 4 卷，第 459—460 页。
② 同上书，第 506 页。
③ 同上书，第 509 页。
④ 同上书，第 438—439、443—444 页。

故事"的结果,是不可信的。只不过此文又进一步考证出了如"烝""报"的"不正常"的婚姻方式,才是可信的。如此则可以想见,顾颉刚对唯物史观的运用,必然不会与这一宗旨相悖。例如,解释天子、诸侯等多配偶问题的由来,他说:

> 母系氏族规定了外婚制……自从农业、畜牧业和手工业有显著发展……促成母系氏族公社转变到父系氏族公社……随着社会生产力的提高,男子拥有更多的财产,使得公社解体……于是父系血统的确定和财产继承权的确定成为社会的主要问题,对于女子要求她们严守一夫制,而男家长自身则可以实行多妻制。这就是上面叙述的作为天子、诸侯们配偶的后、妃和娣、侄人数问题的由来。娣随着姊,侄随着姑,嫁给一个丈夫,是古代群婚制的遗留和当时的一夫多妻制在奴隶制社会中的结合。①

显然,这属于马克思主义史家关于中国古代社会形态演变的说法。不过,从文章的结构看,这段文字只是顾颉刚辨明汉儒说法不可信后,又对汉儒说法的来源所作的进一步解释。这种解释大致相当于前述他感慨"未治马列主义,能言其然而不能言其所以然"中的"所以然"。而这种"所以然"对于顾颉刚的考证,主要起一种"锦上添花"的作用。实际上,这篇论文虽题为"由烝报等婚姻方式看社会制度的变迁",但其论证行文,更像是"由社会制度解释烝报等婚姻方式的变迁"。如此,则顾颉刚征引社会形态说来为其古史考辨服务的特征,更为明显。

这种特点,在顾颉刚1949年后的著述中多有体现。例如,前述《"圣"、"贤"观念和字义的演变》一文中,解释春秋、战国时期"圣人"观念出现转变的原因,说道:

> 春秋以后,社会生产力的发展把黄河和长江两流域的广大地区里的各个国家在经济上都联系了起来,经济上的联系必然要求政治

---

① 顾颉刚:《由烝报等婚姻方式看社会制度的变迁》,《顾颉刚古史论文集》第4卷,第447页。

上的统一来为经济发展扫清道路……从春秋到战国，诸侯国的兼并战争接连不断，客观上就是实现这一历史发展的要求。但是，频繁的战争又使广大人民处于水深火热的痛苦之中，迫切需要把相互的兼并转化为全国的大一统来结束战争灾难。这就需要产生一个前所未有的伟大人物来领导人民实现这个愿望，开创历史的新局面。在当时的人们心目中，这个伟大的人物，就是"圣人"，从而圣人这个观念就变得非常崇高，并逐步向神秘和玄妙莫测的方向来发展。①

从社会背景去解释社会思潮的发生，是顾颉刚早年就常用的方法，不必归因于唯物史观的影响。但利用生产力、经济基础以及社会存在和社会意识这些唯物史观的基本原理，进一步解释"社会背景"的出现，则可以肯定是受唯物史观影响。前文已述，《"圣"、"贤"观念和字义的演变》一文所坚持的，仍是以"层累"说为核心的古史观，所以，唯物史观的作用仍是言其考据结论的所以然，为其古史考辨的宏观主旨服务，起一种"锦上添花"的作用。

结语

这里主要试图以顾颉刚为个案，展示1949年后非马克思主义史家对唯物史观认同方式的复杂性。和其他非马克思主义史家一样，1949年后顾颉刚也面临着学术上的困境。但其困境不是要不要认同唯物史观，而是如何在阶级、革命话语盛行的环境中，为史料考订工作争取合法定位，以及如何处理"为学问而学问"理念与主流学术价值观念的差异。但现实处境造成他急于以主流学术价值标准为前提，去证明史料考订具有正确的阶级性，结果，他在潜移默化中便接受了这套价值观念。这样，看似十分重要的价值观念的差异，实际并未将顾颉刚带入困顿难解的窘境。

1949年后，顾颉刚对唯物史观的认同是真诚的。但他并没有因此改变对传统中国古史系统乃"层累造成"的基本认识，也没有改变古史考辨中"不立一真，惟穷流变"的历史演进观念。他对唯物史观的运用，主要是在其考辨古史的宏观主旨下，征引唯物史观及相关研究，对已经

---

① 顾颉刚：《"圣"、"贤"观念和字义的演变》，《顾颉刚古史论文集》第1卷，第632页。

"言其然"的考据结果,作"言其所以然"的进一步解释。也就是说,顾颉刚主要是将唯物史观作为一种解释工具,来为其古史考辨服务。当然,唯物史观也确实起到积极作用。

用"接受"和"排斥"标准考察1949年后非马克思主义史家对唯物史观的态度,是一项重要课题。但1949年后,在学术上绝对排斥唯物史观者,实际不占多数,而从顾颉刚的例子可见,多数接受唯物史观的学者,由于个人境况的不同,对唯物史观的认同方式也会存在差异,而这些差异正可反映出当时史学界的多样与复杂状况。因此,1949年后非马克思主义史家对唯物史观的认同方式,仍值得学界关注。

附录二

顾颉刚著述编年

说明：

《顾颉刚著述编年》最初是笔者为考察顾颉刚学术思想的演进脉络，根据《顾颉刚全集》编写的"顾颉刚著述编年提要"。《顾颉刚全集》大体按顾颉刚所涉足学术领域分类结集，对于历时性考察顾颉刚学术思想演进稍有不便，故笔者将原提要文字删除，仅保留其著述篇目，作为附录二，希望能为相关研究者提供便利。本部分主要收录《顾颉刚古史论文集》《宝树园文存》《顾颉刚民俗论文集》《清代著述考》中相关篇目，篇目顺序以写作日期为主，写作日期不详者，按出版发表日期。

1909 年

10 月 28 日　《常熟旅行记》，《宝树园文存》第 5 卷。

1910 年

冬　《张君保源别传》《沈维垓小传》《哀思录书后》《哀思录再书后》，《宝树园文存》第 6 卷。

1911 年

7—8 月　《杭州旅行记》，《宝树园文存》第 5 卷。
12 月　《妇女与革命》，《宝树园文存》第 6 卷。

1912 年

2 月 5 日　《社会主义与国家观念》，《宝树园文存》第 6 卷。

8月17日　《叶圣陶、顾颉刚宣言》，《宝树园文存》第5卷。
8月22日　《放社简约》，《宝树园文存》第5卷。
1912—1913年　《诗十五首》，《宝树园文存》第5卷。

1913年

1月4日　《（华林）新世潮序》，《宝树园文存》第6卷。

1914年

3月1日　《古今伪书考跋》，《顾颉刚古史论文集》第7卷。
11月　《丧文论》，《宝树园文存》第1卷。
1914或1915年　《评今剧及秦声》，《宝树园文存》第5卷。

1916年

上半年　《清代著述考》。

1917年

2月　《民国教育宗旨之解释》，《宝树园文存》第3卷。
6月2—3日　《公羊学论文》，《顾颉刚古史论文集》第11卷。

1918年

1月1日、2月、8月　《诗三首》，《宝树园文存》第6卷。
1月5日　《杂记》，《宝树园文存》第6卷。
7月　《和某君感怀诗》，《宝树园文存》第5卷。
10月　《悼亡妻》，《宝树园文存》第6卷。
11月　《代周全宝作请求离婚呈》，《宝树园文存》第6卷。
12月　《对于旧家庭的感想》，《宝树园文存》第6卷。

1919年

1—2月　《中国近来学术思想界的变迁观》，《宝树园文存》第1卷。
2月10日　《苏州美术画赛会与赛报告》，《宝树园文存》第5卷。

2月23日　《山中》,《宝树园文存》第5卷。

2—3月　《杂诗两首》,《宝树园文存》第5卷。

3月5日　《鸡鸣》,《宝树园文存》第5卷。

4月16日　《梦中》,《宝树园文存》第5卷。

4月中旬　《与殷女士缔姻记》,《宝树园文存》第6卷。

4月下旬　《拟喜联》,《宝树园文存》第6卷。

5月13日　《说亲忆录》,《宝树园文存》第6卷。

12月　《赠履安墨盒铭》,《宝树园文存》第6卷。

12月　《赠狄君武归婚序》,《宝树园文存》第6卷。

1919年　《挽李超女士联》,《宝树园文存》第6卷。

1920年

4月30日　《我们最要紧着手的两种运动——教育运动　学术运动》,《宝树园文存》第3卷。

5月9日　《为万里题游踪图长短句一首》,《宝树园文存》第5卷。

5月　《对于旧家庭的感想(续)》,《宝树园文存》第6卷。

5—8月　《对于旧家庭的感想(再续)》,《宝树园文存》第6卷。

9月　《重编中文书目的办法》,《宝树园文存》第1卷。

10月　《代陈万里挽李策安联》,《宝树园文存》第6卷。

10月31日　《〈吴歈集录〉的序》,《顾颉刚民俗论文集》第1卷。

11月9日　《图表编目意见书》,《宝树园文存》第1卷。

11月9日　《北京大学汉文书目续编序》,《宝树园文存》第1卷。

11月21日　《诚吾启事》,《宝树园文存》第6卷。

11月23日　《致胡适：答书》,《顾颉刚古史论文集》第7卷。

11月24日　《致胡适：答书》,《顾颉刚古史论文集》第7卷。

12月15日　《致胡适：告拟作伪书考跋文书》,《顾颉刚古史论文集》第7卷。

12月21日　《致胡适：答书》,《顾颉刚古史论文集》第7卷。

12月26日　《致胡适：论竹柏山房丛书及庄子内篇书》,《顾颉刚古史论文集》第7卷。

1921 年

1月21日　《致钱玄同：论辨伪丛刊分编分集书》，《顾颉刚古史论文集》第7卷。

1月25日　《致胡适：论伪史及辨伪丛刊书》，《顾颉刚古史论文集》第7卷。

1月29日　《致钱玄同：论辨伪工作书》，《顾颉刚古史论文集》第7卷。

1月31日　《致胡适：论伪史例书》，《顾颉刚古史论文集》第7卷。

4月2日　《致钱玄同：答编录辨伪丛刊书》，《顾颉刚古史论文集》第7卷。

6月9日　《致王伯祥：自述整理中国历史意见书》，《顾颉刚古史论文集》第1卷。

6月28日　《致胡适：论通考对于辨伪之功绩书》，《顾颉刚古史论文集》第7卷。

7月10日　《（叶圣陶）隔膜序》，《宝树园文存》第5卷。

7月10日　《致胡适：答书》，《顾颉刚古史论文集》第7卷。

9月28日　《卫德参观纪事》，《宝树园文存》第1卷。

11月5日　《致钱玄同：论孔子删述六经说及战国著作伪书书》，《顾颉刚古史论文集》第7卷。

11月8日　《致钱玄同：论尧舜伯夷书》，《顾颉刚古史论文集》第1卷。

1922 年

1—4月　《郑樵传》，《顾颉刚古史论文集》第11卷。

2月3日　《致胡适：告辑集郑樵事实及著述书》，《顾颉刚古史论文集》第11卷。

2月8日　《诗辨妄按》附录一《周孚非诗辨妄跋》，《顾颉刚古史论文集》第11卷。

2月19日　《致钱玄同：论诗经歌词转变书》，《顾颉刚古史论文集》第 11 卷。

2 月　　《诗辨妄序》，《顾颉刚古史论文集》第 11 卷。

3 月 13 日　　《致胡适：论诗序附会史事的方法书》，《顾颉刚古史论文集》第 11 卷。

3 月 18 日　　《致胡适：告编著诗辨妄等三书书》，《顾颉刚古史论文集》第 11 卷。

3 月 18 日　　《致胡适：论闽中文化》，《顾颉刚古史论文集》第 11 卷。

3 月 29 日　　《中学校本国史教科书编纂法的商榷》，《宝树园文存》第 3 卷。

4 月 9 日　　《致胡适：论郑樵与北宋诸儒关系书》，《顾颉刚古史论文集》第 11 卷。

10 月 18 日　　《明太祖的白话诗》，《宝树园文存》第 5 卷。

10 月　　《对于苏州图书馆的一个计画》，《宝树园文存》第 1 卷。

12 月 14 日　　《我们对于国故应取的态度》，《宝树园文存》第 1 卷。

1922—1923 年　　《郑樵著述考》，《顾颉刚古史论文集》第 11 卷。

1923 年

1 月 30 日　　《我们对于北京国立学校南迁的主张》（与王伯祥、叶圣陶合写），《宝树园文存》第 3 卷。

1—2 月　　《诗经在春秋战国间的地位》（《诗经的厄运与幸运》），《顾颉刚古史论文集》第 11 卷。

2 月 25 日　　《致钱玄同：论诗经经历及老子与道家书》，《顾颉刚古史论文集》第 11 卷。

3 月 5 日　　《（俞平伯）红楼梦辨序》，《宝树园文存》第 1 卷。

3 月 11 日　　《硕人是闵庄姜美而无子吗?》，《顾颉刚古史论文集》第 11 卷。

3 月 25 日　　《（叶圣陶）火灾序》，《宝树园文存》第 5 卷。

4 月 27 日和 2 月 25 日　　《与钱玄同先生论古史书》，《顾颉刚古史论文集》第 1 卷。

5 月 9 日　　《元曲选叙录（一）》，《宝树园文存》第 5 卷。

5月17日　《元曲选叙录（二）》，《宝树园文存》第5卷。

6月1日　《致胡适：论今文尚书著作时代书》，《顾颉刚古史论文集》第8卷。

6月2日　《记杨惠之塑罗汉像——为一千年前的美术品呼救》，《宝树园文存》第5卷。

6月13日　《诗辨妄按》附录二《通志中诗说按》、附录三《六经奥论选录按》，《顾颉刚古史论文集》第11卷。

6月17日　《诗辨妄按》附录四《历代对于郑樵诗说之评论按》，《顾颉刚古史论文集》第11卷。

6月20日　《答刘胡两先生书》，《顾颉刚古史论文集》第1卷。

6月22日　《元曲选叙录（三）》，《宝树园文存》第5卷。

8月5日—12月2日　《讨论古史答刘胡二先生》，《顾颉刚古史论文集》第1卷。

9月25日、10月20日、12月2日　《启事三则》，《顾颉刚古史论文集》第1卷。

9月27日　《元曲选叙录（四）》，《宝树园文存》第5卷。

9月28日　《答郭绍虞先生论孔门学风只有务外主内两派书》，《顾颉刚古史论文集》第4卷。

11月3日　《答朱鸿寿书》，《顾颉刚古史论文集》第11卷。

11月7日　《（严既澄）初日楼诗驻梦词合刊跋》，《宝树园文存》第5卷。

12月19日　《杨惠之的塑像》（一）、（二），《宝树园文存》第5卷。

12月20日　《覆舒大桢先生〈我对于歌谣的一点小小意见〉书》，《顾颉刚民俗论文集》第1卷。

12月26日　《从诗经中整理出歌谣的意见》，《顾颉刚古史论文集》第11卷。

1923年6月—1924年2月　《现代初中教科书·本国史》，《顾颉刚古史论文集》第12卷。按：分三册陆续出版，与王钟麒合作，胡适校订。

1924 年

1月31日　《北京大学纪念册编辑处第一组启事》,《宝树园文存》第3卷。

2月6日　《致丁文江：询禹贡伪证书》,《顾颉刚古史论文集》第8卷。

2月26日　《致丁文江：论禹治水故事书》,《顾颉刚古史论文集》第8卷。

3月18日　《研究所国学门调查西山陆谟克学院发见建筑物报告》,《宝树园文存》第1卷。

3月26日　《我的研究古史的计画》,《顾颉刚古史论文集》第1卷。

4月16日　《整理国史非空言所能为》,《宝树园文存》第1卷。

4月11日　《东岳庙的七十二司》,《顾颉刚民俗论文集》第2卷。

4月15日　《两个出殡的道导子帐》,《顾颉刚民俗论文集》第2卷。

5月21日　《一个"全金六礼"的总礼单》,《顾颉刚民俗论文集》第2卷。

6月3日　《一个光绪十五年的"夋目"》,《顾颉刚民俗论文集》第2卷。

6月25日　《东岳庙游记》,《顾颉刚民俗论文集》第2卷。

6月25日　《中国学术年表及说明》,《宝树园文存》第1卷。

7月23日　《（陈万里）大风集序》,《宝树园文存》第5卷。

7月23日　《北京大学研究所国学门考古学会对于内务部古籍古物暨古迹保存法草案意见书》,《宝树园文存》第1卷。

8月26日　《筹画北京大学研究所国学门经费说明书》,《宝树园文存》第1卷。

10月—1925年10月　《国史讲话》,《顾颉刚古史论文集》第12卷。

10月—1925年12月　《吴歌甲集》,《顾颉刚民俗论文集》第1卷。按：1926年7月出版。

11月6日　《古史杂论·小序》，《顾颉刚古史论文集》第1卷。

11月8日　《纣恶七十事的发生次第》，《顾颉刚古史论文集》第1卷。

11月19日　《孟姜女故事的转变》，《顾颉刚民俗论文集》第2卷。

11—12月　《清室善后委员会会同军警国务院内务府查封清宫报告》，《宝树园文存》第5卷。

12月4日　《(郑孝观)〈江南风俗一零〉附记》，《顾颉刚民俗论文集》第2卷。

12月14日　《宋王偃的绍述先德》，《顾颉刚古史论文集》第1卷。

12月16日　《孟姜女故事的转变（续）》，《顾颉刚民俗论文集》第2卷。

12月17日　《调查文源阁报告》，《宝树园文存》第1卷。

1925年

1月3日　《顾颉刚启事》，《顾颉刚民俗论文集》第2卷。

1月16日　《尚书盘庚中篇今译》，《顾颉刚古史论文集》第9卷。

2月3日　《答李玄伯先生》，《顾颉刚古史论文集》第1卷。

2月28日　《不寐》，《宝树园文存》第6卷。

2月　《有志研究中国史的青年可备闲览书十四种》，《宝树园文存》第3卷。

3月14日　《孙中山先生最早的政治主张》，《宝树园文存》第6卷。

3月16日　《顾颉刚启事》，《顾颉刚民俗论文集》第2卷。

3月—5月　《图画》，《顾颉刚民俗论文集》第2卷。

3月21日　《致钱玄同：答书》，《顾颉刚古史论文集》第11卷。

3月23日　《代清室善后委员会祭孙中山先生》，《宝树园文存》第6卷。

3月25日　《居庸关与妙峰山》，《宝树园文存》第5卷。

4月4日、16日　《古物陈列所书画忆录》，《宝树园文存》第5卷。

4月8日　《志谢（一）》，《顾颉刚民俗论文集》第2卷。

4月8—29日　《征求》，《顾颉刚民俗论文集》第2卷。

4月9日　《杞梁妻的哭崩梁山》,《顾颉刚民俗论文集》第2卷。

4月18日、5月10日　《尚书盘庚上篇今译》,《顾颉刚古史论文集》第9卷。

4月24日　《孟姜女十二月歌与放羊调》,《顾颉刚民俗论文集》第2卷。

4月27日　《我们应当欢迎蒙古人》,《宝树园文存》第4卷。

4月29日　《志谢（二）》,《顾颉刚民俗论文集》第2卷。

5月5日　《〈妙峰山进香专号〉引言》,《顾颉刚民俗论文集》第2卷。

5月7日　《编纂国史讲话的计划》,《宝树园文存》第3卷。

无具体日期　《高中师范科师范后三年公用本国史课程纲要》（署"顾颉刚、王钟麒起草"）,《宝树园文存》第3卷。

5月8日　《刘大杰内府书画之介绍案语》,《宝树园文存》第5卷。

5月13日　《（徐玉诺）〈泉州的民众艺术〉按》,《顾颉刚民俗论文集》第2卷。

5月20日—7月4日　《妙峰山的香会》,《顾颉刚民俗论文集》第2卷。

5月27日　《志谢（三）》,《顾颉刚民俗论文集》第2卷。

5月28日　《杞梁妻哭崩的城》,《顾颉刚民俗论文集》第2卷。

6月7日　《上海的乱子是怎么闹起来的》,《宝树园文存》第6卷。

6月16日　《〈孟姜女专号〉的小结束》,《顾颉刚民俗论文集》第2卷。

6月17日　《志谢（四）》,《顾颉刚民俗论文集》第2卷。

6月17日　《救国特刊发刊词》,《宝树园文存》第6卷。

6月18日　《上海的租界》,《宝树园文存》第6卷。

6月23—26日　《鸦片战争》,《宝树园文存》第6卷。

6月30日　《外国人的放肆和中国人的不挣气》,《宝树园文存》第6卷。

7月1—2日　《不平等条约之一——江宁条约》,《宝树园文存》第6卷。

7月8日　《热河筹赈北海游艺大会的会目》,《顾颉刚民俗论文集》

第2卷。

7月8日　《顾颉刚启事》,《顾颉刚民俗论文集》第2卷。

7月9日　《我们应当继续接济失业的工人》,《宝树园文存》第6卷。

7月14日　《根本抵制之客谈》,《宝树园文存》第6卷。

7月16日　《在中国的外国人与其势力》,《宝树园文存》第6卷。

7月23日—8月20日　《不平等条约之二——天津条约》,《宝树园文存》第6卷。

7月30日　《我们为什么不能战斗!》,《宝树园文存》第6卷。

7月31日　《海关上的西人跋》,《宝树园文存》第6卷。

8月1日　《孟姜女故事的歌曲甲集·弁言》,《顾颉刚民俗论文集》第2卷。

8月5日　《救国团致苏联驻京大使加拉罕函》,《宝树园文存》第6卷。

8月7日　《(北观别墅)科学救国大鼓书引言》,《宝树园文存》第6卷。

8月9日—10月5日　《救国特刊篇首语》,《宝树园文存》第6卷。

8月10日　《尚书金縢篇今译》,《顾颉刚古史论文集》第9卷。

8月13日　《在外国的中国人与其势力》,《宝树园文存》第6卷。

8月24日　《妙峰山娘娘庙殿宇略图》,《顾颉刚民俗论文集》第2卷。

8月24日　《游妙峰山杂记》,《顾颉刚民俗论文集》第2卷。

8月26日　《致钱玄同:答书》,《顾颉刚古史论文集》第11卷。

8月27日　《我们的目标》,《宝树园文存》第6卷。

9月11日　《(西谛)止水的下层跋》,《宝树园文存》第6卷。

9月11日　《永久的救国事业的真实基础》,《宝树园文存》第6卷。

9月17日　《不平等条约之三——中法条约(天津条约之二)》,《宝树园文存》第6卷。

9月18日　《上海商务印书馆"五卅增刊"事件》,《宝树园文存》第6卷。

9月21日　《孟姜女故事研究的第二次开头》，《顾颉刚民俗论文集》第2卷。

9月25日　《救国团启事》，《宝树园文存》第6卷。

9月25日　《救国与工作》，《宝树园文存》第6卷。

10月1日　《救国特刊止刊词》，《宝树园文存》第6卷。

10月2日　《罪言》，《宝树园文存》第6卷。

10月3日　《再论救国与工作》，《宝树园文存》第6卷。

10月5日　《无悔启事》，《宝树园文存》第6卷。

10月6日　《十四年前的印象》，《宝树园文存》第6卷。

10月14日　《补〈孟姜女十二月花名〉乐谱·按》，《顾颉刚民俗论文集》第2卷。

10月14日　《启事》，《顾颉刚民俗论文集》第2卷。

10月26日　《科学救国大鼓书序》，《宝树园文存》第3卷。

10月30日—11月2日　《唐代的孟姜女故事的传说》，《顾颉刚民俗论文集》第2卷。

11月3日　《郑樵诗辨妄辑本跋》，《顾颉刚古史论文集》第11卷。

11月4日　《启事（赠件志谢）》，《顾颉刚民俗论文集》第2卷。

11月18日—12月16日　《论诗经所录全为乐歌》，《顾颉刚古史论文集》第11卷。

11月28日　《答柳翼谋先生》，《顾颉刚古史论文集》第1卷。

11月30日　《启事（赠件志谢）》，《顾颉刚民俗论文集》第2卷。

12月2日　《〈新刻孟姜女五更调〉按》，《顾颉刚民俗论文集》第2卷。

12月22日　《（王国维）古史新证第一、二章附跋》，《顾颉刚古史论文集》第1卷。

12月23日　《北京东岳庙和苏州东岳庙的司官的比较》，《顾颉刚民俗论文集》第2卷。

《吴歌余集》，《顾颉刚民俗论文集》第1卷。按：《吴歌余集》是除《吴歌甲集》外，顾颉刚收集的其他吴歌，陆续发表于1925—1928年，王煦华整理。

《虞初小说回目考释》，《顾颉刚古史论文集》第1卷。按：此文最先发表于《语丝》第 31 期，1925 年 6 月 15 日；后经修改，发表于《史学年报》第 3 期，1931 年 8 月；1972—1975 年，又作了大量的修订。

1926 年

1 月 1 日　《北京大学研究所国学门周刊一九二六年始刊词》，《宝树园文存》第 1 卷。

1 月 5 日　《〈厦门御前清曲中孟姜女曲五阙〉按》，《顾颉刚民俗论文集》第 2 卷。

1 月 5 日　《〈赵元任写音《孟姜女送寒衣》乐谱又一式〉按》，《顾颉刚民俗论文集》第 2 卷。

1 月 12 日—4 月 20 日　《古史辨第一册自序》，《顾颉刚古史论文集》第 1 卷。

1 月 12 日—4 月 20 日　《孟姜女故事研究》，《顾颉刚民俗论文集》第 2 卷。按：此即《古史辨》第 1 册《自序》中删除部分。

1 月 17 日　《求学与立志》，《宝树园文存》第 3 卷。

1 月 29 日　《顾颉刚启事》，《顾颉刚民俗论文集》第 2 卷。

2 月 10 日　《上海的小戏》，《宝树园文存》第 5 卷。

2 月 11 日　《瞎子断扁的一例——静女》，《顾颉刚古史论文集》第 11 卷。

3 月 3 日　《古史辨第一册目录附记》，《宝树园文存》第 1 卷。

3 月 22 日　《挽刘和珍女士联》，《宝树园文存》第 6 卷。

3 月 28 日　《致刘大白：答书》，《顾颉刚古史论文集》第 11 卷。

4 月 28 日　《曹国瑞墓碣铭》，《宝树园文存》第 6 卷。

5 月 4—6 日　《整理十三经注疏计划》，《顾颉刚古史论文集》第 7 卷。

5 月 28 日　《拟编辑尚书左传读本计划书》，《顾颉刚古史论文集》第 7 卷。

6 月 1 日　《秦汉统一的由来和战国人对于世界的想像》，《顾颉刚古史论文集》第 5 卷。

6 月 5 日　《古史辨第一册勘误表前记》，《宝树园文存》第 1 卷。

6 月 8 日　《苏州的歌谣》，《顾颉刚民俗论文集》第 1 卷。

6月29日　《杨惠之塑像续记》,《宝树园文存》第 5 卷。

6月　《广告五则》,《宝树园文存》第 1 卷。

7月6日　《(陈万里)西行日记序》,《宝树园文存》第 5 卷。

7月19日　《九十年前的北京戏剧》,《宝树园文存》第 5 卷。

7月27日　《诸子辨序》,《顾颉刚古史论文集》第 11 卷。

9月4日　《曹国瑞女士传》,《宝树园文存》第 6 卷。

10月3日　《春秋时代的孔子和汉代的孔子》,《顾颉刚古史论文集》第 4 卷。

10月18日　《景山半月刊发刊词》,《宝树园文存》第 5 卷。

11月12日　《致程憬:问孔子学说何以适应于秦汉以来的社会书》,《顾颉刚古史论文集》第 4 卷。

11月12日　《诸子辨再版弁言》,《顾颉刚古史论文集》第 11 卷。

11月18日　《致傅斯年:问孔子学说何以适应于秦汉以来的社会书》,《顾颉刚古史论文集》第 4 卷。

12月26日　《泉州的土地神——泉州风俗调查记之一》,《顾颉刚民俗论文集》第 2 卷。

12月29日　《厦门大学国学研究院周刊缘起》,《宝树园文存》第 1 卷。

1926—1927年　《尚书讲义》(厦门大学),《顾颉刚古史论文集》第 8 卷。

1926—1927年　《蒙古车王府曲本分类目录》,《宝树园文存》第 5 卷。

1927 年

1月　《启事二则》,《宝树园文存》第 1 卷。

1月10日　《天后》,《顾颉刚民俗论文集》第 2 卷。

2月24日　《怎样读书》,《宝树园文存》第 3 卷。

3月30日　《读李崔二先生文书后》,《顾颉刚古史论文集》第 1 卷。

4月3日　《(钟敬文)〈粤风〉序》,《顾颉刚民俗论文集》第 1 卷。

4—5月　《购求中国图书计划书》,《宝树园文存》第 1 卷。

5月6日　《征求史料议案》，《宝树园文存》第1卷。

6月13日　《悼王静安先生》，《宝树园文存》第1卷。

10月21日　《国立中山大学语言历史学研究所周刊发刊词》，《宝树园文存》第1卷。

10月27日　《"二十四孝"》，《顾颉刚民俗论文集》第2卷。

11月—1928年9月　《尚书学讲义》（中山大学），《顾颉刚古史论文集》第8卷。

1928年

1月29日　《〈民俗学会小丛书〉弁言》，《顾颉刚民俗论文集》第2卷。

1月21日　《〈吴歌丙集〉前记》，《顾颉刚民俗论文集》第1卷。

2月17日　《孟姜女故事研究集第一册·自序》，《顾颉刚民俗论文集》第2卷。

2—10月　《中国上古史讲义》（中山大学），《顾颉刚古史论文集》第3卷。

3月7日　《〈民俗周刊〉发刊辞》，《顾颉刚民俗论文集》第2卷。

3月20日　《圣贤文化与民众文化——一九二八年三月二十日在岭南大学学术研究会演讲》，《顾颉刚民俗论文集》第2卷。

4月27日　《关于"九州"之讨论按语》，《顾颉刚古史论文集》第5卷。

6月3日　《（刘万章）〈广州儿歌甲集〉序》，《顾颉刚民俗论文集》第1卷。

6月6日　《何定生来信按》，《宝树园文存》第1卷。

6月25日　《（杨成志）〈民俗学问题格〉序》，《顾颉刚民俗论文集》第2卷。

6月25日　《孟姜女故事研究集第三册·自序》，《顾颉刚民俗论文集》第2卷。

7月12日　《（周振鹤）〈苏州风俗〉序》，《顾颉刚民俗论文集》第2卷。

7月19日　《（谢云声）〈闽歌甲集〉序》，《顾颉刚民俗论文集》第

1卷。

7月20日 《关于谜史——（钱南扬）〈谜史〉序》，《顾颉刚民俗论文集》第1卷。

8月4日 《国立中山大学语言历史学研究所招生广告》，《宝树园文存》第1卷。

8月31日 《（钟敬文）〈两广地方传说〉序——论地方传说》，《顾颉刚民俗论文集》第2卷。

9月16日 《（刘万章）〈广州谜语〉序》，《顾颉刚民俗论文集》第1卷。

9月19日 《瑶山调查专号跋语》，《宝树园文存》第4卷。

9月16日 《妙峰山·自序》，《顾颉刚民俗论文集》第2卷。

9月24日 《东莞城隍庙图》，《顾颉刚民俗论文集》第2卷。

10月9日 《中国上古史研究实习第一次工作计划书》，《宝树园文存》第1卷。

10月31日 《请纂修广东通志提案》（据黄仲琴所作稿改作），《宝树园文存》第1卷。

10月—1929年1月 《孔子研究讲义》，《顾颉刚古史论文集》第4卷。

10月—1929年1月 《春秋研究讲义》，《顾颉刚古史论文集》第11卷。

11月 《清代"经今文学"与康有为的变法运动——中山大学"三百年来思想史"课讲授》，《顾颉刚古史论文集》第2卷。

12月7日 《旧书整理部杂志书目跋》，《宝树园文存》第1卷。

12月10日 《国立中山大学图书馆旧书整理部年报专号卷头语》，《宝树园文存》第1卷。

12月15日 《国立中央研究院历史语言研究所文籍考订组工作计划书》，《宝树园文存》第1卷。

12月24日 《国立中山大学语言历史学研究所展览会说明书卷头语》，《宝树园文存》第1卷。

12月25日 《中山大学语言历史学研究所计划书》（与余永梁合著），《宝树园文存》第1卷。

下半年　《古代地理研究讲义》，《顾颉刚古史论文集》第 5 卷。

《崔东壁遗书按》，《顾颉刚古史论文集》第 7 卷。按：写作日期从 1928—1936 年不等。

1929 年

1 月 2 日　《（陈元柱）〈台山歌谣集〉序》，《顾颉刚民俗论文集》第 1 卷。

1 月 16 日　《语言历史学研究所启事》，《宝树园文存》第 1 卷。

1 月 28 日　《致选修"三百年来思想史"诸同学书——代桂学答问序》，《顾颉刚古史论文集》第 2 卷。

2 月 1 日　《（魏应麒）〈福州歌谣甲集〉序》，《顾颉刚民俗论文集》第 1 卷。

2 月 2 日　《〈民俗周刊传说专号〉序》，《顾颉刚民俗论文集》第 2 卷。

2 月 19 日　《顾颉刚启事》，《宝树园文存》第 1 卷。

2 月　《中山大学语言历史学研究所年报序》，《宝树园文存》第 1 卷。

3 月 29 日　《（吴藻汀）〈泉州民间传说〉序》，《顾颉刚民俗论文集》第 2 卷。

4 月 9 日　《诸家评校积古斋彝器欵识跋》，《宝树园文存》第 1 卷。

4 月 15 日　《对于苏州男女中学的史学同志的几个希望》，《宝树园文存》第 3 卷。

4 月 17 日　《（史襄哉、夏云奇）纪元通谱序》，《宝树园文存》第 1 卷。

4 月 17 日　《（姚逸之）〈湖南唱本提要〉序》，《顾颉刚民俗论文集》第 1 卷。

5 月 15 日　《家严事略》，《宝树园文存》第 6 卷。

6 月　《印行辨伪丛刊缘起》，《顾颉刚古史论文集》第 7 卷。

6 月 15 日　《四部正讹序》，《顾颉刚古史论文集》第 7 卷。

7 月　《（杨立诚）文澜阁目索引序》，《宝树园文存》第 1 卷。

7 月 15 日　《潘博山所藏之黄荛圃所校贾谊新书跋》，《宝树园文存》第 1 卷。

9 月 29 日　《孔子事实的变迁》，《古史论文集》第 4 卷。

11 月　《周易卦爻辞中的故事》，《顾颉刚古史论文集》第 11 卷。按：此文始作于 1926 年 12 月，写定于 1929 年 11 月。

12 月 15 日　《四记杨惠之塑像》，《宝树园文存》第 5 卷。

12 月 25 日　《（奉宽）〈妙峰山琐记〉序》，《顾颉刚民俗论文集》第 2 卷。

1929—1930 年　《中国上古史研究讲义》（燕京大学），《顾颉刚古史论文集》第 3 卷。

1930 年

1 月　《论易系辞传中观象制器的故事》，《顾颉刚古史论文集》第 11 卷。

1 月 7 日　《关于祝英台故事的戏曲》（与钱南扬合著），《顾颉刚民俗论文集》第 2 卷。

1 月 7 日　《华山畿与祝英台》（与钱南扬合著），《顾颉刚民俗论文集》第 2 卷。

1 月 9 日　《五记杨惠之塑像》，《宝树园文存》第 5 卷。

2 月 21 日　《诗疑序》，《顾颉刚古史论文集》第 11 卷。

2 月 23 日　《古今伪书考序》，《顾颉刚古史论文集》第 7 卷。

2 月 27 日—6 月 2 日　《五德终始说下的政治和历史》，《顾颉刚古史论文集》第 2 卷。

3 月 21 日　《致李镜池：论易经的比较研究及象传与象传的关系书》，《顾颉刚古史论文集》第 11 卷。

4 月 30 日　《研究员顾颉刚工作报告》，《宝树园文存》第 1 卷。

8 月 10 日　《古史辨第二册自序》，《顾颉刚古史论文集》第 1 卷。

10 月 9 日　《（雪如女士）〈北平歌谣续集〉序》，《顾颉刚民俗论文集》第 1 卷。

10 月 21 日　《绣像捉拏康梁二逆演义目录及题记》，《宝树园文存》第 5 卷。

11 月 18 日　《北平聋哑学校特刊序》，《宝树园文存》第 3 卷。

11月24日　《（王素意）校长和小学序》，《宝树园文存》第3卷。

11—12月　《论观象制器书》，《顾颉刚古史论文集》第11卷。

12月20日　《房山游记》，《宝树园文存》第5卷。

12月16日　《中国史学界之将来——在清华大学历史学会讲演》，《宝树园文存》第1卷。

1931年

2月　《研究地方志的计划》（与朱士嘉合著），《宝树园文存》第1卷。

4月3日　《跋钱穆评"五德终始说下的政治和历史"》，《顾颉刚古史论文集》第3卷。

5月21日　《顾颉刚先生在国立青岛大学公开讲演盛况》，《宝树园文存》第1卷。

6月12日　《苏州唱本叙录》，《顾颉刚民俗论文集》第1卷。

6月　《崔东壁先生故里访问记》（与洪煨莲合作），《顾颉刚古史论文集》第7卷。

6—7月　《辛未访古日记》，《顾颉刚古史论文集》第5卷。

9月4日　《（俞平伯）论商颂的年代按》，《顾颉刚古史论文集》第11卷。

11月1日　《古史辨第三册自序》，《顾颉刚古史论文集》第1卷。

11月27日　《贡献给今日的青年（之三十五）》，《宝树园文存》第3卷。

11月　《管子集注序》，《顾颉刚古史论文集》第11卷。

12月18日　《曙光季刊祝词》，《宝树园文存》第3卷。

12月21日　《燕京学报自十一期起计划拟稿》，《宝树园文存》第1卷。

1931—1934年　《尚书研究讲义》（燕京大学及北京大学），《顾颉刚古史论文集》第8卷。

1932年

1月1日　《（郝立权）陆士衡诗注序》，《宝树园文存》第5卷。

4月20日　《从吕氏春秋推测老子之成书年代》，《顾颉刚古史论文集》第11卷。

5月8日　《（李晋华）明代敕撰书考序》，《宝树园文存》第1卷。

5月14日　《（陈漱琴）诗经情诗今译序》，《顾颉刚古史论文集》第11卷。

5月21日　《周汉风俗和传说琐拾——读〈吕氏春秋〉及〈淮南子〉笔记》，《顾颉刚民俗论文集》第2卷。

5月25日　《天地间的正气——（娄子匡）〈西藏恋歌集〉序》，《顾颉刚民俗论文集》第1卷。

5月29日　《（樊漱圃）拜魁纪公斋丛书序》，《宝树园文存》第1卷。

6月　《顾颉刚本年工作报告》，《宝树园文存》第1卷。

9月16日　《（娄子匡）〈新年风俗志〉序》，《顾颉刚民俗论文集》第2卷。

10月　《殷伯坚先生六十寿诗（四首）》，《宝树园文存》第5卷。

11月11日　《春树闲钞跋》，《宝树园文存》第5卷。

11月28日　《充实杂志发刊词》，《宝树园文存》第3卷。

12月　《研究经济地理计划刍议》（与郑德坤合著），《宝树园文存》第1卷。

1933年

1月1日　《新年的梦想》，《宝树园文存》第6卷。

2月12日　《古史辨第四册序》，《顾颉刚古史论文集》第1卷。

3月12日　《燕京大学引得编纂处的引得》，《宝树园文存》第1卷。

春　《试拟工作大纲》，《宝树园文存》第1卷。

7月6日　《州与岳的演变》，《顾颉刚古史论文集》第5卷。

7月26日　《〈粤风〉的前身》，《顾颉刚民俗论文集》第1卷。

8月15日　《题甫里殷氏藏文徵明书卷》，《宝树园文存》第5卷。

9月—1934年1月　《春秋战国史讲义第一编（民族与边疆）》，《古史论文集》第4卷。

9月26日　《通俗读物编刊社章程》，《宝树园文存》第3卷。

11月15日　《（赵贞信）封氏闻见记校证序》，《宝树园文存》第1卷。

11月15日　《（李晋华）明史纂修考序》，《宝树园文存》第1卷。

11月20日　《个人计划》，《宝树园文存》第1卷。

12月11日　《新年试笔》，《宝树园文存》第6卷。

1933年　《汉代学术史略》，《顾颉刚古史论文集》第2卷。按：上海亚细亚书局1935年版；后改题《秦汉的方士与儒生》，上海群联出版社1955版；上海古籍出版社1978年版又有修订。

1934年

1月18日—3月9日　《两汉州制考》，《顾颉刚古史论文集》第5卷。按：此文草成于1932年夏，重作于1934年1月18日，改毕于1934年3月9日

2月23日　《禹贡半月刊发刊词》（与谭其骧合著），《顾颉刚古史论文集》第5卷。

2月25日《禹贡半月刊第一卷第一期编后》，《顾颉刚古史论文集》第5卷。

2月28日　《禹贡半月刊登载广告章程（一）》，《宝树园文存》第1卷。

3月1日　《禹贡学会简章（一）》，《宝树园文存》第1卷。

3月2日　《古史中地域的扩张》，《顾颉刚古史论文集》第5卷。

3月5日　《写在薮泽表的后面》，《顾颉刚古史论文集》第5卷。

3月10日　《禹贡半月刊第一卷第二期编后》，《顾颉刚古史论文集》第5卷。

3月17日　《（李一非）民众戏剧集序》（据陈轼代作稿修改），《宝树园文存》第3卷。

3月21日　《说丘》，《顾颉刚古史论文集》第5卷。

3月26日　《禹贡半月刊第一卷第三期校后》，《顾颉刚古史论文集》第5卷。

4月16日　《地图底本出版预告》，《宝树园文存》第1卷。

5月8日　《滦州影戏》（据石兆原代作稿修改），《宝树园文存》第

5 卷。

6 月 14 日　《一九三三——一九三四年工作报告》,《宝树园文存》第 2 卷。

6 月 30 日　《(王重民)清代学者关于禹贡之论文目录按》,《宝树园文存》第 1 卷。

8 月 7 日　《禹贡半月刊第一卷第十二期编后》,《顾颉刚古史论文集》第 5 卷。

8 月 17 日　《致袁尘影信》,《宝树园文存》第 4 卷。

9 月 25 日　《开明书店二十五史介绍》,《宝树园文存》第 2 卷。

9 月 28 日　《赵氏湘管斋藏帖序》(据顾子虬代作稿修改),《宝树园文存》第 5 卷。

10 月 12 日　《(钱南扬)宋元南戏百一录序》,《宝树园文存》第 5 卷。

10 月　《内蒙巡视报告》,《宝树园文存》第 4 卷。

10 月　《题陈万里敦煌千佛洞壁画留真》,《宝树园文存》第 5 卷。

11 月 21 日　《内蒙盟旗要求高度自治问题》,《宝树园文存》第 4 卷。

11 月 26 日　《(万德懿)时论集序》,《宝树园文存》第 6 卷。

11 月　《(王体仁)九峰旧庐方志目录序》,《宝树园文存》第 2 卷。

12 月 31 日　《古史辨第五册自序》,《顾颉刚古史论文集》第 1 卷。

12 月　《(张江裁)清代燕都梨园史料序》,《宝树园文存》第 5 卷。

1934 年末—1935 年初　与孟森、叶国庆、劳干等《尧典著作时代问题之讨论》,《顾颉刚古史论文集》第 8 卷。

1934 年　《怀疑与学问》(据吴世昌代作稿修改),《宝树园文存》第 3 卷。

1935 年

1 月　《哈佛燕京学社广告》,《宝树园文存》第 2 卷。

1 月 1 日　《尚书研究讲义广告》,《宝树园文存》第 1 卷。

1 月 19 日　《禹贡学会启事(四则)》,《宝树园文存》第 2 卷。

1 月 27 日　《王同春开发河套记》,《宝树园文存》第 4 卷。

1月28日　《青海概况前记》，《宝树园文存》第4卷。

2月18日　《（陈万里）青瓷之调查及研究序》，《宝树园文存》第5卷。

2月19日　《（顾廷龙）吴愙斋先生年谱序》，《宝树园文存》第2卷。

2月26日　《禹迹图说》，《顾颉刚古史论文集》第5卷。

3月1日　《禹贡学会简章（二）》，《宝树园文存》第1卷。

3月2日　《二十五史补编题辞》，《宝树园文存》第1卷。

3月7日　《殷岳母哀启》，《宝树园文存》第6卷。

3月30日　《（朱士嘉）中国地方志综录序》，《宝树园文存》第2卷。

4月28日　《崔东壁遗书序二》，《顾颉刚古史论文集》第7卷。

5月16日　《介绍中华民国疆域沿革录》，《宝树园文存》第4卷。

5月　《二十五史补编提要选录按》，《宝树园文存》第1卷。

6月1日　《平绥路旅行归来按》，《宝树园文存》第4卷。

6月　《（王重民）清代学者地理论文目录按》，《宝树园文存》第1卷。

6月18日　《（方纪生译）〈太平洋西北岸土人神话传说集〉序——重新跳动了寂息的童心》，《顾颉刚民俗论文集》第2卷。

7月　《（容肇祖）对于清代学者地理论文目录的意见按》，《宝树园文存》第1卷。

7月　《史学研究会历史组编辑及出版计划》，《宝树园文存》第2卷。

7月16日　《地图底本丙种第一号暗射全中国及南洋图出版》，《宝树园文存》第1卷。

7月19日　《禹贡半月刊特别启事》，《宝树园文存》第2卷。

7月19日　《孟姜女故事材料目录说明》，《顾颉刚民俗论文集》第2卷。

7月　《战国秦汉间人的造伪与辨伪》，《顾颉刚古史论文集》第7卷。按：后改题《崔东壁遗书序一》，载上海古籍出版社1983年版《崔东壁遗书》。

7月30日　《张季善遗著序》,《宝树园文存》第2卷。

8月8日　《中学历史教学法的商榷》(据郑侃慈代作稿修改),《宝树园文存》第3卷。

8月14日　《〈山歌〉序》,《顾颉刚民俗论文集》第1卷。

8月27日　《禹贡半月刊启事(四则)》,《宝树园文存》第2卷。

9月1日　《禹贡半月刊登载广告章程(二)》,《宝树园文存》第1卷。

9月9日　《禹贡学会纪事(一)》,《宝树园文存》第2卷。

9月30日　《(张国淦)中国地方志考前记》,《宝树园文存》第1卷。

10月9日　《禹贡学会纪事(二)》,《宝树园文存》第2卷。

10月—1937年4月　《禹贡半月刊通讯一束编者按》,《宝树园文存》第2卷。

11月8日　《介绍三篇关于王同春的文字》,《宝树园文存》第4卷。

11月9日　《布面金字禹贡半月刊第一、二、三卷合订本出版》,《宝树园文存》第1卷。

11月19日　《禹贡学会纪事(三)》,《宝树园文存》第2卷。

11月9日　《禹贡半月刊特别启事(二则)》,《宝树园文存》第2卷。

11月27日　《奉劝青年》,《宝树园文存》第3卷。

11月　《黄宗羲——近代大思想家传略之一》(据郑侃慈代作稿修改),《宝树园文存》第3卷。

11月　《顾炎武——近代大思想家传略之二》(据郑侃慈代作稿修改),《宝树园文存》第3卷。

11月　《王夫之——近代大思想家传略之三》(据郑侃慈代作稿修改),《宝树园文存》第3卷。

11月—1936年6月　《春秋史讲义》,《顾颉刚古史论文集》第4卷。

12月　《禹贡学会纪事(四)》,《宝树园文存》第2卷。

12月　《赠书志谢(一)》,《宝树园文存》第2卷。

12月　《禹贡学会纪事（五）》，《宝树园文存》第2卷。

12月　《赠书志谢（二）》，《宝树园文存》第2卷。

12月14日　《二十五史补编序》，《宝树园文存》第2卷。

1936年

1月　《三皇考》，《顾颉刚古史论文集》第2卷。按：始写于1932年夏；后请杨向奎合作，1934—1935年完成，1936年发表。

1月1日　《禹贡学会募集基金启》，《顾颉刚古史论文集》第5卷。

1月2日　《禹贡学会研究边疆学之旨趣》，《宝树园文存》第4卷。

1月8日　《（杨天民）〈俗原〉序》（据李素英代作稿修改），《顾颉刚民俗论文集》第2卷。

1月9日　《（刘掞藜）晋惠帝时代汉族之大流徙前记》，《宝树园文存》第1卷。

1月9日　《禹贡学会纪事（六）》，《宝树园文存》第2卷。

1月9日　《禹贡学会纪事（七）》，《宝树园文存》第2卷。

1月9日　《赠书志谢（三）》，《宝树园文存》第2卷。

1月10日　《地图底本》，《宝树园文存》第1卷。

1月24日　《禹贡半月刊启事（三则）》，《宝树园文存》第2卷。

2月16日　《书创立宾初奖学贷金事》，《宝树园文存》第3卷。

2月24日　《禹贡学会启事》，《宝树园文存》第2卷。

2月24日　《禹贡半月刊启事（二则）》，《宝树园文存》第2卷。

2月24日　《禹贡学会纪事（八）》，《宝树园文存》第2卷。

3月1日　《（童暄樵）〈节诗选〉序言》，《顾颉刚民俗论文集》第1卷。

3月1日　《（缺名）由京至云南水陆路程清单按》，《宝树园文存》第1卷。

3月4日　《汉代以前中国人的世界观念与域外交通的故事》（与童书业合著），《顾颉刚古史论文集》第5卷。

3月4日　《歌谣研究会计划》，《顾颉刚民俗论文集》第2卷。

3月21日　《（邓嗣禹）中国考试制度史序》，《宝树园文存》第2卷。

3月27日　《地理教学与民族观念》（据郑侃慈代作稿修改），《宝树园文存》第3卷。

3月　《禹贡学会纪事（九）》，《宝树园文存》第2卷。

4月　《禅让传说起于墨家考》，《顾颉刚古史论文集》第1卷。按：此文立意于1931年秋，写定于1936年4月。

4月　《十七世纪南洋群岛航海记序》（吴世昌代作），《宝树园文存》第1卷。

4月9日　《禹贡半月刊启事》，《宝树园文存》第2卷。

4月9日　《禹贡学会纪事（十）》，《宝树园文存》第2卷。

4月18日　《禹贡学会纪事（十一）》，《宝树园文存》第2卷。

4月18日　《禹贡学会纪事（十二）》，《宝树园文存》第2卷。

4月18日　《禹贡学会纪事（十三）》，《宝树园文存》第2卷。

4月18日　《卖解的歌》，《顾颉刚民俗论文集》第1卷。

4月22日　《暑假旅行》，《宝树园文存》第3卷。

5月11日　《禹贡学会纪事（十四）》，《宝树园文存》第2卷。

5月11日　《禹贡学会纪事（十五）》，《宝树园文存》第2卷。

5月21日　《河南叶县之长沮桀溺古迹辨跋》，《顾颉刚古史论文集》第5卷。

5月24日　《禹贡学会会章》，《宝树园文存》第1卷。

5月26日　《致〈歌谣周刊〉编辑书：关于风谣学会》，《顾颉刚民俗论文集》第2卷。

6月4日　《夏史三论——夏史考第五、六、七章》（与童书业合作），《顾颉刚古史论文集》第1卷。按：此文立意于1929年，写定于1936年6月4日。

6月9日　《熊会贞先生逝世》，《宝树园文存》第2卷。

6月9日　《吴歌小史》，《顾颉刚民俗论文集》第1卷。

6月13—14日　《拟由本会设立中国通史编纂处案》，《宝树园文存》第2卷。

6月30日　《墨子姓氏辨》，《顾颉刚古史论文集》第4卷。

7月　《（陈槃）左氏春秋义例辨序》，《顾颉刚古史论文集》第11卷。

7月2日　《顾颉刚工作报告——自一九三五年七月至一九三六年六月》，《宝树园文存》第2卷。

7月12日　《书经中的神话序》，《顾颉刚古史论文集》第8卷。

7月17日　《（陈槃）春秋"公矢鱼于棠"说跋》，《顾颉刚古史论文集》第11卷。

8月17日　《一九三六—一九三七历史学系预算》，《宝树园文存》第2卷。

8月　《禹贡半月刊启事》，《宝树园文存》第2卷。

8月　《禹贡学会纪事》，《宝树园文存》第2卷。

8月　《清代汉学家治学精神与方法》（据童书业、郑侃慈代作稿修改），《宝树园文存》第2卷。

8月　《李颙——近代大思想家传略之四》（据郑侃慈代作稿修改），《宝树园文存》第3卷。

8月　《颜元——近代大思想家传略之五》（据郑侃慈代作稿修改），《宝树园文存》第3卷。

9月9日　《（李子魁）汉百三郡国守相治所考按》，《宝树园文存》第1卷。

9月—1937年5月　《春秋史讲义》（与童书业合作），《顾颉刚古史论文集》第4卷。

秋　《回汉问题和目前应有的文化工作》，《宝树园文存》第4卷。

10月5日　《禹贡学会的清季档案》（据赵泉澄代作稿修改），《宝树园文存》第2卷。

10月5日　《学生的地位》，《宝树园文存》第3卷。

10月8日　《学人访问记——历史学家顾颉刚》（据《世界日报》记者贺逸文采访稿修改），《宝树园文存》第2卷。

10月20日　《亟应划除的两种旧思想》（据他人代作稿修改），《宝树园文存》第3卷。

10月　《通俗读物的历史使命与创作方法》（王真代作），《宝树园文存》第3卷。

10月29日　《牺牲》（据张秀亚代作稿修改），《宝树园文存》第3卷。

10月31日　《我们的本分》,《宝树园文存》第6卷。

11月5日　《信仰》(据他人代作稿修改),《宝树园文存》第3卷。

11月1日　《边疆丛书刊印缘起》,《宝树园文存》第4卷。

11月7日　《(蔡尚思)中国思想研究法序》(据他人代作稿修改),《宝树园文存》第2卷。

11月18日　《顾颉刚先生致词》,《宝树园文存》第2卷。

11月26日　《史记白文本序》,《宝树园文存》第2卷。

11月　《旧瓶装新酒的创作方法》(王真代作),《宝树园文存》第3卷。

12月2日　《尚书通检序》,《顾颉刚古史论文集》第8卷。

12月5日　《命运》(他人代作),《宝树园文存》第3卷。

12月10日　《希望》,《宝树园文存》第6卷。

12月10日　《顾颉刚先生访问记》,《宝树园文存》第4卷。

12月19日　《创造》(据张秀亚代作稿修改),《宝树园文存》第3卷。

12月　《石敬瑭与赵德钧——五代时的两个汉奸》,《宝树园文存》第3卷。

12月　《赵延寿和杜重威——又是两个五代时的汉奸,结果都给契丹人弄了一场》,《宝树园文存》第3卷。

1936—1937年　《中国疆域沿革史》(与史念海等合作),《顾颉刚古史论文集》第6卷。

1937年

1月1日　《中华民族的团结》,《宝树园文存》第4卷。

1月1日　《对中华民国二十六年的两个最低限度的要求》(他人代做),《宝树园文存》第3卷。

1月5日　《坚忍》,《宝树园文存》第3卷。

1月5日　《(谭丕谟)清代思想史纲序》(据他人代作稿修改),《宝树园文存》第2卷。

2月20日　《清代西藏史料丛刊第一集序》(据赵羡渔代作稿修改),《宝树园文存》第4卷。

2月　《互助》（他人代作），《宝树园文存》第3卷。按：此文原载《大众知识》第8期，1937年。无具体写作日期，2月系推测。

2月　《（郭伯恭）四库全书纂修考序》（据他人代作稿修改），《宝树园文存》第2卷。

3月2日　《回教的文化运动》，《宝树园文存》第4卷。

3月2日　《宽容》（据他人代作稿修改），《宝树园文存》第3卷。

3月10日　《禹贡学会工作计划》，《宝树园文存》第4卷。

3月14—17日　《禹贡半月刊三周年纪念辞》，《顾颉刚古史论文集》第5卷。

3月24日　《苏州近代乐歌》，《顾颉刚民俗论文集》第1卷。

3月　《成吉思汗》，《宝树园文存》第3卷。

3月　《禹贡学会纪事》，《宝树园文存》第2卷。

3月　《禹贡半月刊启事》，《宝树园文存》第2卷。

4月5日　《大鼓词怎样作法》（据他人代作稿修改），《宝树园文存》第3卷。

4月9日　《做事与作人》，《宝树园文存》第3卷。

4月12日　《禹贡学会启事》，《宝树园文存》第2卷。

4月12日　《禹贡半月刊启事（四则）》，《宝树园文存》第2卷。

4月14日　《说和干》（据李一非代作稿修改），《宝树园文存》第3卷。

4月17日　《后套的移垦事业》，《宝树园文存》第4卷，

4月24日　《（谢国桢）丛书子目累编序》，《宝树园文存》第2卷。

4月24日　《经营蒙古条议序》（据赵羡渔代作稿修改），《宝树园文存》第4卷，

4月29日　《震宗报十周年纪念号题辞》，《宝树园文存》第5卷。

4月　《（瞿宣颖）中国社会史料丛抄甲集序》，《宝树园文存》第2卷。

4月　《禹贡学会纪事》，《宝树园文存》第2卷。

4月　《禹贡半月刊启事》，《宝树园文存》第2卷。

1937年4月—1938年10月　《西北考察日记》，《宝树园文存》第4卷。

5月7日　《难和易》,《宝树园文存》第3卷。

5月10日　《经营边疆的基本工作》(据吴世昌代作稿修改),《宝树园文存》第4卷。

5月21日　《(杨宽)中国上古史导论第十篇说夏附函按》,《顾颉刚古史论文集》第1卷。

5月25日　《九州之戎与戎禹》,《顾颉刚古史论文集》第5卷。

5月　《(马培棠)三代民族东迁考略(古代中国民族考第四篇)前记》,《宝树园文存》第1卷。

6月　《禹贡学会纪事》,《宝树园文存》第2卷。

6月　《禹贡半月刊启事》,《宝树园文存》第2卷。

6月8日　《春秋时代的县》,《顾颉刚古史论文集》第5卷。

6月9日　《边疆教育问题》,《宝树园文存》第4卷。

6月18日　《顾颉刚启事》,《宝树园文存》第2卷。

6月20日　《地图底本甲种地图已全部出版》,《宝树园文存》第1卷。

6月22日　《顾颉刚工作报告——一九三六年七月至一九三七年六月》,《宝树园文存》第2卷。

6月27日　《我们为什么到西北》,《宝树园文存》第4卷。

10月9日　《顾颉刚先生在欢迎大会讲演词》,《宝树园文存》第4卷。

10月11日　《黄可庄圣教集联序》,《宝树园文存》第5卷。

10月13日　《顾颉刚先生对临洮教育界讲演词》,《宝树园文存》第4卷。

10月13日　《编印通俗读物的经过》,《宝树园文存》第3卷。

11月　《如何可使中华民族团结起来——在伊斯兰学会的讲演词》,《宝树园文存》第4卷。

12月1日　《燕诒园题记》,《宝树园文存》第5卷。

12月15日　《西北回民应有的觉悟》,《宝树园文存》第4卷。

12月29日　《边疆教育和边疆文化》,《宝树园文存》第4卷。

1938 年

1月17日　《英美帝国主义与中国边疆》，《宝树园文存》第4卷。

1月21日　《帝俄时代与中国边疆》，《宝树园文存》第4卷。

1月22日　《临洮县小学教员寒假讲习会同学录序》，《宝树园文存》第1卷。

2月9日　《黄可庄集联三百首序》，《宝树园文存》第1卷。

2月　《杨氏家谱序》，《宝树园文存》第5卷。

3月14日　《梅仙诗遗序》，《宝树园文存》第1卷。

3月16日　《侯氏家谱序》，《宝树园文存》第5卷。

4月15日　《补助西北教育设计报告书》，《宝树园文存》第4卷。

5月22日　《致罗贡华厅长信》，《宝树园文存》第4卷。

5月30日　《五凤苑汉藏字典序》，《宝树园文存》第1卷。

5月30日　《洪禹川先生六十寿序》，《宝树园文存》第1卷。

6月　《马顺天先生殉职纪念碑》，《宝树园文存》第4卷。

7月6日　《祭阵亡将士文》，《宝树园文存》第6卷。

9月4日　《边疆问题——于甘肃学院讲》，《宝树园文存》第4卷。

10月15日　《我们怎样写作通俗读物》（据王泽民代作稿修改），《宝树园文存》第3卷。

10月18日　《考察西北后的感想》，《宝树园文存》第4卷。

10月20日　《致陈立夫信：对于陇西回番教育之意见》，《宝树园文存》第4卷。

10月21日　《书樊漱圃先生所藏孙之騄刊本樊绍述集后》，《宝树园文存》第1卷。

10月24日　《西北回蒙藏民教育提案》，《宝树园文存》第4卷。

10月　《重刊明弘治本绛守居园池记跋》，《宝树园文存》第5卷。

11月15日　《国立云南大学劝募寒衣游艺会小引》，《宝树园文存》第6卷。

12月7日　《拉卜楞寺一瞥》，《宝树园文存》第4卷。

12月14日　《撒拉回》，《宝树园文存》第4卷。

12月15日　《昆明边疆周刊发刊词》，《宝树园文存》第4卷。

12月23日　《"中国本部"一名亟应废弃》,《宝树园文存》第4卷。

12月30日　《西北》,《宝树园文存》第4卷。

1939年

1月4日　《通俗读物的重要性》,《宝树园文存》第3卷。

1月14日　《顾子虬先生讣告》,《宝树园文存》第6卷。

1—7月　《中国上古史讲义》(云南大学),《顾颉刚古史论文集》第3卷。

2月9日　《中华民族是一个》,《宝树园文存》第4卷。

3月　《春秋史新论(一)——论晋厉公的中央集权政策兼论悼公之死》,《顾颉刚古史论文集》第4卷。

3—6月　《鲧禹的传说——夏史考第四章》(与童书业合作),《顾颉刚古史论文集》第1卷。

3月16日　《甘青史迹丛谈》,《宝树园文存》第4卷。

5月2日　《我为什么要写"中华民族是一个"》,《宝树园文存》第4卷。

5月3日　《再论"本部"和"五族"两个名词》,《宝树园文存》第4卷。

5月13日　《答鲁格夫尔君》,《宝树园文存》第4卷。

5月23日　《续论"民族"的意义和中国边疆问题》,《宝树园文存》第4卷。

5月26日　《一个文艺的重要问题——顾颉刚先生在文协会座谈会讲》,《宝树园文存》第3卷。

6月30日　《抗战两年来中国教育上的几个新试验——为暹罗〈华侨日报·抗建二周年纪念刊〉作》(他人代作),《宝树园文存》第3卷。

7月14—20日　《农村卫生不可不严重注意——这是中华民族生死关头的大问题》,《宝树园文存》第6卷。

8月5日　《跋东川夏氏所藏陈海楼手札》,《宝树园文存》第1卷。

9月1日　《东汉的西羌》(与史念海合著),《顾颉刚古史论文集》第5卷。

10月30日　《齐鲁大学国学研究所名誉研究员》，《宝树园文存》第2卷。

秋　《齐鲁大学国学研究所整理二十四史之主旨》，《宝树园文存》第2卷。

11月4日　《中国人应注意暹罗的态度》，《宝树园文存》第4卷。

12月　《题钟道泉画枫》，《宝树园文存》第5卷。

1940年

初　《责善半月刊合作办法》，《宝树园文存》第2卷。

1月30日　《题袁同兴救亡三部谣》，《宝树园文存》第3卷。

2月2日　《古史辨第七册序》，《顾颉刚古史论文集》第1卷。

2月13日　《责善半月刊发刊词》，《宝树园文存》第1卷。

3月7日　《悼蔡元培先生》，《宝树园文存》第3卷。

3月29日　《刘节士冰柱雪车诗斠注跋》，《宝树园文存》第1卷。

3月　《（邓隆）漓水大夏水考跋》，《宝树园文存》第2卷。

4月12日　《顾颉刚启事（一）》，《宝树园文存》第6卷。

4月16日　《邓隆》，《宝树园文存》第4卷。

4月16日　《甘肃密宗四大喇嘛传》，《宝树园文存》第4卷。

4月16日　《白教活佛》，《宝树园文存》第4卷。

4月20日　《孑民中学募捐启》，《宝树园文存》第3卷。

5月28日　《顾颉刚启事（二）》，《宝树园文存》第6卷。

6月15日　《国学研究所应增加经费说明书》，《宝树园文存》第2卷。

6月15日　《呈为本校创立文科研究所请求立案事》，《宝树园文存》第2卷。

6月16日　《爨人祭祀》，《宝树园文存》第4卷。

6月18日　《谢客启》，《宝树园文存》第1卷。

6月25日　《史学季刊发刊词》，《宝树园文存》第1卷。

6月25日　《边疆服务团团歌》，《宝树园文存》第4卷。

7月11日　《整理十三经注疏工作计划书》，《宝树园文存》第1卷。

7月16日　《龙华菩提学会》，《宝树园文存》第4卷。

7月25日　《国学研究所工作报告》，《宝树园文存》第2卷。

8月5日　《寄存书籍合同》，《宝树园文存》第2卷。

8月5日　《齐鲁大学国学研究所刊印张石亲遗著办法》，《宝树园文存》第2卷。

8月14日　《（史念海）晋永嘉流人及其所建的坞壁跋》，《宝树园文存》第2卷。

8月14日　《答李鸿音先生讨论研究边疆工作书》，《宝树园文存》第4卷。

9月8日　《题罗希成先生所藏蜀石经毛诗残石》，《宝树园文存》第1卷。

9月14日　《中学生读的中国史》，《宝树园文存》第3卷。

9月15日　《拉卜楞寺概况序》，《宝树园文存》第1卷。

9月　《编辑方法实习课程内容》，《宝树园文存》第2卷。

9月　《国学研究所拟编辑"丛书序跋汇编"缘起》，《宝树园文存》第2卷。

11月1日　《齐大国学季刊新第一卷第一期后记》，《宝树园文存》第2卷。

11月15日　《滇边散忆序》，《宝树园文存》第1卷。

11月12日　《赖园杂咏》，《宝树园文存》第1卷。

12月31日　《赠邛崃县立中学序》，《宝树园文存》第1卷。

1941年

1月9日　《一九四一年试题》，《宝树园文存》第2卷。

1月28日　《为傅矩生作其母冷太夫人寿序》，《宝树园文存》第5卷。

2月16日　《李达》，《宝树园文存》第4卷，

2月27日　《中国边疆学会宣言》，《宝树园文存》第1卷。

2月　《双流游记》，《宝树园文存》第5卷。

3月8日　《民国三十年国学研究所集体工作之现状及计划》，《宝树园文存》第2卷。

3月10日　《题孙升堂所藏圣教序》,《宝树园文存》第5卷。

4月9日　《介绍庄学本先生西康摄影展览会》,《宝树园文存》第4卷。

4月　《古代巴蜀与中原的关系说及其批判》,《顾颉刚古史论文集》第5卷。

5月21日　《西北访古小记》,《宝树园文存》第4卷。

6月1日　《(李济生)论鲁学跋》,《宝树园文存》第2卷。

7月1日　《拟印行十三经新疏缘起》,《宝树园文存》第1卷。

9月10日　《英译本汉书王莽传序》,《宝树园文存》第1卷。

9月　《新津游记》(据李为衡代作稿修改),《宝树园文存》第5卷。

10月8日　《西北建设问题与科学化运动》,《宝树园文存》第4卷。

11月17日　《中国之史学》,《宝树园文存》第2卷。

12月2日　《戴家齐君传》,《宝树园文存》第1卷。

12月12日　《告河西、湟川、黔江三中学校学生须注重史地书》,《宝树园文存》第4卷。

12月17日　《三十一年元旦致词》,《宝树园文存》第1卷。

12月20日　《题黄少荃女士学海珠船》,《宝树园文存》第1卷。

12月23日　《雪沙行艸序》(据吴锡泽代作稿修改),《宝树园文存》第1卷。

12月23日　《班禅大师全集序》(据吴锡泽代作稿修改),《宝树园文存》第4卷。

1942 年

1月11日　《西北建设股份有限公司缘起》,《宝树园文存》第4卷。

3月5日　《成都边疆周刊发刊词》,《宝树园文存》第4卷。

3月8日　《秦汉时代的四川》,《顾颉刚古史论文集》第5卷。

3月9日　《田家读者自传序言》,《宝树园文存》第3卷。

3月11日　《致边疆学会同人公函》,《宝树园文存》第1卷。

3月14日　《与齐鲁大学国学研究所诸同学书》,《宝树园文存》第

1 卷。

5 月 15 日　《我对于五四运动的感想》，《宝树园文存》第 3 卷。

夏　《徐澄侯先生医案序》（他人代作），《宝树园文存》第 5 卷。

6 月 30 日　《悼念段绳武先生》，《宝树园文存》第 4 卷。

8 月 5 日　《中国古代史述略》，《顾颉刚古史论文集》第 4 卷。

8 月 6 日　《悼滕若渠同志》，《宝树园文存》第 6 卷。

9 月 3 日　《告边疆民众书》，《宝树园文存》第 4 卷。

9 月 30 日　《新绥公路通车十周年纪念专刊题词》，《宝树园文存》第 4 卷。

9 月　《中国边疆问题及其对策》，《宝树园文存》第 4 卷。

9 月　《（张质君）人类社会与民族国家论序》（据魏明经代作稿修改），《宝树园文存》第 2 卷。按：此文《宝树园文存》整理者注为 1941 年 9 月 12 日，张质君原书署 1942 年 9 月。

10 月 25 日　《请扩大并加紧边疆学术考察工作俾建国任务早日完成案》，《宝树园文存》第 1 卷。

1942 年　《春秋三传及国语之综合研究》，《顾颉刚古史论文集》第 11 卷。

1943 年

1 月 16 日　《编辑唐以前文类编旨趣书》，《宝树园文存》第 1 卷。

2—4 月　《编辑中国名人传说明书》，《宝树园文存》第 1 卷。

3 月 16 日　《薛建吾著邹平民间文艺集江淮民间文艺集审查意见》，《宝树园文存》第 2 卷。

4 月 24 日　《中国边疆学会边疆丛书总序》，《宝树园文存》第 4 卷。

5 月 1 日　《现代西藏序》，《宝树园文存》第 1 卷。

5 月 27 日　《我们为什么编中国名人传》，《宝树园文存》第 2 卷。

12 月 11 日　《赶紧收罗风俗材料！》，《顾颉刚民俗论文集》第 2 卷。

1944 年

1 月 25 日　《清初学者的政治思想》，《宝树园文存》第 2 卷。

1 月 26 日　《介绍杨乡生先生边疆画展》，《宝树园文存》第 4 卷。

1月31日　《〈风物志集刊〉序辞》,《顾颉刚民俗论文集》第2卷。

2—6月　《玉渊潭忆往》,《宝树园文存》第6卷。

7月28日　《中国通史编辑计划》,《宝树园文存》第2卷。

8月31日　《诗经通论序》,《宝树园文存》第1卷。

11月6日　《序录（二）》,《宝树园文存》第4卷。

11月7日　《序录（一）》,《宝树园文存》第4卷。

12月14日　《我们要建立新的贞操》,《宝树园文存》第6卷。

12月23日　《记三十年前与圣陶交谊》,《宝树园文存》第1卷。

12月27日　《我看成都》,《宝树园文存》第6卷。

12月　《齐鲁大学国学研究所计划、预算草稿》,《宝树园文存》第2卷。

12月　《我所认识的齐鲁大学》,《宝树园文存》第3卷。

1945年

3月　《春秋史要》,《顾颉刚古史论文集》第4卷。

春　《齐鲁大学国学研究所一九四四年秋至一九四五年春季全体工作报告》,《宝树园文存》第2卷。

4月18日　《文史杂志第五卷第三、四合期（古代史专号）编后记》,《宝树园文存》第2卷。

6—12月　《我在北大》,《宝树园文存》第6卷。

8月1日　《中等学校适用中国、世界两种地图序》,《宝树园文存》第1卷。

11月22日　《请北碚人士送稿》,《宝树园文存》第2卷。

11月23日　《致北碚各机关为北碚修志委员会征集文献材料书》,《宝树园文存》第1卷。

12月17日　《文讯月刊复刊词》,《宝树园文存》第2卷。

12月17日　《西北考察日记弁言》,《宝树园文存》第4卷。

12月28日　《（王芸生）我对中国历史的一种看法按》,《宝树园文存》第2卷。

1945—1946年　《当代中国史学》（与方诗铭、童书业合作）,《顾颉刚古史论文集》第12卷。

1946 年

春　《切实推进边政案（草稿）》，《宝树园文存》第 4 卷。

1 月 11 日　《本社编辑室启事》，《宝树园文存》第 2 卷。

1 月 20 日　《北碚扩大联谊会题名记》，《宝树园文存》第 1 卷。

1 月　《宁静山庄记》，《宝树园文存》第 5 卷。

3 月 12 日　《禹贡周刊发刊词》，《顾颉刚古史论文集》第 5 卷。

3 月 21 日　《请政府明令定都北平案》，《宝树园文存》第 1 卷。

3 月 22 日　《请设立中国文化银行调节有关文化资金发展文化事业案》，《宝树园文存》第 5 卷。

3 月 28 日　《民国三十五年国民参政会第四届第二次大会教育报告审查意见》，《宝树园文存》第 1 卷。

6 月 7 日　《题秀野草堂第一图》，《宝树园文存》第 5 卷。

8 月 13 日　《史苑周刊发刊词》，《宝树园文存》第 2 卷。

11 月 5 日　《苏州的文化》，《宝树园文存》第 5 卷。

11 月 26 日　《大中国图书局三周年亚光舆地社八周年纪念廉价广告》，《宝树园文存》第 2 卷。

11 月　《我们为什么要办民众读物》（据吴受之代作稿修改），《宝树园文存》第 3 卷。

12 月 19 日　《顾颉刚论现代中国史学与史学家》，《宝树园文存》第 2 卷。

1947 年

3 月　《中国边疆复刊词》，《宝树园文存》第 4 卷。

3 月 25 日　《中国史地图表编纂社五周年纪念辞》，《宝树园文存》第 2 卷。

3 月 29 日　《中国社会教育社年会致词》，《宝树园文存》第 3 卷。

3 月 29 日　《郑振铎中国历史参考图谱介绍》，《宝树园文存》第 2 卷。

4 月 15 日　《（纪庸）曹操统一北方序》，《宝树园文存》第 3 卷。

4 月 15 日　《（纪庸）周瑜赤壁之战序》，《宝树园文存》第 3 卷。

4月15日　《（纪庸）关羽单刀赴会序》，《宝树园文存》第3卷。

4月15日　《（纪庸）诸葛亮六出祁山序》，《宝树园文存》第3卷。

4月15日　《（纪庸）姜维九伐中原序》，《宝树园文存》第3卷。

5月26日　《谈学潮》，《宝树园文存》第6卷。

5月29日　《教育报告审查意见》，《宝树园文存》第3卷。

6月11日　《教育部训令——卅六年六月十日社字第三一九六七号》，《宝树园文存》第3卷。

7月10日　《编辑民众读物之报告》，《宝树园文存》第3卷。

7月15日　《社会教育审查报告》，《宝树园文存》第3卷。

8月18日　《中国历史故事小丛书编辑旨趣》，《宝树园文存》第3卷。

9月4日　《文史杂志复刊词》，《宝树园文存》第2卷。

9月15日　《佛教下之西北》，《宝树园文存》第4卷。

1948年

1月22日　《我的事业苦闷》，《宝树园文存》第6卷。

3月3日　《学风问题的我见》，《宝树园文存》第6卷。

5月18日　《（丁山）地理与中华民族之盛衰序》，《宝树园文存》第2卷。

6—12月　《上古史研究》（兰州大学），《顾颉刚古史论文集》第7卷。

7—8月　《中国历史与西北文化》，《宝树园文存》第4卷。

8月6日　《中国通史与边疆史料》，《宝树园文存》第4卷。

8月6日　《国立兰州大学图书馆概况序》，《宝树园文存》第1卷。

8月15日　《对于甘肃教育之我见》，《宝树园文存》第4卷。

11月12日　《国立兰州大学积石堂碑记》，《宝树园文存》第1卷。

11月26日　《国立兰州大学昆仑堂碑记》，《宝树园文存》第1卷。

12月3日　《重建市博物馆的重要——"见"的教育应重于"闻"的教育》，《宝树园文存》第3卷。

1949 年

1月29日　《西北考察日记·序》,《宝树园文存》第4卷。

2月5日　《中国史地图表编纂社地球仪说明书》,《宝树园文存》第3卷。

2—3月　《东夷语试探》,《顾颉刚古史论文集》第6卷。

3月21日　《中国史地学社缘起》,《宝树园文存》第2卷。

3月29日　《战国重要地名今释》,《宝树园文存》第3卷。

4月12日　《上游集·序》,《宝树园文存》第1卷。

8月31日　《禹贡学会节略》,《宝树园文存》第2卷。

8月31日　《亚光舆地学社及大中国图书局节略》,《宝树园文存》第2卷。

1949年　《浪口村随笔》,《顾颉刚读书笔记》第16卷。按:《浪口村随笔》始写于1939年,1940年前后曾将部分篇目整理发表于《责善半月刊》,后又陆续增益,于1949年出版。

1950 年

2—6月　《昆仑传说与羌戎文化》,《顾颉刚古史论文集》第6卷。

5—6月　《顾颉刚自传》,《宝树园文存》第6卷。

6月30日　《程宇启先生传》,《宝树园文存》第6卷。

8月30日　《先烈周仲穆先生纪念碑碑文》,《宝树园文存》第6卷。

1950—1951年　《尚书酒诰校释译论》,《顾颉刚古史论文集》第9卷。

1950—1951年　《尚书梓材校释译论》,《顾颉刚古史论文集》第9卷。

1950—1951年　《尚书召诰校释译论》,《顾颉刚古史论文集》第9卷。

1950—1951年　《尚书多士校释译论》,《顾颉刚古史论文集》第9卷。

1950—1951年　《尚书无逸校释译论》,《顾颉刚古史论文集》第

9 卷。

1951 年

1 月 13 日　《为黄永年题钞本东莱文集》,《宝树园文存》第 2 卷。

3 月 18 日　《明了先民的劳动成果并搜集劳动人民的成绩以为教材》,《宝树园文存》第 3 卷。

4 月 11 日　《我们对于保管古代文物的意见》,《宝树园文存》第 2 卷。

7 月　《颉刚预嘱》,《宝树园文存》第 6 卷。

11 月 11 日　《旧日民间文艺必须抢救》,《顾颉刚民俗论文集》第 2 卷。

12 月 2 日　《从我自己看胡适》,《宝树园文存》第 6 卷。

1951 年　《息壤考》,《顾颉刚古史论文集》第 1 卷。按:1951 年初稿,1957 年定稿。

1952 年

1 月 13 日　《尚书顾命节译》,《顾颉刚古史论文集》第 9 卷。

10 月　《题少室山房笔丛》,《宝树园文存》第 2 卷。

11 月 1 日　《郎亭廉泉录跋》,《宝树园文存》第 5 卷。

12 月 28 日　《苏州市文化建设计划书》,《宝树园文存》第 5 卷。

1953 年

3 月 23 日　《顾颉刚自述书》,《宝树园文存》第 6 卷。

4 月 26 日　《(江静澜)文学山房明刻集锦初编序》,《宝树园文存》第 2 卷。

5 月上旬　《中国古代的城市》,《顾颉刚古史论文集》第 6 卷。

5 月　《题胡吉宣著玉篇初校》,《宝树园文存》第 2 卷。

5 月　《题明宫城图》,《宝树园文存》第 5 卷。

1953 年　《苏州小史纲要》,《宝树园文存》第 2 卷。

1954 年

3 月 《（沈燮元）苏南文物管理委员会方志目录序》，《宝树园文存》第 2 卷。

8 月 6 日 《（刘旦宅绘）木兰从军序》，《宝树园文存》第 5 卷。

8 月 16 日 《（赵泉澄）清代地理沿革表序》，《宝树园文存》第 2 卷。

8 月 18 日 《（陈懋恒）中国上古史演义序》，《宝树园文存》第 3 卷。

8 月 20 日 《中国历史地图集序》，《宝树园文存》第 2 卷。

9 月 20—22 日 《顾颉刚工作计划（草稿）》，《宝树园文存》第 2 卷。

10 月 5 日 《整理史记计画》，《顾颉刚古史论文集》第 11 卷。

11 月 29 日 《拟在通鉴标点组提议的几项》，《宝树园文存》第 2 卷。

12 月 《拟通鉴标点凡例》，《顾颉刚古史论文集》第 11 卷。

12 月 《在政协第二届全国委员会第一次会议上的发言》，《宝树园文存》第 6 卷。

1955 年

2 月 2 日 《子略节本序》，《顾颉刚古史论文集》第 11 卷。

2 月 6 日 《禹贡学会理监事会议记录》，《宝树园文存》第 2 卷。

2 月 28 日 《古籍考辨丛刊第一集序》，《顾颉刚古史论文集》第 7 卷。

4 月 11 日 《（钟凤年）从竹书纪年推论战国初期之各国领土审查意见》，《宝树园文存》第 2 卷。

5 月 11 日 《（周岐隐）大楚史稿审查意见》，《宝树园文存》第 2 卷。

8 月 28 日 《古籍考辨丛刊第一集后记》，《顾颉刚古史论文集》第 7 卷。

8—9 月 《史记序》，《顾颉刚古史论文集》第 11 卷。

11月23日　《"古籍年代简说"写作计划》,《顾颉刚古史论文集》第7卷。

12月23日　《周官辨非序——周公制礼的传说和周官一书的出现》,《顾颉刚古史论文集》第11卷。

12月26日　《礼经通论序——仪礼和逸礼的出现与邵懿辰考辨的评价》,《顾颉刚古史论文集》第11卷。

12月28日　《周官辨序——方苞考辨周官的评价》,《顾颉刚古史论文集》第11卷。

1956年

1月13日　《中国地方志的由来和今后的改进》(与傅振伦合著),《宝树园文存》第2卷。

1月17日　《请政府从速在北京市设立历史文献图书馆,并特定阅览办法,以利用研究及整理案》,《宝树园文存》第2卷。

1月　《史记校点说明》,《顾颉刚古史论文集》第11卷。

2月1—3日　《在政协第二届全国委员会第二次全体会议上的发言》,《宝树园文存》第2卷。

6月6日　《对于吉林市图书馆意见书》,《宝树园文存》第2卷。

10月12日　《康有为先生诞生百年纪念启事》,《宝树园文存》第2卷。

11月16日　《张菊生先生九十寿序》,《宝树园文存》第5卷。

1957年

1月1日　《广西的前途》,《宝树园文存》第6卷。

2月16日　《为黄永年题郡斋读书志》,《宝树园文存》第2卷。

2月19日　《请纠正歪曲历史事实的历史地图案》,《宝树园文存》第2卷。

2月19日　《请变更养老院组织案》,《宝树园文存》第6卷。

2月20日　《请在北京筹建农业博物馆和工业博物馆》,《宝树园文存》第6卷。

3月6日　《继续编纂地方志》,《宝树园文存》第2卷。

3月6日　《知识妇女应分出时间从事教育，借以解决两班制及失学青年的重要问题案》，《宝树园文存》第6卷。

3月10日　《向称地瘠民贫的广西大有发展前途》，《宝树园文存》第6卷。

3月　《如何作好政协工作》，《宝树园文存》第6卷。

4月18日　《顾颉刚谈放手贯彻"百家争鸣"》（据《光明日报》记者何炳然采访稿修改），《宝树园文存》第2卷。

7月　《（程大昌）诗论序》，《顾颉刚古史论文集》第11卷。

8月7日　《与李亚农谈后感》，《宝树园文存》第6卷。

1958年

1月下旬　《史记校证工作提纲》，《顾颉刚古史论文集》第11卷。

2月　《尚书禹贡注释》，《顾颉刚古史论文集》第9卷。按："注释"1958年2月未毕，后由贺次君代作；"叙论"作于1959年1月16日。

2月　《禹所规定的赋税和贡物的制度——禹贡今译》，《顾颉刚古史论文集》第9卷。

3月23日　《康有为百年诞辰纪念讲稿》，《宝树园文存》第2卷。

5月1日　《（程憬）〈中国古代神话研究〉序》，《顾颉刚民俗论文集》第2卷。

6月3日　《伟大的灯塔》，《宝树园文存》第6卷。

7月　《杨柳青度七一党辰》，《宝树园文存》第6卷。

7月9日　《在全国民间文学工作者大会上的发言》，《顾颉刚民俗论文集》第1卷。

7月11日　《女郎织女落伍了!》，《宝树园文存》第6卷。

8月7—12日　《标点史记凡例（稿本）》，《顾颉刚古史论文集》第11卷。

11月29日—12月4日　《从抗拒改造到接受改造》，《宝树园文存》第6卷。

1959年

1月9日　《山海经说明》，《顾颉刚古史论文集》第6卷。

1月22日　《读了义和团故事之后》，《宝树园文存》第6卷。

4月19—23日　《我在两年中的思想转变》，《宝树园文存》第6卷。

5月下旬　《西藏简史》，《顾颉刚古史论文集》第6卷。

12月13日　《谈谈北京》，《宝树园文存》第6卷。

1960年

4月4日　《请另建北京图书馆，以应全国及全世界人民需要案》，《宝树园文存》第2卷。

5月1日　《（赵梦韶）拙斋纪念序》，《宝树园文存》第5卷。

12月29日　《回忆新潮社》，《宝树园文存》第3卷。

1960年开始至1966年中辍　《尚书大诰译证》，《顾颉刚古史论文集》第10卷。

1961年

4月10日　《北大文史资料拟目》，《宝树园文存》第2卷。

5—6月　《历史研究所第一组（商周史组）培干学程表》，《宝树园文存》第2卷。

5月17日　《我在辛亥革命时期的观感》，《宝树园文存》第6卷。

8月4日　《草原之行》，《宝树园文存》第5卷。

8月15日　《呼伦贝尔散记》，《宝树园文存》第5卷。

10月3日　《题甪直保圣寺唐塑一览赠伯祥》，《宝树园文存》第5卷。

10月13日　《我在民间文艺的园地里——在中国民间文艺研究会一次学术讲座会上的报告》，《顾颉刚民俗论文集》第2卷。

1962年

2—10月　《逸周书世俘篇校注、写定与评论》，《顾颉刚古史论文集》第9卷。

4月11日　《题友人祝寿题名册》，《宝树园文存》第6卷。

4月28日　《（林石庐）箧书賸影录序》，《宝树园文存》第2卷。

4月　《中小学教师进修及文化干部进修案》，《宝树园文存》第3卷。

4—5月　《尚书大诰今译（摘要）》，《顾颉刚古史论文集》第9卷。

5月　《中国社会党和陈翼龙的死》（与曹绥之、曹嘉荫合写），《宝树园文存》第6卷。

10月17日　《我和歌谣》，《顾颉刚民俗论文集》第1卷。

11月16日　《（蓝菊荪）诗经国风研究序》，《宝树园文存》第2卷。

12月19日　《我所知道的蔡元培先生》，《宝树园文存》第3卷。

12月21—28日　《中国史料的范围和已有的整理成绩——在全国文史资料工作会议上的发言稿》，《顾颉刚古史论文集》第7卷。

1963年

11月24日　《为了迎接社会主义文化高潮，应建立中国古籍研究所，并大量出版古籍，供应全国以至全世界人民的需要》（据刘起釪代拟稿修改），《宝树园文存》第2卷。

1963年　《史林杂识初编》，《顾颉刚读书笔记》第16卷。按：在《浪口村随笔》基础上增订而成。

1964年

3—4月　《经学通论讲义》，《顾颉刚古史论文集》第7卷。

8月5日　《题张茂鹏藏章式之手札册》，《宝树园文存》第5卷。

1965年

1月　《题龙泉寺检书图》，《宝树园文存》第5卷。

6月　《题书林扬觯赠伯祥》，《宝树园文存》第2卷。

8月—9月　《由烝报等婚姻方式看社会制度的变迁》，《顾颉刚古史论文集》第4卷。

10月　《题刘起釪尚书高宗肜日校释（样稿）》，《顾颉刚古史论文集》第9卷。

1965—1966年　《中国史学入门》，《顾颉刚古史论文集》第12卷。

1966 年

3 月　《录诗经鸡鸣篇贺王湜华新婚》,《宝树园文存》第 5 卷。

4 月 1 日　《王伯祥先生书巢图卷后记》,《宝树园文存》第 5 卷。

1970 年

70 年代初　《感怀》,《宝树园文存》第 6 卷。

6 月 5 日　《和叶圣陶题照诗》,《宝树园文存》第 5 卷。

6 月 5 日　《以所摄影寄苏州孟韬》,《宝树园文存》第 5 卷。

1970 年　《二十四史标点工作我所望于中华书局者》,《宝树园文存》第 2 卷。

1970 年　《整理尚书的项目》,《宝树园文存》第 2 卷。

1970 年　《对徐仁甫左传疏证提意见》,《宝树园文存》第 2 卷。

1971 年

4 月　《整理国史计划书》,《宝树园文存》第 2 卷。

1971 年　《标点二十四史及清史稿应注意的问题》,《宝树园文存》第 2 卷。

1973 年

1 月 28 日　《悼赵孟韬先生》,《宝树园文存》第 5 卷。

2 月　《题王湜华钞俞平伯题顾颉刚藏桐桥倚櫂录兼感吴下旧惊绝句十八首》,《宝树园文存》第 5 卷。

4 月　《春色》,《宝树园文存》第 5 卷。

5 月 18 日　《题陈维辉所编科学史资料》,《宝树园文存》第 2 卷。

7 月 18 日　《题吴歗百绝》,《宝树园文存》第 5 卷。

11 月　《为章元善题其父所摹碑》,《宝树园文存》第 5 卷。

1973 年　《八十述怀》,《宝树园文存》第 6 卷。

1974 年

1 月 10 日　《题起潜先生贻王湜华之艺海一勺》,《宝树园文存》第

5卷。

4月17日　《游天坛》，《宝树园文存》第5卷。

4月27日　《题王湜华钞叶圣陶先生诗词稿》，《宝树园文存》第5卷。

8月　《为赵朴初题叶圣陶寓蜀诗》，《宝树园文存》第5卷。

1974年　《盼雨》，《宝树园文存》第5卷。

1975年

1月　《题王伯祥惊鸿集（诗二首）》，《宝树园文存》第5卷。

3月16日　《题王伯祥遣兴丛钞》，《宝树园文存》第5卷。

5月30日　《（陈述）辽史补注序》，《宝树园文存》第2卷。

7月6日　《题赠王湜华古慕轩印蜕》，《宝树园文存》第5卷。

7月10日　《题乾隆以来系年要录》，《宝树园文存》第2卷。

7月14日　《题伯祥湜华手钞吴歈百绝》，《宝树园文存》第5卷。

1976年

4月19日　《病房凝眺（二首）》，《宝树园文存》第5卷。

4月25日　《病后》，《宝树园文存》第5卷。

4月28日　《忆乡俗》，《宝树园文存》第5卷。

1977年

4月22日　《为杨惠之塑像问题题陈从周君所绘甪直闲吟图》，《宝树园文存》第5卷。

10月　《题钱世明大明诗稿》，《宝树园文存》第5卷。

10月　《商务印书馆开业八十周年纪念》（据刘起釪代作稿修改），《宝树园文存》第5卷。

11月　《题侯友墨关山万里图》，《宝树园文存》第5卷。

1978年

1月　《奉和元善学长》，《宝树园文存》第5卷。

2月　《必须彻底批判"帮史学"》（据刘起釪代拟稿修改），《宝树园文存》第 2 卷。

4 月　《归功毛主席　归功周总理》（据顾洚代拟稿修改），《宝树园文存》第 2 卷。

5 月　《努力做好古籍整理出版工作》（据吴树平代拟稿修改），《宝树园文存》第 2 卷。

5 月 23 日　《彻底批判"帮史学"，努力作出新贡献》（据王煦华代作稿修改），《宝树园文存》第 2 卷。

9 月　《题许锷（颖叔）石湖櫂歌》，《宝树园文存》第 5 卷。

1978 年　《尚书甘誓校释译论》（与刘起釪合写），《顾颉刚古史论文集》第 9 卷。

1979 年

春　《追怀黎劭西先生两绝句》（据刘起釪代作稿修改），《宝树园文存》第 5 卷。

1—6 月　《"夏"和"中国"——祖国古代的称号》（与王树民合作），《顾颉刚古史论文集》第 1 卷。

3 月—1980 年 9 月　《我是怎样编写古史辨的？》（王煦华协助整理），《顾颉刚古史论文集》第 1 卷。

3 月　《"圣"、"贤"观念和字义的演变》（据王煦华代作稿修改），《顾颉刚古史论文集》第 1 卷。

4 月 1 日　《题钱海岳南明史》，《宝树园文存》第 2 卷。

5 月 4 日　《我对于五四运动的回忆》，《宝树园文存》第 3 卷。

5 月 31 日　《中国地理学会全国历史地理专业学术会议贺电》，《宝树园文存》第 2 卷。

11 月 1 日　《建立民俗学及有关研究机构的倡议书》，《顾颉刚民俗论文集》第 2 卷。

1979 年　《尚书盘庚三篇校释译论》（与刘起釪合写），《顾颉刚古史论文集》第 9 卷。

1979 年　《尚书西伯戡黎校释译论》（与刘起釪合写），《顾颉刚古史论文集》第 9 卷。

1979 年　《尚书汤誓校释译论》（与刘起釪合写），《顾颉刚古史论文集》第 9 卷。

1979 年　《尚书微子校释译论》（与刘起釪合写），《顾颉刚古史论文集》第 9 卷。

1980 年

6 月 26 日　《（丁文江、赵丰田）梁启超年谱长编序》,《宝树园文存》第 2 卷。

8 月 10 日　《顾颉刚先生提供的关于顾元凯的资料》,《宝树园文存》第 6 卷。

9 月　《中秋》（据刘起釪代作稿修改),《宝树园文存》第 5 卷。

9 月 13 日　《题汤雨生画册》,《宝树园文存》第 5 卷。

10 月 17 日　《题赠胡丹宇》,《宝树园文存》第 5 卷。

参考文献

［美］阿里夫·德里克：《革命与历史：中国马克思主义历史学的起源，1919—1937》，翁贺凯译，江苏古籍出版社2004年版。

白吉庵：《胡适传》，人民出版社1993年版。

白寿彝：《悼念顾颉刚先生》，《历史研究》1981年第2期。

［美］本杰明·史华慈：《古代中国的思想世界》，程钢译，刘东校，江苏人民出版社2008年版。

曹聚仁：《中国学术思想史随笔》（修订本），生活·读书·新知三联书店2012年版。

晁福林：《论古史重构》，《史学集刊》2009年第4期。

陈岸峰：《疑古思潮与白话文学史的建构：胡适与顾颉刚》，齐鲁书社2011年版。

陈峰：《民国史学的转折——中国社会史论战研究：1927—1937》，山东大学出版社2010年版。

陈洪波：《中国科学考古学的兴起：1928—1949年历史语言研究所考古史》，广西师范大学出版社2011年版。

陈连山：《〈山海经〉学术史考论》，北京大学出版社2012年版。

陈平原：《中国现代学术之建立：以章太炎、胡适为中心》，北京大学出版社2010年版。

陈其泰：《"古史辨派"的兴起及其评价问题》，《中国文化研究》1999年第1期。

陈其泰：《新历史考证学与史观指导》，《中国史研究》2012年第2期。

陈其泰、张京华主编：《古史辨学说评价讨论集》，京华出版社2001年版。

［美］陈润成、李欣荣编：《张荫麟全集》，清华大学出版社 2013 年版。

陈星灿：《中国史前考古学史研究（1895—1949）》，生活·读书·新知三联书店 1997 年版。

陈学然：《中日学术交流与古史辨运动：从章太炎的批评说起》，《中华文史论丛》2012 年第 3 期。

陈以爱：《中国现代学术研究机构的兴起——以北大研究所国学门为中心的探讨》，江西教育出版社 2002 年版。

陈泳超：《顾颉刚古史神话研究之检讨——以 1923 年古史大争论为中心》，《民族艺术》2000 年第 1 期。

陈泳超：《顾颉刚关于孟姜女故事研究的方法论解析》，《民族艺术》2000 年第 1 期。

陈泳超：《〈世经〉帝德谱的形成过程及相关问题——再析"五德终始说下的政治和历史"》，《文史哲》2008 年第 1 期。

陈泳超：《程憬先生学术年谱考述》，《国学学刊》2014 年第 4 期。

［美］陈毓贤：《洪业传》，商务印书馆 2013 年版。

陈志明：《顾颉刚的疑古史学及其在中国现代思想史上的意义》，商鼎文化出版社 1993 年版。

崔适：《史记探源》，中华书局 1986 年版。

崔述：《崔东壁遗书》，顾颉刚编订，上海古籍出版社 2013 年版。

邓广铭：《邓广铭全集》第 10 卷，河北教育出版社 2005 年版。

丁山：《古代神话与民族》，商务印书馆 2005 年版。

杜畏之：《古代中国研究批判引论》，《读书杂志》第 2 卷第 2、3 期合刊，1932 年。

［美］杜赞奇：《从民族国家拯救历史：民族主义与中国现代史研究》，王宪明等译，江苏人民出版社 2009 年版。

杜正胜：《从疑古到重建——傅斯年的史学革命及其与胡适、顾颉刚的关系》，《中国文化》1995 年第 2 期。

杜正胜：《新史学之路》，三民书局 2004 年版。

杜正胜主编：《中国上古史论文选集》，华世出版社 1979 年版。

杜正胜、王汎森主编：《中央研究院历史语言研究所七十周年纪念文集：新学术之路》，"中央研究院"历史语言研究所 1998 年版。

范文澜:《中国通史简编》,人民出版社1949年版。

费孝通主编:《中华民族多元一体格局》,中央民族大学出版社2018年版。

冯峰:《从〈古史辨〉前三册看"古史辨"运动的一个转向》,《史学史研究》2007年第2期。

冯胜君:《二十世纪古文献新证研究》,齐鲁书社2006年版。

冯友兰:《冯友兰全集》第1卷,河南人民出版社2001年版。

高平叔:《北京大学的蔡元培时代》,《北京大学学报》1998年第2期。

[美]格奥尔格·伊格尔斯:《二十世纪的历史学——从科学的客观性到后现代的挑战》,何兆武译,山东大学出版社2006年版。

葛兆光:《〈新史学〉之后——1929年的中国历史学界》,《历史研究》2003年第1期。

葛兆光:《徘徊到纠结——顾颉刚关于"中国"与"中华民族"的历史见解》,《书城》2015年5月号。

葛兆光:《思想史研究课堂讲录》(初编),生活·读书·新知三联书店2019年版。

耿云志主编:《胡适研究丛刊》第3辑,中国青年出版社1998年版。

耿云志、闻黎明编:《现代学术史上的胡适》,生活·读书·新知三联书店1997年版。

顾潮:《我的父亲顾颉刚》,人民文学出版社2009年版。

顾潮:《顾颉刚与傅斯年在青年时代的交往》,《文史哲》1993年第2期。

顾潮:《顾颉刚学记》,生活·读书·新知三联书店2002年版。

顾潮:《顾颉刚年谱》(增订本),中华书局2011年版。

顾潮、顾洪:《顾颉刚评传》,百花洲文艺出版社2010年版。

顾洪:《论古史辨学派产生的学术思想背景》,《中国文化研究》1995年夏之卷。

顾颉刚:《顾颉刚日记》,联经出版事业公司2007年版。

顾颉刚:《顾颉刚全集》,中华书局2011年版。

顾颉刚等编著:《古史辨》,第1—7册,上海古籍出版社1982年影印本。

顾颉刚:《顾颉刚自传》,北京大学出版社2012年版。

顾颉刚、刘起釪:《尚书校释译论》,中华书局2005年版。

顾廷龙:《顾廷龙文集》,上海科学技术文献出版社2002年版。

郭沫若:《先秦天道观之进展》,商务印书馆1936年版。
郭沫若:《中国古代社会研究》,商务印书馆2011年版。
郭沫若:《十批判书》,中国华侨出版社2008年版。
郭湛波:《近五十年中国思想史》,岳麓书社2013年版。
何炳松:《历史研究法 历史教授法》,上海古籍出版社2012年版。
何晓明:《"疑古"派的学术理路浅析》,《天津社会科学》2010年第2期。
贺渊:《陶希圣的前半生》,新星出版社2017年版。
何兆武:《书前与书后》,湖北人民出版社2007年版。
[美]洪长泰:《到民间去:1918—1937年的中国知识分子与民间文学运动》,董晓萍译,上海文艺出版社1993年版。
洪峻峰:《思想启蒙与文化复兴:五四思想史论》,人民出版社2006年版。
洪业:《洪业论学集》,中华书局1981年版。
胡逢祥:《"科学方法"输入之后的中国现代史学之走向》,《学术月刊》2008年第3期。
胡厚宣:《古代研究的史料问题》,云南人民出版社2005年版。
胡绳:《枣下论丛》,人民出版社1962年版。
胡适:《胡适日记全编》,曹伯言整理,安徽教育出版社2001年版。
胡适:《胡适口述自传》,唐德刚译注,华东师范大学出版社1993年版。
胡适:《胡适全集》第4卷,安徽教育出版社2003年版。
胡适:《中国哲学史大纲》,北京师范大学出版社2013年版。
胡颂平编著:《胡适之先生年谱长编初稿》,联经出版事业公司1984年版。
户晓辉:《论顾颉刚研究孟姜女故事的科学方法》,《民族艺术》2003年第4期。
黄海烈:《顾颉刚"层累说"与20世纪中国古史学》,中华书局2016年版。
黄兴涛:《重塑中华:近代中国"中华民族"概念研究》,北京师范大学出版社2017年版。
翦伯赞:《历史哲学教程》,生活·读书·新知三联书店2014年版。
翦伯赞:《中国史论集》(合编本),中华书局2008年版。
蒋炳钊、吴春明主编:《林惠祥文集》,厦门大学出版社2011年版。

蒋俊：《中国史学的近代化进程》，齐鲁书社1995年版。

蒋锐、鲁法芹：《社会主义思潮与中国文化的相遇》，山东人民出版社2016年版。

蒋寅：《顾嗣立的元诗研究》，《中国文化研究》2008年夏之卷。

康有为：《新学伪经考》，中华书局2012年版。

康有为：《孔子改制考》，中华书局2012年版。

李帆：《求真与致用的两全与两难——以顾颉刚、傅斯年等民国史家的选择为例》，《近代史研究》2018年第3期。

李洪岩：《论张荫麟及其"新史学"》，《近代史研究》1991年第3期。

李洪岩：《从〈读书杂志〉看中国社会史论战》，《中国社会科学院近代史研究所青年学术论坛》1999年卷。

李季：《对于中国社会史论战的批评与贡献》，《读书杂志》第2卷第2、3期合刊，1932年。

李济：《李济文集》，上海人民出版社2001年版。

李零：《简帛古书与学术源流》，生活·读书·新知三联书店2008年版。

李零：《待兔轩文存·读史卷》，广西师范大学出版社2011年版。

李锐：《疑古与重建的纠葛——从顾颉刚、傅斯年等对三代以前古史的态度看上古史重建》，《清华大学学报》2009年第1期。

李锐：《经史之学还是西来之学："层累说"的来源及存在的问题》，《学术月刊》2009年第8期。

李锐：《"二重证据法"的界定及其规则探析》，《历史研究》2012年第4期。

李孝迁：《西方史学在中国的传播（1882—1949）》，华东师范大学出版社2007年版。

李孝迁：《日本"尧舜禹抹杀论"之争议对民国古史学界的影响》，《史学史研究》2010年第4期。

李孝迁：《域外汉学与古史辨运动——兼与陈学然先生商榷》，《中华文史论丛》2013年第3期。

李孝迁编校：《近代中国域外汉学评论萃编》，上海古籍出版社2014年版。

李孝迁编校：《中国现代史学评论》，上海古籍出版社2016年版。

李学勤：《走出疑古时代》，辽宁大学出版社1994年版。

李扬眉:《方法论视野中的"古史辨"派》,博士学位论文,山东大学,2005年。

李扬眉:《"疑古"学说"破坏"意义的再估量——"东周以上无史"论平议》,《文史哲》2006年第5期。

李扬眉:《学术社群中的两种角色类型——顾颉刚与傅斯年关系发覆》,《清华大学学报》2007年第5期。

李扬眉:《颠覆后如何重建——作为思想史家的顾颉刚及其困境》,《学术月刊》2008年第9期。

李幼蒸:《顾颉刚史学与历史符号学——兼论中国古史学的理论发展问题》,《文史哲》2007年第3期。

李泽厚:《中国现代思想史论》,生活·读书·新知三联书店2008年版。

李振宏、刘克辉:《民族历史与现代观念——中国古代民族关系史研究》,河南大学出版社2010年版。

李宗侗:《李宗侗自传》,中华书局2010年版。

李宗侗:《中国古代社会新研 历史的剖面》,中华书局2010年版。

李宗侗:《李宗侗文史论集》,中华书局2011年版。

梁启超:《清代学术概论》,夏晓虹点校,中国人民大学出版社2004年版。

梁启超:《中国近三百年学术史》,夏晓虹、陆胤校,商务印书馆2011年版。

梁启超:《新史学》,夏晓虹、陆胤校,商务印书馆2014年版。

梁涛:《二重证据法:疑古与释古之间——以近年出土文献研究为例》,《中国社会科学》2013年第2期。

刘贵福:《钱玄同思想研究》,北京师范大学出版社2011年版。

刘俐娜:《顾颉刚学术思想评传》,北京图书馆出版社1999年版。

刘俐娜:《抗日战争时期顾颉刚的史学思想》,《史学史研究》2005年第3期。

刘龙心:《学术与制度:学科体制与现代中国史学的建立》,新星出版社2007年版。

刘梦溪:《中国现代学术要略》,生活·读书·新知三联书店2008年版。

刘起釪:《顾颉刚先生学述》,中华书局1986年版。

刘起釪：《尚书学史》，中华书局1989年版。

刘起釪：《现代日本的〈尚书〉研究》，《传统文化与现代化》1994年第2期。

刘巍：《中国学术之近代命运》，北京师范大学出版社2013年版。

刘宗迪：《〈尚书·尧典〉：儒家历史编纂学的"神话传世纪"》，《民俗研究》2014年第6期。

刘宗迪：《失落的天书：〈山海经〉与古代华夏世界观》，商务印书馆2016年版。

路新生：《崔述与顾颉刚》，《历史研究》1993年第4期。

路新生：《中国近三百年疑古思潮研究》，上海人民出版社2001年版。

罗新慧：《顾颉刚先生对古代民族融合的考察》，《史学史研究》2011年第2期。

罗志田：《大纲与史：民国学术观念的典范转移》，《历史研究》2000年第1期。

罗志田主编：《20世纪的中国：学术与社会》（史学卷），山东人民出版社2001年版。

吕思勉：《中国民族史 中国民族演进史》，上海人民出版社2012年版。

吕微：《顾颉刚：作为现象学者的神话学家》，《民间文化论坛》2005年第2期。

马大勇：《清初庙堂诗歌集群研究》，吉林人民出版社2007年版。

［德］马克思：《〈政治经济学批判〉序言》，《马克思恩格斯选集》第2卷，人民出版社2012年版。

马戎：《如何认识"民族"和"中华民族"——回顾1939年关于"中华民族是一个"的讨论》，《中南民族大学学报》2012年第5期。

蒙文通：《经史抉原》，巴蜀书社1995年版。

缪凤林：《中国民族西来辨》，《学衡》1925年第37期。

宁镇疆：《"层累"说之"默证"问题再讨论》，《学术月刊》2010年第7期。

欧阳哲生主编：《傅斯年全集》，湖南教育出版社2000年版。

欧阳哲生编：《胡适文集》，北京大学出版社2013年版。

潘蛟主编：《中国社会文化人类学/民族学百年文选》，知识产权出版社

2008 年版。

彭春凌:《"孟姜女故事研究"的生成与转向:顾颉刚的思路及困难》,《云梦学刊》2007 年第 1 期。

彭国良:《一个流行了八十余年的伪命题——对张荫麟"默证"说的重新审视》,《文史哲》2007 年第 1 期。

彭林:《〈周礼〉主体思想与成书年代研究》(增订版),中国人民大学出版社 2009 年版。

彭明辉:《疑古思想与现代中国史学的发展》,商务印书馆股份有限公司 1991 年版。

彭明辉:《历史地理学与现代中国史学》,东大图书股份有限公司 1995 年版。

皮希瑞:《经学通论》,中华书局 1954 年版。

皮希瑞:《经学历史》,中华书局 2011 年版。

钱穆:《国史大纲》,商务印书馆 1996 年版。

钱穆:《两汉经学今古文平议》,商务印书馆 2001 年版。

钱穆:《先秦诸子系年》,商务印书馆 2001 年版。

钱穆:《庄老通辨》,生活·读书·新知三联书店 2002 年版。

钱穆:《国学概论》,九州出版社 2011 年版。

钱婉约:《"层累地造成说"与"加上原则"——中日近代史学上之古史辨伪理论》,《人文论丛》1999 年卷。

乔治忠:《王国维"二重证据法"蕴义与影响的再审视》,《南开学报》2010 年第 4 期。

乔治忠:《张荫麟诘难顾颉刚"默证"问题之研判》,《史学月刊》2013 年第 8 期。

乔治忠:《20 世纪 30 年代中国社会史论战问题探实》,《天津社会科学》2014 年第 5 期。

乔治忠:《再评张荫麟主张的"默证之适用限度"及相关问题——兼评周书灿〈"默证法"与古史研究〉一文》,《史学月刊》2015 年第 10 期。

乔治忠、时培磊:《中日两国历史学疑古思潮的比较》,《齐鲁学刊》2011 年第 4 期。

乔治忠、朱洪斌编著:《增订中国史学史资料编年》(清代卷),商务印书馆 2013 年版。

裘锡圭、曹峰：《"古史辨"派、"二重证据法"及其相关问题——裘锡圭先生访谈录》，《文史哲》2007 年第 4 期。

瞿兑之：《汉代风俗制度史》，上海文艺出版社 1991 年版。

桑兵：《晚清民国的学人与学术》，中华书局 2008 年版。

桑兵：《晚清民国的国学研究》，北京师范大学出版社 2014 年版。

桑兵、张凯、於梅舫编：《近代中国学术思想》，中华书局 2008 年版。

尚小明：《北大史学系早期发展史研究（1899—1937）》，北京大学出版社 2010 年版。

沈长云：《古史辨派的史学遗产与中国上古史体系的建设》，《史学集刊》2006 年第 4 期。

沈晖编著：《苏雪林年谱长编》，安徽文艺出版社 2017 年版。

沈骏：《江亢虎的社会主义与中国社会党》，《华中师范大学学报》1989 年第 2 期。

沈颂金：《论古史辨派的评价及其相关问题——林甘泉先生访问记》，《文史哲》2003 年第 2 期。

沈颂金：《考古学与二十世纪中国学术》，学苑出版社 2003 年版。

[美] 施耐德：《顾颉刚与中国新史学——民族主义与取代中国传统方案的探索》，梅寅生译，华世出版社 1984 年版。

施爱东：《中国现代民俗学检讨》，社会科学文献出版社 2010 年版。

施爱东：《倡立一门新学科：中国现代民俗学的鼓吹、经营与中落》，中国社会科学出版社 2011 年版。

施爱东：《"弃胜加冠"西王母——兼论顾颉刚"层累造史说"的加法与减法》，《民俗研究》2011 年第 3 期。

施爱东：《民俗学是一门国学——中山大学民俗学会的工作计划与早期民俗学者对学科的认识》，《民俗研究》2017 年第 2 期。

舒新城：《近代中国留学史　近代中国教育思想史》，商务印书馆 2014 年版。

宋镇豪、刘源：《甲骨学殷商史研究》，福建人民出版社 2006 年。

苏秉琦：《中国文明起源新探》，辽宁人民出版社 2011 年版。

苏雪林：《屈赋论丛》，武汉大学出版社 2007 年版。

孙卫国：《郑天挺与历史地理学研究》，《天津社会科学》2019年第2期。
孙喆、王江：《边疆、民族、国家：〈禹贡半月刊〉与20世纪30—40年代的中国边疆研究》，中国人民大学出版社2013年版。
孙中山：《孙中山全集》第5卷，中华书局1985年版。
谭丕谟：《宋元明清思想史纲》，崇文书局2015年版。
谭其骧：《关于汉武帝的十三州问题讨论书后》，《复旦学报》1980年第3期。
汤志钧编：《章太炎年谱长编》（增订本），中华书局2013年版。
陶希圣：《搜读地方志的提议》，《食货》第1卷第2期，1934年12月。
陶希圣：《潮流与点滴》，中国大百科全书出版社2016年版。
童书业：《童书业史籍考证论集》，中华书局2005年版。
王东杰：《"故事"与"古史"：贯通20世纪二三十年代"疑古"和"释古"的一条道路》，《近代史研究》2009年第2期。
王汎森：《古史辨运动的兴起——一个思想史的分析》，允晨文化实业股份有限公司1987年版。
王汎森：《近代中国的史家与史学》，复旦大学出版社2010年版。
王汎森：《中国近代思想与学术的系谱》，吉林出版集团有限责任公司2011年版。
王汎森：《傅斯年——中国近代历史与政治中的个体生命》，王晓冰译，生活·读书·新知三联书店2012年版。
王汎森等主编：《傅斯年遗札》，社会科学文献出版社2015年版。
王国安：《温飞卿诗集笺注·前言》，上海古籍出版社1998年版。
王国维：《王国维考古学文辑》，凤凰出版社2008年版。
王家范：《中国历史通论·附录》，华东师范大学出版社2000年版。
王江：《〈禹贡〉半月刊研究》，博士学位论文，中国人民大学，2007年。
汪乾明：《顾颉刚疑古史学思想探微》，《学海》2003年第1期。
王文宝编：《中国民俗学论文选》，中国民间文艺出版社1986年版。
王文宝：《中国民俗学史》，巴蜀书社1995年版。
王煦华：《试论顾颉刚的疑古辨伪思想》，《中国哲学》第17辑，1996年。
王煦华编：《顾颉刚先生学行录》，中华书局2006年版。
王学典：《顾颉刚和他的弟子们》（增订本），中华书局2010年版。

王学典：《良史的命运》，生活·读书·新知三联书店2013年版。

王学典、陈峰：《二十世纪中国历史学》，北京大学出版社2009年版。

王学典、陈峰：《二十世纪中国史学史论》，北京大学出版社2010年版。

王学典、李扬眉：《"层累地造成的中国古史"——一个带有普遍意义的知识论命题》，《史学月刊》2003年第11期。

王锺翰主编：《中国民族史》（增订本），中国社会科学出版社1994年版。

《文史哲》编辑部：《"疑古"与"走出疑古"》，商务印书馆2010年版。

魏邦良：《胡适与顾颉刚》，《历史学家茶座》2010年第4期。

[美]魏定熹：《权力源自地位：北京大学、知识分子与中国政治文化：1898—1929》，张蒙译，江苏人民出版社2015年版。

吴传钧、施雅风主编：《中国地理学90年发展回忆录》，学苑出版社1999年版。

吴怀祺：《近代新文化与顾颉刚先生的史学思想》，《史学史研究》1993年第2期。

吴锐编：《古史考》第5卷，海南出版社2003年版。

吴少珉、赵金昭主编：《二十世纪疑古思潮》，学苑出版社2003年版。

夏传才：《二十世纪诗经学》，学苑出版社2005年版。

夏鼐：《中国文明的起源》，中华书局2009年版。

夏文华：《中国现代科学文化共同体研究（1928—1949）：以中央研究院为考察中心》，中国社会科学出版社2018年版。

谢保成：《增订中国史学史》，商务印书馆2016年版。

谢维扬：《"层累说"与古史史料学合理概念的建立》，《社会科学》2011年第11期。

熊铁基：《汉代学术史论》，高等教育出版社2013年版。

许冠三：《新史学九十年》，岳麓书社2003年版。

徐洪兴：《疑古与信古——从郭店竹简本〈老子〉出土回顾本世纪关于老子其人其书的争论》，《复旦学报》1999年第1期。

徐坚：《暗流：1949年之前安阳之外的中国考古学传统》，科学出版社2012年版。

许啸天编辑：《国故学讨论集》，上海科学技术文献出版社2016年版。

徐旭生：《中国古史的传说时代》，中国文化服务社1946年版；科学出版社1985年版。

杨国荣：《史学的科学化：从顾颉刚到傅斯年》，《史林》1998年第3期。

杨宽：《中国上古史导论》，上海人民出版社2016年版。

杨堃：《关于民俗学的几个问题》，《社会科学辑刊》1982年第2期。

杨树达：《汉代婚丧礼俗考》，上海文艺出版社1988年版。

杨天石主编：《钱玄同日记》（整理本），北京大学出版社2014年版。

杨绪敏：《中国辨伪学史》，天津人民出版社1999年版。

杨向奎：《"古史辨派"的学术思想批判》，《文史哲》1952年第3期。

杨向奎：《五四时代的胡适、傅斯年、顾颉刚三位先生》，《文史哲》1989年第3期。

杨向奎：《读胡适先生的两篇著作》，《中国社会科学院研究生院学报》1997年第3期。

尹达主编：《纪念顾颉刚学术论文集》，巴蜀书社1990年版。

俞旦初：《二十世纪初年中国的新史学思潮初考（续）》，《史学史研究》1982年第4期。

俞旦初：《爱国主义与中国近代史学》，中国社会科学出版社1996年版。

余英时：《文史传统与文化重建》，生活·读书·新知三联书店2004年版。

余英时：《未尽的才情——从〈日记〉看顾颉刚的内心世界》，联经出版事业公司2007年版。

余英时：《重寻胡适历程：胡适生平与思想再研究》，上海三联书店2012年版。

余英时：《论天人之际：中国古代思想起源试探》，联经出版事业股份有限公司2014年版。

曾业英：《民元前后的江亢虎和中国社会党》，《历史研究》1980年第6期。

张晨怡：《近代中国知识分子的民族主义思想研究》，中央民族大学出版社2012年版。

张光直：《古代中国考古学》，印群译，生活·读书·新知三联书店2013年版。

张光直：《中国青铜时代》，生活·读书·新知三联书店2013年版。

张京华《"信古"、"疑古"、"释古"论评》,《学术界》2007年第3期。

张京华:《古史辨派与中国现代学术走向》,厦门大学出版社2009年版。

章清:《重建"范式":胡适与现代中国学术转型》,《复旦学报》1993年第1期。

章太炎撰,庞俊、郭诚永疏证:《国故论衡疏证》,中华书局2011年版。

张越:《对信古、疑古、释古说的重新认识》,《辽宁师范大学学报》2001年第5期。

张越:《五四时期中国史坛的学术论辩》,百花洲文艺出版社2004年版。

张越:《新旧中西之间——五四时期的中国史学》,北京图书馆出版社2007年版。

张越:《〈古史辨〉与古史辨派析》,《学术研究》2008年第2期。

张越:《社会史大论战与中国马克思主义史学建立论析》,《陕西师范大学学报》2015年第4期。

张越:《选择与坚守:新中国建立初期的顾颉刚（1949—1954）》,《清华大学学报》2015年第5期。

赵伯雄:《春秋学史》,山东教育出版社2004年版。

赵吉惠、毛曦:《顾颉刚"层累地造成中国古史"观的现代意义》,《史学理论研究》1999年第2期。

赵俪生:《胡适历史考证方法的分析》,《学术月刊》1979年第11期。

赵沛霖:《现代学术文化思潮与诗经研究——二十世纪诗经研究史》,学苑出版社2006年版。

赵世瑜:《眼光向下的革命:中国现代民俗学思想史论（1918—1937）》,北京师范大学出版社1999年版。

赵世瑜、邓庆平:《二十世纪中国社会史研究的回顾与展望》,《历史研究》2001年第6期。

郑良树编:《顾颉刚先生著述年谱》,中国友谊出版公司1987年版。

中国蔡元培研究会编:《蔡元培全集》,浙江教育出版社1997年版。

中国社会科学院考古研究所、中国社会科学院古代文明研究中心:《中国文明起源研究要览》,文物出版社2003年版。

中国社会科学院历史研究所、中山大学历史系编:《纪念顾颉刚先生诞辰110周年论文集》,中华书局2004年版。

中国文化建设协会编:《抗战前十年之中国》,龙田出版社1980年影印本。

钟敬文:《钟敬文自选集》,首都师范大学出版社2008年版。

钟肇鹏:《谶纬论略》,辽宁教育出版社1995年版。

[美]周策纵:《五四运动史:现代中国的知识革命》,陈永明等译,欧阳哲生审校,世界图书出版公司2014年版。

周书灿《"默证法"与古史研究》,《史学理论研究》2014年第2期。

周文玖、张锦鹏:《关于"中华民族是一个"学术论辩的考察》,《民族研究》2007年第3期。

[美]周质平:《评胡适的提倡科学与整理国故》,《近代史研究》1992年第1期。

周予同:《周予同经学史论》,朱维铮编,上海人民出版社2010年版。

左玉河:《中国近代学术体制之创建》,四川人民出版社2008年版。